Juridicum – Schriftenreihe zum Wirtschafts-, Unternehmens- und Bankrecht / Series on Business, Corporate and Banking Law

Die Schriftenreihe zum **Wirtschafts-, Unternehmens- und Bankrecht / Series on Business, Corporate and Banking Law** bietet ein Forum für aktuelle und herausragende wissenschaftliche Beiträge aus den genannten Rechtsgebieten. Veröffentlicht werden vor allem Dissertationsschriften, daneben auch ausgewählte Sammelbände zu aktuellen und rechtswissenschaftlich interessanten Fragestellungen. Der Fokus liegt vor allem auf dem deutschen und deutschsprachigen Recht, typischerweise jedoch mit europäischen und internationalen Bezügen. Die Reihe zeichnet sich auch ansonsten durch ihre internationale Ausrichtung aus: Publikationen sind sowohl in deutscher als auch in englischer Sprache möglich. Herausgegeben wird sie von renommierten Wissenschaftlerinnen und Wissenschaftlern aus Deutschland, der Schweiz und Italien, die damit einen grenzüberschreitenden wissenschaftlichen Dialog im Wirtschafts-, Unternehmens- und Bankrecht fördern möchten.

Julian Sauerbrey

Die Gesellschafterklage gemäß § 715b BGB

Zur Kodifizierung der *actio pro socio* im Personengesellschaftsrecht

Springer

Julian Sauerbrey
Juristische Fakultät
Julius-Maximilians-Universität Würzburg
Würzburg, Deutschland

Zugl.: Würzburg, Univ., Diss., 2026

ISSN 3091-5384 ISSN 3091-5392 (electronic)
Juridicum – Schriftenreihe zum Wirtschafts-, Unternehmens- und Bankrecht / Series on Business, Corporate and Banking Law
ISBN 978-3-658-51601-7 ISBN 978-3-658-51602-4 (eBook)
https://doi.org/10.1007/978-3-658-51602-4

Die Deutsche Nationalbibliothek verzeichnet diese Publikation in der Deutschen Nationalbibliografie; detaillierte bibliografische Daten sind im Internet über https://portal.dnb.de abrufbar.

Springer ist ein Imprint der eingetragenen Gesellschaft Springer Fachmedien Wiesbaden GmbH und ist ein Teil von Springer Nature.
Die Anschrift der Gesellschaft ist: Abraham-Lincoln-Str. 46, 65189 Wiesbaden, Germany

Hartmut

Vorwort

Die vorliegende Arbeit wurde im Wintersemester 2025/2026 von der Juristischen Fakultät der Julius-Maximilians-Universität Würzburg als Dissertation angenommen.

Mein herzlicher Dank gilt meiner Doktormutter, Frau Professor Dr. *Inge Scherer*, für die hervorragende Betreuung während der gesamten Dauer meines Promotionsvorhabens. Ohne ihren reichen Erfahrungsschatz, ihren fachlich fundierten und stets hilfreichen Rat sowie ihre von Wochentag und Uhrzeit unabhängige Erreichbarkeit hätte diese Arbeit neben meiner Tätigkeit als Rechtsanwalt nicht gelingen können.

Für die rasche und sorgfältige Erstellung des Zweitgutachtens möchte ich mich ausdrücklich bei Herrn Professor Dr. *Stefan F. Thönissen*, LL.M. (Yale) bedanken.

Weiterer Dank gilt Herrn Professor Dr. *Florian Möslein*, LL.M. (London), Herrn Professor Dr. *Sebastian Omlor*, LL.M. (NYU), LL.M. Eur., Frau Professor Dr. *Mirjam Eggen*, LL.M. und Herrn Professor Dr. *Francesco Paolo Patti*, LL.M. für die Aufnahme dieser Arbeit in die Schriftenreihe zum Wirtschafts-, Unternehmens- und Bankrecht.

Ohne die bedingungslose Unterstützung und Förderung durch meine Eltern, *Ursula* und *Gerd*, wäre meine juristische Ausbildung nicht denkbar gewesen. Ihnen gebührt daher mein größter Dank.

Frankfurt am Main, im Februar 2026 *Julian Sauerbrey*

Inhaltsverzeichnis

A. Einleitung

Wie in anderen Bereichen des Privat- und Wirtschaftslebens ist das Verhältnis von Gesellschaftern in einer Personengesellschaft idealerweise von gemeinsamen Interessen und einem partnerschaftlichen Zusammenwirken geprägt. Treten jedoch Divergenzen in Bezug auf die Verfolgung von Ansprüchen aus dem Gesellschaftsverhältnis[1] (Sozialansprüche)[2] oder sonstige Ansprüche der Gesellschaft gegen Gesellschafter oder Dritte[3] auf, stellt sich die Frage, wie diese Ansprüche der Gesellschaft ersatzweise geltend gemacht werden können. Die Rechtsfigur der *actio pro socio*, nun als Gesellschafterklage in § 715b BGB[4] normiert, stellt einen möglichen Weg zur Geltendmachung des Anspruchs dar, der jedoch selbst Stoff für vielerlei rechtliche Diskussionen birgt.[5]

I. Die Gesellschafterklage im Spannungsfeld von Gesellschafterautonomie, Minderheitenschutz und Gesellschaftsinteresse

Grundsätzlich und unbeachtlich rechtsformspezifischer oder vertraglicher Ausgestaltungen, insbesondere jedoch im Unterschied zum Kapitalgesellschaftsrecht,[6] manifestiert sich die Handlungsfähigkeit einer Personengesellschaft primär in ihrer Selbstorganschaft.[7] Gemäß § 715 Abs. 1 BGB sind alle Gesellschafter gleichermaßen berechtigt und verpflichtet, die Geschäfte der Gesellschaft zu führen. Abhängig davon, ob in der Praxis an dieser ge-

---

1 MüKo-BGB 9. Aufl./*Schäfer*, BGB § 715b, Rn. 7.

2 Zum Begriff *Servatius*, GbR, BGB § 715b, Rn. 11.

3 MüKo-BGB 9. Aufl./*Schäfer*, BGB § 715b, Rn. 16.

4 Bürgerliches Gesetzbuch.

5 Für die Zwecke dieser Arbeit werden die Begriffe *actio pro socio* und Gesellschafterklage synonym verwendet.

6 HK-GmbHG/*Saenger*, Einführung, Rn. 26.

7 MüKo-BGB 9. Aufl./*Schäfer*, BGB § 715, Rn. 13; ausführlich zu Fragen der Organschaft, BeckOK BGB 75. Ed./*Schöne*, BGB § 715, Rn. 8 ff.; MüKo-BGB 9. Aufl./*Schäfer*, BGB § 715, Rn. 14; MHdB GesR I 6. Aufl./*von Ditfurth*, § 14, Rn. 8 f.; *Fleischer*, NZG 2020, 601 (604).

J. Sauerbrey, *Die Gesellschafterklage gemäß § 715b BGB*, Juridicum – Schriftenreihe zum Wirtschafts-, Unternehmens- und Bankrecht / Series on Business, Corporate and Banking Law, https://doi.org/10.1007/978-3-658-51602-4_1

setzlichen Grundregel festgehalten oder eine abweichende satzungsmäßige Gestaltung[8] vorgenommen wird, treffen alle oder nur einzelne zur Geschäftsführung berufene Gesellschafter im Rahmen ihres rechtlichen Dürfens Entscheidungen und vertreten die Gesellschaft gemäß § 720 Abs. 1 BGB nach außen.[9]

Was aber geschieht, wenn es die Geschäftsführung pflichtwidrig unterlässt, der Gesellschaft zustehende Sozial- oder Drittansprüche durchzusetzen? Geht hiermit insbesondere eine Schmälerung des Gesellschaftsvermögens oder ein sonstiger Nachteil für die Gesellschaft einher, könnten sich nicht geschäftsführungsbefugte Gesellschafter veranlasst sehen, auf die Geschäftsführung einzuwirken. Zu diesem Zweck hat die Rechtsprechung über Jahrzehnte[10] hinweg mit der *actio pro socio* ein minderheitenschützendes[11] Instrument entwickelt, das es nach heutigem Verständnis einzelnen Gesellschaftern unter bestimmten Voraussetzungen gestattet, ein fremdes Recht im eigenen Namen[12] gerichtlich geltend zu machen.[13]

Jedoch ist diesem Instrument ein komplexes Spannungsverhältnis inhärent, das im Wesentlichen mit der Wahrung der Gesellschafterautonomie, dem Schutz der Minderheitsgesellschafter[14] sowie den Interessen der Gesellschaft drei zentrale Aspekte betrifft.

---

8 MüKo-BGB 9. Aufl./*Schäfer*, BGB § 715, Rn. 15.

9 MHdB GesR I 6. Aufl./*von Ditfurth*, § 14, Rn. 7.

10 „Jahrzehnte", sofern man die jüngere Genese des heutigen Verständnisses der *actio pro socio* zugrunde legt, ansonsten wären „Jahrhunderte" aufgrund des römischen Ursprungs der Klageform treffender; ausführlich zu der Entwicklung der Rechtsfigur *Fleischer/Harzmeier*, ZGR 2017, 239 (240 ff.).

11 Anstatt vieler HK-GbR/*Heidel*, § 715b BGB, Rn. 4; Erman BGB/*Lieder*, § 715b BGB, Rn. 5; *Schäfer*, ZHR 187 (2023), 78 (81); *Kumkar*, ZGR 2021, 123 (149); *Fleischer/Harzmeier*, ZGR 2017, 239 (240).

12 BGH, NJW 1953, 1217 (1219); BGH, NJW 1957, 1358 (1358); *Keller*, ZJS 4/2022, 469 (469).

13 Regierungsentwurf für das Gesetz zur Modernisierung des Personengesellschaftsrechts (MoPeG), BT-Dr. 19/27635, S. 154.

14 Wobei die Minderheit hier nicht kapital- oder anteilsmäßig zu verstehen ist, sondern den im Einzelfall minderheitenschützenden Charakter der *actio pro socio* betont,

Die Gesellschaft wird gemäß § 705 Abs. 1 BGB durch den Abschluss des Gesellschaftsvertrags errichtet, in dem sich die Gesellschafter verpflichten, die Erreichung eines gemeinsamen Zwecks in der durch den Vertrag bestimmten Weise zu fördern.[15] Dies ist insoweit Ausdruck allgemeiner Privatautonomie[16] und Beschlussfassungen der Gesellschafter unterliegen, je nach vertraglicher Ausgestaltung, dem Einstimmigkeits- oder Mehrheitsprinzip.[17] Grundsätzlich obliegt es also der Gesellschaft selbst, vertreten durch ihre Geschäftsführung oder Kraft eines Beschlusses ihrer Gesellschafter, über die Verfolgung oder Nichtverfolgung von Ansprüchen zu entscheiden.[18] Die Gesellschafterklage darf nicht dazu führen, dieses Gefüge[19] zu untergraben und einzelne Gesellschafter dazu befähigen, das Klagerecht missbräuchlich zur Durchsetzung rein partikularer Interessen oder zur Blockade legitimer unternehmerischer Entscheidungen einzusetzen.[20]

Andererseits erfordert der effektive Minderheitenschutz[21] ein Instrumentarium für Gesellschafter, deren mitgliedschaftliche Rechte oder deren Anteil am Gesellschaftsvermögen mittelbar durch pflichtwidriges Verhalten der Geschäftsführung gefährdet sind. Insbesondere wenn die gesetzliche oder vertragliche Organisationsstruktur versagt oder wenn die Geschäftsführung wissentlich von der Anspruchsverfolgung absieht, erscheint die *actio pro socio* als ein geeignetes Mittel, um die Rechte der Minderheit zu wahren. Die Herausforderung besteht darin, die Zulässigkeitskriterien der Gesell-

---

der sich auch ein Mehrheitsgesellschafter bedienen kann, *Berger*, ZZP 135 (2022), 407 (412 f.).

15 Ausführlich zu der Errichtung der GbR, BeckOK BGB 75. Ed./*Schöne*, BGB § 705, Rn. 32 ff.; für die Personenhandelsgesellschaften Hopt/*Roth*, BGB § 705, Rn. 3.

16 Ausführlich zu den gesellschaftsrechtlichen Grenzen MüKo-HGB/*Enzinger*, HGB § 109, Rn. 6 ff.

17 Ausführlich zu der Gesamtgeschäftsführung MHdB GesR I 6. Aufl./*von Ditfurth*, § 14, Rn. 24 ff.; MüKo-HGB/*Enzinger*, HGB § 109, Rn. 63 ff.

18 BT-Dr. 19/27635, S. 155; BeckOK BGB 75. Ed./*Schöne*, BGB § 715b, Rn. 15.

19 *Schäfer*, ZHR 187 (2023), 78 (97).

20 BT-Dr. 19/27635, S. 155; MHdB GesR I 6. Aufl./*von Ditfurth*, § 14, Rn. 72.

21 Zu den Grundlagen des Minderheitenschutzes im Personengesellschaftsrecht, MüKo-HGB/*Enzinger*, HGB § 109, Rn. 60 ff.

schafterklage aus einer objektiven Perspektive[22] so auszugestalten, dass sie die Rechte von Minderheiten und die grundsätzliche Organisationsverfassung der Gesellschaft gleichermaßen zu wahren vermögen.

Schließlich tritt das eigentliche Gesellschaftsinteresse hinzu, in welchem jeder Gesellschafter aufgrund der persönlichen Bindung und der Dauerhaftigkeit der Rechtsbeziehung zu der Gesellschaft nach den Grundsätzen von Treu und Glauben im Sinne des § 242 BGB[23] zuvorderst zu handeln hat.[24] Das Gesellschaftsinteresse kann auf die Anspruchsdurchsetzung und den damit verbundenen Erhalt und die Mehrung des Gesellschaftsvermögens gerichtet sein. Umgekehrt kann es jedoch ebenfalls geboten sein, einen Anspruch der Gesellschaft aus Gesichtspunkten der gesellschaftsrechtlichen Treuepflicht gerade nicht zu verfolgen.[25] Die Gesellschafterklage kann dem Gesellschaftsinteresse also dann evident dienen, wenn die Geschäftsführung objektiv ihre Pflichten verletzt und davon nicht nur rein individuelle Rechte einzelner Gesellschafter betroffen sind.

II. Relevanz des Themas vor dem Hintergrund der Modernisierung des Personengesellschaftsrechts

Die Verabschiedung des Gesetzes zur Modernisierung des Personengesellschaftsrechts (MoPeG)[26] markiert die tiefgreifendste Reform dieses Rechtsgebiets.[27] Mit weitreichenden Änderungen zielte die Reform darauf ab, die Attraktivität und Flexibilität von Personengesellschaften als Organisationsformen im Wirtschaftsleben nachhaltig zu stärken und an die Erfordernisse der modernen Rechtspraxis anzupassen.[28] Dabei nahmen sich die Verfasser

---

22 *Schwarz*, ZGR 2025, 112 (116).
23 BeckOK BGB 75. Ed./*Sutschet*, BGB § 242, Rn. 8.
24 BGHZ 37, 381 (384); MüKo-BGB 9. Aufl./*Schäfer*, BGB § 715, Rn. 62.
25 *Schwarz*, ZGR 2025, 112 (116); *Berger*, ZZP 135 (2022), 407 (419).
26 Gesetz zur Modernisierung des Personengesellschaftsrechts (MoPeG) vom 10.8.2021, BGBl. 2021 I, S. 3436 ff.
27 Siehe Abschnitt B.
28 BT-Dr. 19/27635, S. 1 ff.

des MoPeG einerseits weitgehend die vorherrschende Gestaltungspraxis zum Vorbild.[29] Andererseits wurden Teile vieler der von der Rechtsprechung über die Zeit fortgebildeten Rechtsbereiche kodifiziert.[30] Ein Beispiel hierfür ist die *actio pro socio*, denn das MoPeG vereinheitlicht in § 715b BGB die bisher separat voneinander entwickelten und vor dem MoPeG ungeschriebenen Klagerechte des Gesellschafters für die Geltendmachung von Sozial- und Drittansprüchen der Gesellschaft.[31]

Die Entscheidung des Gesetzgebers, die zuvor richterrechtlich geprägte *actio pro socio* nun explizit gesetzlich zu normieren, hat sowohl eine praktische, wie auch eine wissenschaftliche Dimension.

Die Bestrebung des Gesetzgebers für eine Kodifizierung liegt vor allem in dem Bedürfnis nach erhöhter Rechtsklarheit[32] und Praktikabilität begründet. Personenhandelsgesellschaften bilden das Rückgrat vieler kleiner und mittlerer Unternehmen und die Personengesellschaften allgemein dienen gleichermaßen exemplarisch als Vehikel für gewerbliche und freiberufliche[33] Kooperationen, Familiengesellschaften und komplexe Projektstrukturen. Im Speziellen spielt die Gesellschaft bürgerlichen Rechts (GbR) als niedrigschwellige Rechtsform eine zentrale Rolle im heutigen Wirtschaftsverkehr und ist aus dem deutschen Rechts- und Wirtschaftsleben nicht wegzudenken.[34] Rein beispielhaft ist das personengesellschaftsrechtliche Anwendungsfeld von bloß ideellen Zweckgemeinschaften über einfache kleingewerbliche Zusammenschlüsse bis hin zu hochprofessionellen Immobiliengesellschaften denkbar weit abgesteckt. In einem Bereich, der für die interne Konfliktlösung und die Durchsetzung von Gesellschaftsansprüchen von er-

---

29 *Späth-Weinreich*, BWNotZ 2022, 2 (12).

30 BT-Dr. 19/27635, S. 100 f.; *Noack*, NZG 2020, 581 (581).

31 BT-Dr. 19/27635, S. 154.

32 BT-Dr. 19/27635, S. 107.

33 Auch die Personenhandelsgesellschaften wurden grundsätzlich für freie Berufe geöffnet, BT-Dr. 19/27635, S. 3; MüKo-BGB 9. Aufl./*Schäfer*, BGB vor § 705, Rn. 30.

34 Siehe Abschnitt B. II. 1.

heblicher Bedeutung ist, soll daher die gesetzliche Verankerung des Klagerechts eine verlässliche Grundlage für jeden Rechtsanwender sein. Darüber hinaus lässt sich die Kodifizierung auch als eine bewusste Stärkung der Innenverfassung und Professionalität von Personengesellschaften interpretieren, die Parallelen zu kapitalgesellschaftsrechtlichen Instrumenten[35] erkennen lässt und zudem eine gewisse Kohärenz mit dem neuen und gleichsam aktienrechtlich inspirierten Beschlussmängelrecht für die Personenhandelsgesellschaften aufweist.[36]

Auch die wissenschaftliche Relevanz des Themas ist unverkennbar. Eine Neukodifizierung zieht in der Regel einen entsprechenden Forschungs- und Diskussionsbedarf nach sich. So liegt es auch hier. Denn mit der gesetzlichen Regelung der *actio pro socio* in § 715b BGB hat der Gesetzgeber keineswegs einen abschließenden und allumfassenden Ansatz verfolgt, sondern vielmehr absichtlich einzelne Bereiche ungeregelt belassen,[37] deren präzise Auslegung und Einordnung der Rechtsprechung, Rechtswissenschaft und Anwaltschaft vorbehalten bleiben. Insoweit ist die Untersuchung von § 715b BGB auch für die zukünftige Rechtsentwicklung von Bedeutung. Die Art und Weise, wie dieses neue gesetzliche Instrument von der Forschung interpretiert und angenommen wird, wird die durch die beratenden Berufe ihrer Mandantschaft anheimgestellte verfassungsmäßige Struktur in Personengesellschaften maßgeblich mitgestalten. Die so gewonnenen Erkenntnisse könnten somit nicht nur für die erste Zeit der Rechtsanwendung nach der Kodifizierung von Nutzen sein, sondern auch Anzeichen für eine spätere, sich möglicherweise bereits jetzt abzeichnende Rechtsprechungsentwicklung oder gar gesetzgeberische Korrektur- oder Verbesserungsmaßnahmen liefern.

---

35 So das Klagezulassungsverfahren nach § 148 AktG.
36 MHdB GesR I 5. Aufl./*Schäfer*, § 1, Rn. 22 ff.; *Noack*, NZG 2020, 581 (583).
37 BT-Dr. 19/27635, S. 154 ff.; *Risthaus*, WM 2024 Heft 27, 1249 (1249).

III. Gang und Ziel der Untersuchung

Die vorliegende Dissertation verfolgt das Ziel, die im Zuge der Modernisierung des Personengesellschaftsrechts in § 715b BGB neu kodifizierte Gesellschafterklage einer umfassenden Analyse zu unterziehen. Dabei sollen insbesondere auch praktische Implikationen sowie verbleibende Rechtsunsicherheiten herausgearbeitet werden. Angesichts der zentralen Bedeutung dieses Rechtsinstituts für den Minderheitenschutz und die Durchsetzung von Gesellschaftsansprüchen in Personengesellschaften soll die Arbeit nicht nur die gesetzlichen Neuerungen darstellen, sondern insbesondere auch kritisch beleuchten, inwieweit die Kodifizierung die zuvor bestehenden dogmatischen Kontroversen und praktischen Schwierigkeiten adressiert und welche Fragen auch das neue Gesetz unbeantwortet lässt.

Zunächst werden in Teil B. die grundlegenden Rahmenbedingungen skizziert, welche der Gesetzgeber mit der Modernisierung des Personengesellschaftsrechts vorgegeben hat. Der Fokus liegt dabei auf jenen Aspekten der Reform, welche zumindest mittelbar auch für die Gesellschafterklage von Bedeutung sind. Nach einer kurzen Darstellung der Entstehungsgeschichte und der Kernpunkte der Reform (I.) werden deren konzeptionelle Grundlagen, die gesetzgeberischen Zielsetzungen und die systematische Einordnung beleuchtet (II.). Ein kurzer Überblick über das Inkrafttreten und die erste Rezeption des MoPeG in der Praxis (III.) schließt diesen einführenden Teil und schafft mit der Erläuterung der Begleitumstände die notwendige Basis für das weitere Verständnis der Neufassung der *actio pro socio*.

Teil C. widmet sich sodann der Gesellschafterklage selbst, wobei eine vergleichende Perspektive zwischen der Rechtslage vor und nach der Kodifizierung eingenommen wird.

Im ersten Abschnitt (I.) erfolgt eine Auseinandersetzung mit der *actio pro socio* vor der Kodifizierung. Hierbei werden zunächst die Rechtsnatur und die dogmatische Einordnung dieses durch die Rechtsprechung geprägten Instituts untersucht, wobei das Grundkonzept der Prozessführungsbefugnis des Gesellschafters ebenso dargestellt wird wie der historische Meinungsstreit zu deren dogmatischer Herleitung. Es folgen Ausführungen zum Anwendungsbereich und den zentralen Voraussetzungen der *actio pro socio* sowie zu den Rechtsfolgen und prozessualen Besonderheiten dieser, um den Rechtsstand vor dem Inkrafttreten des § 715b BGB zu vermitteln.

Darauf aufbauend rückt im zweiten Abschnitt (II.), dem Hauptteil dieser Arbeit, die Gesellschafterklage nach der Kodifizierung in den Fokus. Den Kern dieses Abschnitts bildet die detaillierte Analyse des neuen § 715b BGB. Nach einer Erörterung der bemühten Begrifflichkeiten, der gesetzgeberischen Intention und der systematischen Einordnung der Norm sowie der nunmehr gesetzlich festgeschriebenen Rechtsnatur werden die Voraussetzungen, die prozessuale Ausgestaltung sowie die Rechtsfolgen der Gesellschafterklage eingehend dargestellt. Parallel zu einer Erläuterung der jeweiligen Regelungsaspekte werden die damit verbundenen offenen Rechtsfragen und praktischen Herausforderungen für die unmittelbar oder mittelbar durch die Gesellschafterklage betroffenen Akteure kritisch diskutiert.

In Teil D. werden die zentralen Ergebnisse der Untersuchung zusammengefasst und bewertet sowie einer rechtspolitischen Würdigung unterzogen (I.). Als Schlusspunkt (II.) wird ein vorsichtiger Ausblick auf die zu erwartende Rechtsprechung rund um die Gesellschafterklage sowie den weiteren gesetzgeberischen Reformbedarf gewagt. Dort erfolgt auch ein entsprechender Regelungsvorschlag für eine etwaige Neubefassung des Gesetzgebers mit § 715b BGB.

B. Das MoPeG als neuer Rahmen für das Personengesellschaftsrecht

„Das Personengesellschaftsrecht ist schon seit Jahrzehnten das Stiefkind der Gesellschaftsrechtswissenschaft und der Rechtspolitik."[38]

Dieses Zitat ist nicht ohne Ironie und umschreibt dennoch den jahrzehntelangen Dornröschenschlaf des deutschen Personengesellschaftsrechts auf treffende Weise.[39] Denn das Recht der Personengesellschaften aus Bürgerlichem Gesetzbuch und Handelsgesetzbuch stammt überwiegend aus dem 19. Jahrhundert.[40] Beispielsweise die Regelungen über die GbR als Grundform aller Personengesellschaften[41] fanden sich über einen Zeitraum von fast 130 Jahren beinahe unverändert[42] in den §§ 705 bis 740 BGB a.F., wobei sogar der gesetzliche Wortlaut seit der ursprünglichen Fassung des Bürgerlichen Gesetzbuchs aus dem Jahr 1896[43] nahezu unangetastet geblieben war.[44]

Bis zu einer grundlegenden Modernisierung wurde das Personengesellschaftsrecht durch den Gesetzgeber nur sehr selektiv fortgebildet,[45] zuletzt durch das Handelsrechtsreformgesetz[46] aus dem Jahr 1998.[47] Demgegenüber war der Gesetzgeber auf der kapitalgesellschaftsrechtlichen Seite weniger untätig geblieben. Als bedeutende gesellschaftsrechtliche Reformen sind

---

38 Interview der Zeitschrift JUVE mit *Martin Henssler* veröffentlicht am 25.2.2021, „Die LLP-Kanzleien sind schlicht nicht wichtig genug", www.juve.de/markt-und-management/interview-zur-rechtsform-die-llp-kanzleien-sind-schlicht-nicht-wichtig-genug/ (12.10.2025); *Henssler*, BB Special 3 2010, 2 (2).

39 So genügte es laut *Hippeli*, DZWir 2020, 386 (386), die Vorlesungsunterlagen zum Personengesellschaftsrecht lediglich bezüglich der Rechtsprechung zu aktualisieren.

40 BT-Dr. 19/27635, S. 101.

41 Anstatt vieler Hopt/*Roth*, HGB Einleitung vor § 105, Rn. 14; MüKo-BGB 9. Aufl./*Schäfer*, BGB vor § 705, Rn. 17; *Fleischer*, DStR 2021, 430 (430).

42 MüKo-BGB 9. Aufl./*Schäfer*, BGB vor § 705, Rn. 27; BeckOK BGB 75. Ed./*Schöne*, BGB § 705, Rn. 2; *Späth-Weinreich*, BWNotZ 2021, 90 (90).

43 RGBl. 1896, Nr. 21, S. 195-603, BGB Zweites Buch §§ 705 ff.

44 MüKo-BGB 9. Aufl./*Schäfer*, BGB vor § 705, Rn. 28 ff.

45 Beispielhafter Katalog *Schmidt*, ZHR 177 (2013), 712 (717 f.).

46 BGBl. 1998 I, S. 1474 ff.

47 *Fleischer*, DStR 2021, 430 (431).

J. Sauerbrey, *Die Gesellschafterklage gemäß § 715b BGB*, Juridicum – Schriftenreihe zum Wirtschafts-, Unternehmens- und Bankrecht / Series on Business, Corporate and Banking Law, https://doi.org/10.1007/978-3-658-51602-4_2

hier das Gesetz zur Modernisierung des GmbH-Rechts und zur Bekämpfung von Missbräuchen aus dem Jahr 2008[48] und die Aktienrechtsnovelle aus dem Jahr 2016 zu nennen.[49]

Eine umfassende Reform im Personengesellschaftsrecht erfolgte jedoch schließlich in Gestalt des MoPeG. Das ambitionierte Modernisierungsvorhaben war am 1. Januar 2024[50] in Kraft getreten. Die durch das MoPeG verursachten Änderungen in insgesamt 136[51] bestehenden Gesetzen und Verordnungen von A, wie Aktiengesetz, bis Z, wie Zehntes Buch Sozialgesetzbuch bewirkten Neuerungen für sämtliche Personengesellschaften und stellt die bis dato markanteste Veränderung des Personengesellschaftsrechts insgesamt dar.[52]

I. Wesentliche Aspekte

Im Folgenden sollen die wesentlichen Aspekte des MoPeG aufgezeigt werden. Dies umfasst einerseits einen kurzen Abriss über die jüngere Genese der Jahrhundertreform[53] und zum anderen eine Gesamtschau der inhaltlich wichtigsten Aspekte des Gesetzes. Für die Zwecke dieser Arbeit wird sich dabei auf jene Reforminhalte beschränkt, die eine Schnittmenge mit dem Untersuchungsgegenstand der kodifizierten *actio pro socio* aufweisen.

---

48 Gesetz zur Modernisierung des GmbH-Rechts und zur Bekämpfung von Missbräuchen (MoMiG) vom 23.10.2008, BGBl. 2008 I, S. 2026 ff.

49 Gesetz zur Änderung des Aktiengesetzes vom 22.12.2015, BGBl. 2015 I, S. 2565 ff.

50 BGBl. 2021 I, S. 3482.

51 BGBl. 2021 I, S. 3436 f.

52 *Schmidt*, ZHR 185 (2021), 16 (16).

53 *Hirte*, BT-Plenarprotokoll 19/236, S. 30755; *Lieder*, ZRP 2021, 34 (34); *Bleifeld*, RNotZ 2024, 209 (230); andere Ansicht *Weller/Schwemmer*, BB 2021, Heft 29/30, I (I); von einer „schüchternen Jahrhundertreform" sprechend *Tröger/Happ*, ZIP 2021, 2059 (2059 f.).

1. Entstehungsgeschichte

Das Recht der Personengesellschaften wurde gemeinhin als tradiert und reformbedürftig wahrgenommen.[54] Der Hauptgrund dafür war in der immer größer anmutenden Diskrepanz zwischen geschriebenem und gelebtem Recht zu sehen.[55] Das Gesetz wich in zentralen Aspekten der GbR, etwa zu deren Rechtsfähigkeit, Vertretung und Haftung, von dem durch die Rechtsprechung entwickelten Grundsätzen ab.[56]

Die GbR, auch BGB-Gesellschaft genannt, war nach dem ursprünglichen Willen des Gesetzgebers und inspiriert vom römischen Privatrecht[57] eine reine Gelegenheitsgesellschaft,[58] die ein vertragliches Schuldverhältnis[59] zwischen den nach § 718 ff. BGB a.F. gesamthänderisch agierenden Gesellschaftern darstellte, das ausweislich von § 705 BGB a.F. im Kern eine gemeinsame Zweckerreichung zum Gegenstand hatte.[60] Die Klärung der Frage nach der exakten Rechtssubjektivität der GbR wurde seinerzeit nicht vorgenommen.[61]

Die tatsächlichen Erscheinungsformen der GbR als Nukleus der Personengesellschaften[62] im heutigen und jüngeren Rechts- und Wirtschaftsverkehr sind hingegen denkbar vielfältig[63] und damit gerade Ausdruck der Tatsache, dass die GbR sich von dem ihr gesetzlich zugewiesenen Leitbild über die Jahre entfernt hat. Dass die GbR neben gelegentlichen Zusammenschlüssen

---

54 Anstatt vieler *Schäfer*, NJW-Beil. 2016, 45 (45 f.); *Schmidt*, ZHR 177 (2013), 712 (713 ff.); *Henssler*, BB Special 3 2010, 2 (2).

55 BT-Dr. 19/27635, S. 100 f.

56 *Schäfer*, NJW-Beil. 2016, 45 (45).

57 *Denga*, ZfPW 2021, 73 (77).

58 MüKo-BGB 9. Aufl./*Schäfer*, BGB vor § 705, Rn. 92.

59 *Fleischer*, DB 2020, 1107 (1108).

60 MüKo-BGB 9. Aufl./*Schäfer*, BGB § 705, Rn. 301; *Fleischer*, NZG 2020, 601 (602).

61 *Fleischer*, NZG 2020, 601 (602).

62 Siehe dazu auch die (Ketten-)Verweisungen der §§ 105 Abs. 3, 161 Abs. 2 HGB und § 1 Abs. 4 PartGG für die OHG, KG und PartG auf die Vorschriften über die GbR im BGB.

63 *Hell*, JA 2021, 12 (12).

von Personen, die einen bestimmten Zweck verfolgen, auch beispielsweise der dauerhaften gewerblichen Gewinnerzielung als unternehmenstragende Einheit[64] dienen kann, liegt in der Anerkennung ihrer Rechtsfähigkeit durch den Bundesgerichtshof (BGH) von vor rund 25 Jahren begründet.[65] In der Entscheidung *ARGE Weißes Ross* stellte der BGH im Jahr 2001 zuvorderst fest, dass die Außen-GbR rechts- und parteifähig ist und die Gesellschafter haftungsseitig analog dem akzessorischen Regime der Offenen Handelsgesellschaft (OHG) gemäß der §§ 128 ff. HGB[66] a.F. unterworfen sind.[67] Damit schloss sich der BGH größtenteils der Gruppenlehre von *Flume* an,[68] erteilte der teilweise noch vertretenen Auffassung, dass die GbR lediglich das Sondervermögen[69] der Gesellschafter bündele eine endgültige Absage und beendete damit, wie *Schmidt* treffend beschrieb, einen „30-jährigen Krieg“[70] über das Prinzip der Gesamthand.[71]

Es benötigte jedoch weitere 15 Jahre, bis die aufgezeigte Diskrepanz zwischen Kodifizierung und Rechtswirklichkeit und die vorangegangenen Diskussionen in einer das MoPeG konkret anstoßenden Reformdebatte mündeten.[72] Erst der 71. Deutsche Juristentag im Jahr 2016 setzte einen entscheidenden Impuls für eine rechtspolitische Debatte auf Grundlage eines Gutachtens von *Schäfer*.[73] Das Gutachten sah keine vollständige Neuausrichtung des Personengesellschaftsrechts vor,[74] enthielt jedoch mit der Unterscheidung zwischen rechtsfähiger Außengesellschaft[75] und vermögensloser

64 *Hermanns*, DNotZ 2022, 3 (3).
65 Siehe Abschnitt B. I. 2. a).
66 Handelsgesetzbuch.
67 BGHZ 146, 341 (341 ff.).
68 Ausführlich *Flume*, ZHR 136 (1972), 177 (177 ff.).
69 *Hell*, JA 2021, 12 (15).
70 *Schmidt*, ZHR 177 (2013), 712 (712).
71 *Lobinger*, ZJS 6/2008, 675 (678).
72 Ausführlich zu der Genese der Reform MHdB GesR I 5. Aufl./*Schäfer*, § 1, Rn. 1 ff.
73 *Schäfer*, Gutachten 71. DJT, S. E 1 ff.; ausführlich über das Gutachten *Schmidt*, ZHR 180 (2016), 411 (411 ff.).
74 Kein „genereller Systemwechsel“, *Schäfer*, Gutachten 71. DJT, S. E 114.
75 *Schäfer*, Gutachten 71. DJT, S. E 55.

Innengesellschaft[76] sowie einem neuen Subjektregister[77] für die GbR substanzielle Weiterentwicklungen. Die Beschlüsse des Deutschen Juristentags griffen diese Vorschläge im Wesentlichen auf und formulierten einen gewichtigen Modernisierungsauftrag.[78] Der 72. Deutsche Juristentag im Jahr 2018 setzte das Personengesellschaftsrechts erneut auf die Agenda und verlieh damit den Forderungen der Reformer Nachdruck.[79]

Den Stimmen folgend berief das Bundesministerium der Justiz und für Verbraucherschutz (BMJV) im gleichen Jahr eine dualistische Kommission von Experten aus Wissenschaft und Praxis. Diese erarbeitete unter dem Namen *Mauracher Entwurf* einen sehr umfassenden Reformvorschlag,[80] welcher im Jahr 2020 an das BMJV übergeben wurde.[81] Der *Mauracher Entwurf* orientierte sich an dem Votum des Deutschen Juristentags 2016 und verfolgte keine Totalrevision des Personengesellschaftsrechts.[82] Referenten- und Regierungsentwurf zum MoPeG übernahmen bis auf Detailaspekte,[83] eine wichtige Weichenstellung im Beschlussmängelrecht[84] und die Handhabung der Abdingbarkeit der Gesellschafterklage[85] beinahe alle Vorschläge der Expertenkommission.[86]

Das MoPeG wurde schließlich am 24. Juni 2021 einstimmig durch den Bundestag beschlossen[87] und am Tag darauf durch den Bundesrat gebilligt.[88] Da-

---

76 *Schäfer*, Gutachten 71. DJT, S. E 60.

77 *Schäfer*, Gutachten 71. DJT, S. E 69.

78 Beschlüsse 71. DJT, S. O 101 ff.; MHdB GesR I 5. Aufl./*Schäfer*, § 1, Rn. 1.

79 BeckOK BGB 75. Ed./*Schöne*, BGB § 705, Rn. 2.

80 *Mauracher Entwurf*, www.bmj.de/SharedDocs/Downloads/DE/Gesetzgebung/Dokumente/MauracherEntwurf.pdf?__blob=publicationFile&v=3 (12.10.2025).

81 MHdB GesR I 5. Aufl./*Schäfer*, § 1, Rn. 2; ausführlich zu der Genese des *Mauracher Entwurfs*, *Schollmeyer*, ZGR Sonderheft 23, S. 29 ff.

82 BeckOK BGB 75. Ed./*Schöne*, BGB § 705, Rn. 5.

83 MHdB GesR I 5. Aufl./*Schäfer*, § 1, Rn. 3.

84 Siehe Abschnitt B. I. 2. d).

85 Siehe Abschnitt C. II. 2. c).

86 BT-Dr. 19/27635, S. 100.

87 BT-Plenarprotokoll 19/236, S. 30757.

88 Das MoPeG war nicht zustimmungsbedürftig und der Vermittlungsausschuss wurde nicht angerufen, BR-Plenarprotokoll 1006, S. 316.

mit vergingen nach erstem Tätigwerden des BMJV und Verabschiedung des MoPeG weniger als drei Jahre. Dies erscheint gemessen an den über Jahrzehnte andauernden Reformdiskussionen gar wie ein gesetzgeberischer Wimpernschlag.

2. Kernpunkte mit Relevanz für die Gesellschafterklage

Die Modernisierung des Personengesellschaftsrechts durch das MoPeG manifestiert sich in einer ganzen Reihe gesetzlicher Neuregelungen. Diese erschöpfen sich nicht nur in punktuellen Anpassungen, sondern greifen tief in das rechtliche Fundament der Personengesellschaften ein. Für das Verständnis der nunmehr in § 715b BGB kodifizierten Gesellschafterklage sind insbesondere jene Kernpunkte des MoPeG von Bedeutung, die das Recht der GbR neu ordnen. Dies betrifft insbesondere die Festschreibung deren Rechtssubjektivität und Vermögenszuordnung sowie Fragen der Publizität. Daneben relevant ist die Neufassung des Beschlussmängelrechts für die Personenhandelsgesellschaften.

a) Normierung der Rechtsfähigkeit der GbR

Besitzt die GbR Rechtssubjektivität? Wie bereits ausgeführt, wurde diese Frage jedenfalls für die Außen-GbR mit der Entscheidung in der Sache *ARGE Weißes Ross* durch den BGH bejaht. Im Ergebnis ließ sich dazu festhalten: Wollten die Gesellschafter einer GbR mit dieser aktiv am Rechtsverkehr teilnehmen, so genoss diese uneingeschränkte Rechtsfähigkeit. Diese Rechtswirklichkeit spiegelte sich in § 705 BGB a.F. nicht wider.

Insofern ist die grundsätzlichste Konsequenz des MoPeG für die GbR in der längst überfälligen gesetzlichen Zuerkennung der Rechtsfähigkeit der Außen-GbR sowie in der Normierung einer nicht rechtsfähigen Innen-GbR in § 705 Abs. 2 BGB zu sehen.[89] Die Unterscheidung wird dort klar und ohne

---

89 BT-Dr. 19/27635, S. 125 f.; *Heckschen/Strnad*, GWR 2021, 175 (178).

jegliche Binnendifferenzierung[90] durch zwei neue Legaldefinitionen vorgenommen, wobei das Abgrenzungskriterium zwischen Außen-GbR (rechtsfähige Gesellschaft) gemäß § 705 Abs. 2 Var. 1 BGB und Innen-GbR (nicht rechtsfähige Gesellschaft) gemäß § 705 Abs. 2 Var. 2 BGB nach wie vor der gemeinschaftliche Wille der Gesellschafter ist, am Rechtsverkehr teilnehmen zu wollen oder nicht.[91]

Auf Initiative des Bundesrats[92] wurde ferner mit § 705 Abs. 3 BGB zum Schutz des Rechtsverkehrs eine Vermutungsregelung *pro* Außen-GbR eingeführt, wovon im Regierungsentwurf noch explizit abgesehen wurde.[93] Danach wird derzeit umstritten widerleglich[94] oder unwiderleglich[95] vermutet, dass, sofern der Gegenstand der GbR der Betrieb eines Unternehmens unter gemeinschaftlichem Namen ist, die Gesellschaft nach dem gemeinsamen Willen der Gesellschafter am Rechtsverkehr teilnimmt.[96]

Für die nicht rechtsfähige GbR wurde mit den §§ 740 bis 740c BGB ein eigenes Regelungsregime implementiert. Damit schaffte der Gesetzgeber einen gesetzlichen Mindestrahmen für Gesellschafter nicht rechtsfähiger Gesellschaften, die womöglich auf explizite vertragliche Regelungen verzichten,[97] mit der Gesellschaft gerade nicht am Rechtsverkehr teilnehmen wollen und diese lediglich zur rechtssicheren Regelung ihres Binnenverhältnisses gebrauchen möchten. Die Natur des Gesellschaftsvertrags nach

---

90 BT-Dr. 19/27635, S. 104.

91 Gar eine Rechtsform-Dreiteilung aus nicht rechtsfähiger GbR, rechtsfähiger GbR und eingetragener GbR vornehmen wollend, *Otte-Gräbener*, BB 2020, 1295 (1297); *Claußen/Pieronczyk*, NZG 2021, 620 (622); kritisch *Schmidt*, ZHR 185 (2021), 16 (24); ausführlich zu den GbR-Rechtsformvarianten, *Schmidt*, BWNotZ 2024, 233 (233 ff.).

92 Bericht des Ausschusses für Recht und Verbraucherschutz zu BT-Dr. 19/27635, BT-Dr. 19/31105, S. 6.

93 BT-Dr. 19/27635, S. 126.

94 *Wertenbruch*, ZPG 2023, 1 (11).

95 MüKo-BGB 9. Aufl./*Schäfer*, BGB § 705, Rn. 189; *Bachmann*, NJW 2021, 3073 (3074).

96 Ausführlich zu der Vermutungsregelung *Wertenbruch*, ZPG 2023, 1 (9 ff.).

97 BT-Dr. 19/27635, S. 190.

§ 705 Abs. 1 BGB reduziert sich im Fall der Innen-GbR damit um die organisationsrechtliche auf eine rein schuldrechtliche Komponente.[98] So passt es, dass § 740 Abs. 2 BGB gewisse Vorschriften für die rechtsfähige Gesellschaft auf die nicht rechtsfähige Gesellschaft für entsprechend anwendbar erklärt, sofern diese Vorschriften die Rechtsfähigkeit der GbR gerade nicht zur Voraussetzung haben.[99]

In dem Verweisungskatalog dieser Normen findet sich die in § 715b BGB normierte Gesellschafterklage gerade nicht. Nicht nur daraus ergibt sich, dass die Gesellschafterklage eigentlich kein zulässiges Instrument für die Innen-GbR sein kann. Denn bereits denknotwendig kann mittels der *actio pro socio* nur dann ein Recht der Gesellschaft durch den Gesellschafter im eigenen Namen geltend gemacht werden, wenn die Gesellschaft überhaupt *qua* ihrer Rechtsfähigkeit das betreffende Recht inne haben kann und überdies partei- und prozessfähig ist.[100] Anderslautenden Stimmen wird zu begegnen sein und überdies verbleibt zu klären, wie einem nicht gütlich lösbaren Interessenkonflikt in der nicht rechtsfähigen GbR begegnet werden kann, wenn § 715b BGB ganz offenbar unanwendbar ist.[101]

Andererseits bereitet aber die explizite Kodifizierung der rechtsfähigen Gesellschaft in § 705 Abs. 2 Var. 1 BGB der Einziehungs- und Prozessführungsbefugnis[102] des Gesellschafters für die Gesellschaft im Wege der in § 715b Abs. 1 S. 1 BGB ausdrücklich normierten gesetzlichen Prozessstandschaft den dogmatischen Boden. Auf einer noch abstrakteren Ebene bildet die gesetzlich festgeschriebene Rechtsfähigkeit das Fundament für eine die Willensbildung unterstützende und funktional gegliederte Unternehmensverfassung mit klarer Kompetenzverteilung,[103] deren Ausgestaltung für Fra-

98 *Wertenbruch*, ZPG 2023, 1 (2).
99 BT-Dr. 19/27635, S. 191.
100 MHdB GesR I 5. Aufl./*Noack*, § 56, Rn. 3.
101 Siehe Abschnitt C. II. 2. b).
102 BT-Dr. 19/27635, S. 154.
103 *Lieder*, ZRP 2021, 34 (34).

gen rund um die Voraussetzungen des pflichtwidrigen Unterlassens gemäß § 715b Abs. 1 S. 1 BGB relevant werden kann.[104]

b) Schaffung eigenen Vermögens für die Personengesellschaften

Der Gruppenlehre folgend wurde die Rechtsfähigkeit der Personengesellschaften[105] aus dem Gesamthandsprinzip[106] abgeleitet, welches als Ausdruck eines durch den Gesellschaftsvertrag personenrechtlich organisierten Verbandes mit Rechtssubjektivität zu verstehen ist.[107] Mit der eindeutigen Anerkennung der Rechtsfähigkeit der Außen-GbR verliert das Gesamthandsprinzip jedoch seine tragende Funktion für die Vermögensorganisation der Gesellschaft[108] und hat jedenfalls im Gesellschaftsrecht seine Daseinsberechtigung verloren.[109] Auch für die Innen-GbR als nicht rechtsfähige und nach § 740 Abs. 1 BGB vermögenslose Gesellschaft scheidet ein Gesamthandsvermögen aus nachvollziehbaren Gründen aus.[110]

Das Gesellschaftsvermögen gehört nicht mehr den Gesellschaftern gemeinschaftlich (zur gesamten Hand), sondern der Gesellschaft selbst. Gemäß § 713 BGB zählen Beiträge der Gesellschafter sowie die für oder durch die Gesellschaft erworbenen Rechte und die gegen sie begründeten Verbindlichkeiten ausdrücklich allein zu dem Vermögen der Gesellschaft. Dieser Ver-

---

104 Siehe Abschnitt C. II. 4. c).

105 § 718 BGB a.F. war und § 713 BGB ist durch die (Ketten-)Verweisungen der §§ 105 Abs. 3, 161 Abs. 2 HGB und § 1 Abs. 4 PartGG auch auf die OHG, KG und PartG anwendbar.

106 Ausführlich zu der Figur der Gesamthand auch abseits des BGB-Gesellschaftsrechts (Eheliche Gütergemeinschaft, Erbengemeinschaft), *Wertenbruch*, ZPG 2023, 1 (7 f.); *Altenhofen*, JA 2018, 205 (205 ff.).

107 *Flume*, ZHR 136 (1972), 177 (188 ff.).

108 BT-Dr. 19/27635, S. 148; *Schwemmer*, ZPG 2025, 81 (88); *Fleischer*, DStR 2021, 430 (435).

109 BT-Dr. 19/27635, S. 103 f.; *Daragan*, RFamU 2025, 211 (213); *Fleischer*, NZG 2021, 949 (952); andere Ansicht *Schmidt* ZHR 185 (2021), 16 (28 f.); *Altmeppen*, NZG 2020, 822 (822); *Habersack*, ZGR 2020, 539 (547 ff.).

110 BT-Dr. 19/27635, S. 190 f.; zum Meinungsstand Schäfer Neues PersGesR/*Armbrüster*, § 3, Rn. 48 ff.

mögensbegriff ist vom Gesetzgeber absichtlich weit gewählt und soll sowohl das Aktiv- als auch das Passivvermögen der Gesellschaft einschließen, um der Rechtsfähigkeit der GbR als Trägerin von Rechten und Pflichten Rechnung zu tragen.[111] Die GbR kann damit zweifelsfrei durch Rechtsgeschäft oder Kraft Gesetz[112] Rechte erwerben und Verbindlichkeiten eingehen.

Dass § 713 BGB explizit von den Beiträgen der Gesellschafter spricht, soll nach der Intention des Gesetzgebers folgerichtig nicht suggerieren, dass das Gesellschaftsvermögen erst mit tatsächlicher Leistung dieser Beiträge an die Gesellschaft entsteht.[113] Bereits das bloße Bestehen einer gesellschaftsvertraglichen Beitragspflicht[114] begründet eine Forderung der Gesellschaft, die ihrem Vermögen zuzurechnen ist.[115] Die dingliche Erfüllung dieser Beitragspflicht durch den Gesellschafter stellt für die Zwecke des Gesellschaftsvermögens lediglich einen Aktivtausch dar.[116]

Die Verquickung von § 713 BGB mit der Gesellschafterklage gemäß § 715b BGB wird durch die ausdrückliche Nennung der Beiträge der Gesellschafter als Teil des Gesellschaftsvermögens offensichtlich. Denn die Pflicht der Gesellschafter zur Erbringung von (Sach-)Einlagen stellt einen durch die *actio pro socio* einklagbaren Anspruch aus dem Gesellschafterverhältnis, also einen Sozialanspruch, dar.[117] Gleichzeitig statuiert die ausdrückliche Kodifizierung eines Gesellschaftsvermögens für die Außen-GbR die Fähigkeit dieser, einen Sozial- oder Drittanspruch selbst überhaupt innehaben zu können.

---

111 BT-Dr. 19/27635, S. 148.
112 Zum Beispiel durch Erbfall oder Umwandlung, BT-Dr. 19/27635, S. 149.
113 BT-Dr. 19/27635, S. 148.
114 *Hell*, JA 2021, 12 (14).
115 BT-Dr. 19/27635, S. 148.
116 *Wertenbruch*, ZPG 2023, 1 (7).
117 *Wertenbruch*, ZPG 2023, 1 (6).

§ 713 BGB findet indes keine Anwendung auf die nicht rechtsfähige Gesellschaft gemäß § 705 Abs. 2 Var. 2 BGB. Gemäß § 740 Abs. 1 BGB hat eine nicht rechtsfähige Gesellschaft ausdrücklich kein Vermögen. Denknotwendig wird durch den Katalog des § 740 Abs. 2 BGB nicht auf § 713 BGB verwiesen. Neben dem Aspekt der fehlenden Rechtsfähigkeit spricht mit analogen Argumenten auch die Vermögenslosigkeit der Innen-GbR für eine dortige Nichtanwendbarkeit der Gesellschafterklage nach § 715b BGB.[118] Denn die nicht rechtsfähige Gesellschaft kann einen auf dem Klageweg verfolgbaren Anspruch mangels eigenem Vermögen gar nicht innehaben. Schuldrechtliche Bruchteilsrechte und Treuhandstrukturen zwischen den Gesellschaftern sind strikt von einem jeweils nicht existenten eigenen Vermögen der Innen-GbR oder, sofern man die Zulässigkeit eines solchen vertreten möchte,[119] einem der Gesellschaft zugewiesenen Gesamthandsvermögen zu trennen.[120]

c) Einführung eines Gesellschaftsregisters für die GbR

Auch nach der Anerkennung der Rechtsfähigkeit der GbR durch den BGH blieb offen, ob die GbR unter eigenem Namen im Grundbuch als Inhaberin eines dinglichen Rechts eingetragen werden kann.[121] Die damalige Praxis sah vor, die gesamthänderisch verbundenen Gesellschafter, nicht jedoch die Gesellschaft selbst, in das Grundbuch einzutragen.[122] Mit zwei Entscheidungen aus den Jahren 2006[123] und 2008[124] bekräftigte der BGH jedoch, dass

118 Siehe Abschnitt C. II. 2. b).
119 Schäfer Neues PersGesR/*Armbrüster*, § 3, Rn. 48 ff.
120 BT-Dr. 19/27635, S. 190 f.; BeckOK BGB 75. Ed./*Wenzel*, BGB § 740, Rn. 7; *Servatius*, GbR, BGB § 740, Rn. 8 f.
121 Ausführlich *Bachmayer*, BWNotZ 2009, 122 (138 ff.); *Miras*, DStR 2010, 604 (604 ff.).
122 BT-Dr. 19/27635, S. 193.
123 BGH, NJW 2006, 3716 (3716 ff.).
124 BGHZ 179, 102 (102 ff.).

die Außen-GbR ohne die explizite Pflicht zur Nennung ihrer Gesellschafter im Grundbuch allein eintragungsfähig ist.[125]

In der Folge wurden Befürchtungen laut,[126] dass die Verkehrsfähigkeit von Grundstücken gefährdet sei, da die nunmehr selbst mit der Grundbuchfähigkeit und damit Objektpublizität ausgestattete GbR mit Publizitätsdefiziten[127] aufgrund der ihr seinerzeit fehlenden Subjektpublizität konfrontiert sei.[128] Da sich der Gesellschafterbestand einer GbR mangels entsprechender Publizierung nicht ohne weiteres verifizieren ließ, konnte auch die organschaftliche Vertretungsbefugnis der handelnden Gesellschafter nicht zweifelsfrei festgestellt werden.[129]

Dem begegnete der Gesetzgeber im Jahr 2009 wiederum eilig[130] mit der Einführung[131] des § 899a BGB a.F. sowie der Anpassung des § 47 Abs. 2 GBO[132] a.F., die einerseits wieder eine Eintragung der GbR-Gesellschafter selbst in das Grundbuch erforderlich machten und gleichzeitig zur Steigerung der Erwerbssicherheit für Dritte einen öffentlichen Glauben hinsichtlich der Gesellschaftereintragung statuierten.[133] Rückblickend ist dieser Regelungsansatz im Vergleich zu einer holistischen Registerpublizi-

---

125 *Röder*, AcP 215 (2015), 451 (452).

126 Anstatt vieler *Heil,* RNotZ 2009, 231 (232); *Ruhwinkel*, MittBayNot 2009, 177 (178); *Reymann*, ZfIR 2009, 81 (88); *Kesseler*, NZM 2009, 190 (190 ff.); andere Ansicht *Zimmer*, NZM 2009, 187 (187 ff.).

127 BT-Dr. 19/27635, S. 101.

128 BeckOK BGB 75. Ed./*Eckert*, BGB § 899a, Rn. 1 ff.; zu den Begrifflichkeiten der Objekt- und Subjektpublizität *Wimmer*, DZWIR 2020 (8), 379 (380).

129 *Tolani*, JZ 2013, 224 (229); *Wilhelm*, NZG 2011, 801 (804); *Kuckein/Jenn*, NZG 2009, 848 (850).

130 *Schollmeyer*, ZGR Sonderheft 23, S. 30.

131 Gesetz zur Einführung des elektronischen Rechtsverkehrs und der elektronischen Akte im Grundbuchverfahren sowie zur Änderung weiterer grundbuch-, register- und kostenrechtlicher Vorschriften (ERVGBG) vom 11.8.2009, BGBl. 2009 I, S. 2713 ff.

132 Grundbuchordnung.

133 BT-Dr. 19/27635, S. 102.

tät als reine Behelfslösung einzuordnen.[134] Daneben darf insbesondere die Praktikabilität der direkten Verknüpfung von Gesellschafterbestand und dinglichem Recht ausdrücklich bezweifelt werden.[135]

Mit dem MoPeG wurde nun mit § 707 BGB ein Register (Gesellschaftsregister) für die GbR eingeführt,[136] das dieser nach Eintragung Subjektpublizität verleiht.[137] Die Registrierung in dem bei den Amts- bzw. Registergerichten zu führenden Gesellschaftsregister ist grundsätzlich fakultativ und gerade nicht für die Erlangung der Rechtsfähigkeit der Gesellschaft notwendig.[138] Das Register orientiert sich in seiner Ausgestaltung eng an dem Handelsregister,[139] ist jedoch ausdrücklich eigenständig und keine Abteilung des Handelsregisters.[140] Es genießt durch die §§ 707a Abs. 3 BGB, 15 Abs. 1 HGB öffentlichen Glauben. Die Anmeldung der gemäß § 707 Abs. 2 BGB erforderlichen Pflichtangaben[141] sowie deren nach § 707 Abs. 3 BGB vorgeschriebene Änderung haben gemäß der §§ 707b Nr. 2 BGB, 12 HGB aus Gründen der Qualitätssicherung in notarieller Form zu erfolgen.[142] Die Gesellschaft hat sich gemäß § 707a Abs. 2 BGB nach der Registrierung „eingetragene Gesellschaft bür-

---

134 Zu der Kritik BT-Dr. 19/27635, S. 194; ausführlich *Altmeppen*, NJW 2011, 1905 (1907 ff.); *Lautner*, DNotZ 2011, 643 (643 ff.); ähnlich *Scherer*, NJW 2009, 3063 (3063 ff.), die sogar von einem „erheblichen Rückschritt“ spricht; ähnlich *Heckschen/Englich*, ZPG 2024, 281 (281), die von einer „Zwischenlösung“ sprechen.

135 BT-Dr. 19/27635, S. 194, insbesondere ist hier an die durch jeden Gesellschafterwechsel notwendig werdenden Grundbuchberichtigungen zu denken.

136 Ausführlich zu dem Gesellschaftsregister *Bolkart*, MittBayNot 2021, 319 (320 ff.); zu der Kritik an der möglicherweise irreführenden Bezeichnung *Wimmer*, DZWIR 2020 (8), 379 (382).

137 BT-Dr. 19/27635, S. 108.

138 BT-Dr. 19/27635, S. 108; die Rechtsfähigkeit der GbR indes an deren Registrierung knüpfen wollend *Heckschen*, AnwBl 7/2021, 224 (226); *Habersack*, ZGR 2020, 539 (550 ff.); *Röder*, AcP 215 (2015), 450 (472 ff.).

139 BT-Dr. 19/27635, S. 109.

140 Dagegen *Wicke*, DNotZ 2017, 261 (263), der pragmatisch die Öffnung des Handelsregisters für die GbR zu einem einzigen Handels- und Gesellschaftsregister vorschlug.

141 Ausführlich BT-Dr. 19/27635, S. 129 ff.

142 *Späth-Weinreich*, BWNotZ 2021, 90 (93).

gerlichen Rechts“ oder „eGbR“ zu nennen. Nach § 707a Abs. 4 BGB ist eine gewillkürte Löschung der eGbR nicht möglich. Ist die eGbR einmal eingetragen, kann sie zum Schutz des Rechtsverkehrs[143] nur noch durch vollständige Liquidation oder Umwandlung[144] eine Austragung erreichen.[145]

Trotz grundsätzlicher Freiwilligkeit der Eintragung (Eintragungswahlrecht)[146] sieht der Gesetzgeber für gewisse Rechte und Betätigungsmöglichkeiten der GbR eine mandatorische Eintragung im Gesellschaftsregister vor, wobei sich die begriffliche Einordnung zwischen echten Voreintragungserfordernissen[147] und gewissen Voreintragungsanreizen[148] bewegt.[149] Erstere setzen im Grundsatz voraus, dass die Eintragung einer GbR in einem Objektregister gutgläubigen Erwerb ermöglicht oder jedenfalls Legitimationswirkung entfaltet.[150]

Entsprechend wurde für den Immobilienverkehr § 47 Abs. 2 GBO durch das MoPeG insoweit neu gefasst, dass für eine GbR ein Recht nur dann in das Grundbuch eingetragen werden soll, wenn diese im Gesellschaftsregister voreingetragen ist.[151] Weitere relevante Voreintragungserfordernisse bestehen für die GbR als Gesellschafterin. Möchte diese selber Beteiligungen an einer eGbR oder Personenhandelsgesellschaft halten, trifft die GbR nach

143 BT-Dr. 19/27635, S. 134.

144 BT-Dr. 19/27635, S. 133; MüKo-BGB 9. Aufl./*Schäfer*, BGB § 707a, Rn. 24; siehe zum umgekehrten Fall des Statuswechsels nach § 707c BGB *Wimmer*, DZWIR 2020 (8), 379 (381); ausführlich zum Statuswechsel *Lieder*, GmbHR 2024, 897 (897 ff.).

145 *Späth-Weinreich*, BWNotZ 2021, 90 (93).

146 BT-Dr. 19/27635, S. 128.

147 *Späth-Weinreich*, BWNotZ 2021, 90 (93).

148 BT-Dr. 19/27635, S. 128; *Fleischer*, DStR 2021, 430 (434), zu nennen sind hier insbesondere das Sitzwahlrecht gemäß § 706 BGB, das Recht, die Vertretungsbefugnis gemäß § 720 BGB zu publizieren und generell eine höhere Kredibilität der eGbR im Rechtsverkehr.

149 Ausführlich zu den Voreintragungserfordernissen *Stock*, NZG 2023, 361 (361 ff.).

150 BT-Dr. 19/27635, S. 108 f.

151 BT-Dr. 19/27635, S. 206 f.

§ 707a Abs. 1 S. 2 BGB[152] eine Voreintragungspflicht im Gesellschaftsregister, damit diese als Gesellschafterin der Zielgesellschaft eingetragen werden kann.[153] § 67 Abs. 1 S. 3 AktG[154] und § 40 Abs. 1 S. 3 GmbHG[155] wurden entsprechend jeweils um ein Voreintragungserfordernis für eine GbR als Aktionärin einer Aktiengesellschaft (AG) oder Gesellschafterin einer Gesellschaft mit beschränkter Haftung (GmbH) erweitert.[156]

Das Gesellschaftsregister hat weitreichende Implikationen auf die gesamte personen- und kapitalgesellschaftsrechtliche Landschaft. Insbesondere durch die neu geschaffene Subjektpublizität wird der Einfluss im Speziellen auch auf die Gesellschafterklage gemäß § 715b BGB deutlich. So kann die Eintragung bei einer die eGbR betreffenden *actio pro socio* gemäß der §§ 707a Abs. 1 S. 1, 707 Abs. 2 Nr. 2 BGB als Nachweis für die Aktivlegitimation des klagenden Gesellschafters dienen. Umgekehrt kann die Eintragung der Gesellschafter die Identifikation des Beklagten erleichtern. Überdies kann die Publizität gemäß der §§ 707a Abs. 1 S. 1, 707 Abs. 2 Nr. 3 BGB bei Fragen rund um die Vertretungsbefugnis gemäß § 720 Abs. 1 BGB von Vorteil sein. Im Bereich der für die Handlungsfähigkeit vieler GbR höchst relevanten Voreintragungserfordernisse, sei es beispielsweise bei Beteiligungs- oder Immobiliengesellschaften, kann die durch einen Gesellschafter pflichtwidrig unterlassene Mitwirkung an der Anmeldung zum Gesellschaftsregister[157] selbst Anlass für eine Gesellschafterklage gerichtet auf Schadensersatz geben, da die Gesellschaft unter Umständen materielle Rechtsgeschäfte mangels Voreintragung nicht vorneh-

---

152 Für die Personenhandelsgesellschaften in Verbindung mit den §§ 105 Abs. 3, 161 Abs. 2 HGB.

153 BT-Dr. 19/27635, S. 132.

154 Aktiengesetz; BT-Dr. 19/27635, S. 269 f.

155 Gesetz betreffend die Gesellschaften mit beschränkter Haftung; BT-Dr. 19/27635, S. 273 ff.

156 Ausführlich zu der Eintragung der GbR in die GmbH-Gesellschafterliste *Wertenbruch/Alm*, GmbHR 2024, 225 (225 ff.).

157 Gemäß § 707 Abs. 4 S. 1 BGB sind Anmeldungen zum Gesellschaftsregister von sämtlichen Gesellschaftern zu bewirken.

men kann und dadurch das Gesellschaftsvermögen in Mitleidenschaft gezogen wird.[158]

d) Professionalisierung des Beschlussmängelrechts für die Personenhandelsgesellschaften

Ein Beschlussmängelrecht für die Personengesellschaften war vor dem MoPeG nicht kodifiziert.[159] Der Gesetzgeber ging aber davon aus, dass aufgrund des in § 709 Abs. 3 BGB angelegten kapitalistischen Verteilungsschlüssels[160] das Mehrheitsprinzip gegenüber dem in § 714 BGB kodifizierten Einstimmigkeitsgrundsatz[161] weiter an Bedeutung gewinnen und damit auch der Bedarf für ein neues professionelleres Regime der Beschlusskontrolle steigen würde.[162] Dieses Regelungsregime wurde durch das MoPeG dem aktienrechtlichen Beschlussmängelrecht der §§ 241 ff. AktG[163] nachempfunden,[164] welches im Wesentlichen analog im GmbH-Recht angewandt wird.[165] Dies bedeutete eine Abkehr von dem für Personengesellschaften bis dahin geltenden Feststellungsmodell[166] nach § 256 Abs. 1 ZPO[167] hin zu der Anfechtungs- und Nichtigkeitsklage.[168]

Dies jedoch nur für die Personenhandelsgesellschaften. Während der *Mauracher Entwurf* diese Neuerung ebenfalls noch für die Außen-GbR vor-

---

158 Beispielsweise zur Erlangung eines Darlehens, *Luy/Sorg*, DNotZ 2023, 657 (672 f.); ähnlich *Feick/Schwalm/Schwind*, ZEV 2024, 146 (152); *Schollmeyer*, Gesellschaftsrecht in der Diskussion 2020, S. 22; *Schollmeyer*, Bericht über die Diskussion der Vorträge Fleischer, Schollmeyer und Herrler, S. 84.

159 Hopt/*Roth*, HGB § 110, Rn. 1.

160 BT-Dr. 19/27635, S. 142 f.

161 *Guntermann*, GmbHR 2024, 397 (400).

162 BT-Dr. 19/27635, S. 110 f.

163 Aktiengesetz.

164 BT-Dr. 19/27635, S. 225.

165 Henssler/Strohn/*Drescher*, § 241 AktG, Rn. 3; *Guntermann*, GmbHR 2024, 397 (399).

166 *Mock*, NJW 2023, 3537 (3539).

167 Zivilprozessordnung.

168 BT-Dr. 19/27635, S. 111.

sah,[169] führte der Gesetzgeber das neue Beschlussmängelrecht lediglich für die OHG und Kommanditgesellschaft (KG) in den Bestimmungen der §§ 110 ff. HGB ein.[170] Zur Begründung wurde angeführt, dass das aktienrechtliche Anfechtungsmodell ein gewisses Maß an formalisierter Beschlussfassung[171] und damit ein professionelles Organisationsniveau voraussetze, welches typischerweise eher bei kaufmännischen als bei nicht kaufmännischen Rechtsformen erfüllt werde.[172] Dieser folgenschweren Weichenstellung[173] in Abkehr vom *Mauracher Entwurf* wurde in der Literatur teils zustimmend[174] und teils ablehnend[175] begegnet. Für die GbR und Partnerschaftsgesellschaft (PartG) blieb es damit insgesamt bei dem bekannten Feststellungsmodell, wobei die Gesellschafter im Zuge ihrer Gestaltungsfreiheit gemäß § 708 BGB gesellschaftsvertraglich für das neue Anfechtungsmodell optieren können (Opt-in).[176] Umgekehrt können Gesellschafter von Personenhandelsgesellschaften das neue Beschlussmängelrecht gemäß § 108 HGB abbedingen (Opt-out).[177] Für die Gestaltungspraxis bedeutet dies, dass etwaige Regelungen zu dem Umgang mit Beschlussmängeln in Gesellschaftsverträgen mit besonderer Sorgfalt auszuarbeiten sind. Sie sollten sich dabei stets an den spezifischen Anforderungen des jeweiligen Unternehmens orientieren.[178]

---

169 *Mauracher Entwurf*, Fn. 80, S. 90 ff.; *Lieder*, ZRP 2021, 34 (34 f.); *Habersack*, ZGR 2020, 539 (559 ff.).

170 Ausführlich *Claußen/Pieronczyk*, NZG 2021, 620 (620 ff.).

171 *Schmidt*, ZPG 2023, 81 (83 f.).

172 BT-Dr. 19/27635, S. 111.

173 *Liebscher/Rickelt*, ZPG 2023, 441 (442).

174 Jedenfalls nicht für die Innen-GbR *Storz*, GWR 2021, 5 (6); grob zustimmend *Wertenbruch*, GmbHR 2021, 1 (7); *Geibel*, ZRP 2020, 137 (140); *Schall*, ZIP 2020, 1443 (1450).

175 *Rattey*, BAB 09/2024, 308 (310); *Fehrmann/Leclerc/Schirrmacher*, GmbHR 2024, 57 (58); *Franzenburg*, NZG 2024, 963 (964 f.); *Tröger/Happ*, NZG 2021, 133 (137 ff.); *Lieder*, ZRP 2021, 34 (35); kritisch in Bezug auf die eGbR *Claußen/Pieronczyk*, NZG 2021, 620 (628).

176 BT-Dr. 19/27635, S. 111.

177 Ausführlich zu den Modi und Grenzen von Opt-in und Opt-out *Liebscher/Rickelt*, ZPG 2024, 41 (49 f.).

178 *Roßkopf/Hoffmann*, ZPG 2023, 14 (22).

Die Schnittstelle zwischen dem so reformierten Beschlussmängelrecht und der Gesellschafterklage gemäß § 715b BGB offenbart sich am deutlichsten in der Zielsetzung beider Rechtsbehelfe zur Wahrung eines Ausgleichs von Mehrheiten- und Minderheitenrechten sowie von Gesellschaftsinteressen. Sofern ein pflichtwidriges Unterlassen der Geschäftsführung auf einem Gesellschafterbeschluss beruht, genießt nach dem Willen des Gesetzgebers grundsätzlich das Vorgehen im Wege einer Beschlussmängelklage Vorrang.[179] Dies stelle sicher, dass etwaige gesetzliche oder gesellschaftsvertragliche Anforderungen an eine Beschlussmängelklage nicht umgangen werden können.[180]

Diese gesetzgeberische Wertung darf als Ausdruck der Subsidiarität der *actio pro socio* zunächst so zur Kenntnis genommen werden.[181] Gleichwohl wird sie in ihrer Absolutheit genauer zu untersuchen sein. Insbesondere soll dazu beleuchtet werden, ob zwischen dem beschlussmängelrechtlichen Feststellungs- und Anfechtungsmodell zu differenzieren ist.[182]

II. Konzeptionelle Grundlagen

Jenseits der dargestellten spezifischen Änderungen im materiellen Recht liegt dem MoPeG ein klares konzeptionelles Fundament zugrunde. Die Reform verfolgt übergeordnete Ziele, welche das neue Verständnis des Personengesellschaftsrechts prägen sollen. Diese gesetzgeberische Grundkonzeption kann neben der Betrachtung der realen Anwendungsszenarien und Rahmenbedingungen für (unternehmenstragende) Personengesellschaften für die Auslegung von Neuregelungen wie der Gesellschafterklage gemäß § 715b BGB von Bedeutung sein.

---

179 BT-Dr. 19/27635, S. 155.

180 BT-Dr. 19/27635, S. 155.

181 So zuletzt zweimal für die GmbH durch den BGH im Lichte des MoPeG bestätigt, BGH, NJW 2025, 750 (751); BGHZ 232, 275 (281).

182 Siehe Abschnitt C. II. 4. c) bb).

1. Stärkung der Rechtssicherheit und Anpassung an die Praxis

Als das hochrangigste Ziel des Gesetzgebers für das MoPeG ist die Überwindung der seit Jahrzehnten bestehenden und stetig gewachsenen Divergenz zwischen der geschriebenen Gesetzeslage und der von Rechtsprechung und Praxis geformten Rechtswirklichkeit, also die Versöhnung des Gesetzes mit dem gelebten Recht,[183] zu nennen (Konsolidierung).[184] Diese Konsolidierung zeigt sich am prominentesten im BGB-Gesellschaftsrecht an der Kodifizierung der rechtsfähigen und vermögenstragenden Außengesellschaft und der nicht rechtsfähigen und vermögenslosen Innengesellschaft, jedoch auch am Beispiel der Einführung des § 715b BGB. Daneben schuf der Gesetzgeber teils grundlegend Neues (Modernisierung).[185] Darunter fallen die anwenderfreundliche Neugestaltung der §§ 705 ff. BGB, die Einführung des Gesellschaftsregisters und die Zuweisung eines neuen Beschlussmängelrechts für die Personenhandelsgesellschaften.

Die so erfolgte Konsolidierung und Modernisierung sind einerseits Ausdruck des gesetzgeberischen Leitbildwandels[186] im Recht der GbR von Gelegenheitsgesellschaften ohne deutlich ausgeprägte Gesellschaftsorganisation zu auf Dauer angelegten Erwerbsgesellschaften und andererseits einer neuen Praxistauglichkeit für das Personengesellschaftsrecht insgesamt.[187]

Die Notwendigkeit dieser Anpassungen wird durch die wirtschaftliche Bedeutung der Personengesellschaften in der Bundesrepublik Deutschland evident.[188] Anders als es das Personengesellschaftsrecht als „Stiefkind der Gesellschaftsrechtswissenschaft“[189] vermuten ließe, bilden die Personengesellschaften in tatsächlicher Hinsicht eine wesentliche Säule volkswirtschaftli-

183 MüKo-BGB 9. Aufl./*Schäfer*, BGB vor § 705, Rn. 32.
184 BT-Dr. 19/27635, S. 100; *Fleischer*, ZGR Sonderheft 23, S. 3 f.
185 BT-Dr. 19/27635, S. 101; *Fleischer*, ZGR Sonderheft 23, S. 3 f.
186 BT-Dr. 19/27635, S. 105.
187 MüKo-BGB 9. Aufl./*Schäfer*, BGB vor § 705, Rn. 27.
188 Hopt/*Roth*, HGB vor § 105, Rn. 39.
189 *Henssler*, Fn. 38.

cher Schlagkraft.[190] Dafür und insbesondere für die Daseinsberechtigung der GbR als Erwerbsgesellschaft[191] spricht auch ein Blick auf die Zahlen zu den Gewerbeanmeldungen. Sieht man sich nur die Gesellschaftsneugründungen abseits der Einzelunternehmen an,[192] so entfallen seit über zwanzig Jahren stets die zweitmeisten Gesellschafts-Gewerbeanmeldungen in Deutschland auf die Rechtsform der GbR. Nur die GmbH erweist sich alljährlich als ein attraktiveres Vehikel für unternehmerische Tätigkeiten des Rechtsverkehrs. Gefolgt wird die GbR von der GmbH & Co. KG.[193]

Darüber hinaus lassen die Daten der jüngsten Umsatzsteuerstatistik aus dem Jahr 2023 einige grobe Beobachtungen mit Blick auf die steuerliche und damit wirtschaftliche Bedeutung des *numerus clausus* der Rechtsformen in Deutschland zu.[194] Zum einen reicht die Anzahl von etwa 435.000 steuerpflichtigen Personengesellschaften recht nah an die Anzahl der steuerlich erfassten Kapitalgesellschaften von ungefähr 656.000 heran.[195] Schon das unterstreicht die Bedeutung der Personengesellschaften recht eindrucksvoll. Zum anderen erzielten die Personengesellschaften mit etwa TEUR[196] 1.909.000.000 jedoch nur rund 36 Prozent des Gesamtumsatzes der Kapitalgesellschaften in Höhe von etwa TEUR 5.268.000.000.[197] Dies könnte für einen geringeren Professionalisierungsgrad der Personengesell-

---

190 Zustimmend *Schäfer*, NJW-Beil. 2016, 45 (46).

191 Andere Ansicht *Röder*, AcP 215 (2015), 450 (478), der der GbR eine größere Bedeutung als Unternehmensträgerin abspricht.

192 Abseits deswegen, da eine GbR-Gründung mindestens zwei Gesellschafter voraussetzt und es insoweit an der Vergleichbarkeit mit einer Einzelunternehmung mangelt, *Wertenbruch*, GmbHR 2021, 1 (2).

193 Statistisches Bundesamt, Gewerbeanmeldungen nach Rechtsformen 2003-2025, www.genesis.destatis.de/datenbank/online/url/b2da7a90 (12.10.2025).

194 Ein tabellarischer Gesamtüberblick zu der Anzahl aller im Handelsregister registrierten Rechtsformen mit Stand 1.1.2025 findet sich bei *Lieder/Hoffmann*, GmbHR 2025, 785 (786 f.).

195 Statistisches Bundesamt, Umsatzsteuerstatistik (Voranmeldungen) 2023 vom 7.3.2025, www.destatis.de/DE/Themen/Staat/Steuern/Umsatzsteuer/Publikationen/Downloads-Umsatzsteuern/statistischer-bericht-umsatzsteuer-2140810237005.html (12.10.2025).

196 Tausend Euro.

197 Statistisches Bundesamt, Fn. 195.

schaften sprechen. Dazu fügt sich in das Bild, dass die GbR als am wenigsten professionelle Rechtsform mit ungefähr 207.000 Einheiten zwar einen Anteil von knapp 48 Prozent aller Personengesellschaften ausmacht, mit TEUR 104.000.000 jedoch nur circa 5 Prozent zu deren gesamten Lieferungen und Leistungen beisteuert.[198]

Der in den Umsatzabstufungen möglicherweise ablesbare abfallende Professionalisierungsgrad vermag jedoch den aus den absoluten Zahlen entnehmbaren immens großen wirtschaftlichen Beitrag der Personengesellschaften nicht zu entkräften. Vielmehr ist es bei näherer Betrachtung nicht verwunderlich, dass die GbR, die aufgrund des Rechtsformzwangs gemäß der §§ 105 Abs. 1, 1 Abs. 2 HGB keinen kaufmännischen Geschäftsbetrieb einrichten kann,[199] organisatorisch und umsatzseitig eher im kleingewerblichen Bereich zu verorten ist.[200] Umgekehrt offenbart ein Blick auf das andere Ende der personengesellschaftsrechtlichen Rechtsformskala, dass die KG, vor allem in Form der Kapitalgesellschaft & Co. KG,[201] mit insgesamt etwa TEUR 1.694.000.000 immerhin rund 46 Prozent der Umsätze der GmbH mit ungefähr TEUR 3.687.000.000 in Deutschland ausmacht.[202]

Insoweit der teilweise sehr hohe Professionalisierungsgrad der unternehmenstragenden Personengesellschaften durch diese Zahlen belegt wird, lässt sich konstatieren, dass gerade in Gesellschaften mit hoher wirtschaftlicher Aktivität ein gesteigertes Bedürfnis nach effektiven Mechanismen zur Wahrung der Gesellschafterrechte besteht. Die Gesellschafterklage nach § 715b BGB stellt neben dem jeweils anwendbaren Beschlussmängelrecht einen solchen Mechanismus dar. Die wirtschaftliche Tragweite vieler Personengesellschaften macht es daher erforderlich, ihnen ein solches Instru-

---

198 Statistisches Bundesamt, Fn. 195.

199 *Bayer/Lieder/Hoffmann*, GmbHR 2024, 785 (792).

200 *Röder*, AcP 215 (2015), 450 (478 f.).

201 Die GmbH & Co. KG stellt heute die vorherrschende Erscheinungsform der KG dar, *Bayer/Lieder/Hoffmann*, GmbHR 2022, 777 (783).

202 Statistisches Bundesamt, Fn. 195.

mentarium im Gesetz an die Hand zu geben, um das Vertrauen in die Funktionsfähigkeit der Personengesellschaften zu stärken.

Doch auch jenseits großer Erwerbsgesellschaften, jedoch wohl in der Regel oberhalb der Schwelle reiner Gelegenheitsgesellschaften,[203] kann ein legitimes Interesse an der minderheitenschützenden *actio pro socio* bestehen. Denn selbst wenn etwa eine GbR nicht gewerblich tätig ist, freiberuflich[204] genutzt wird oder nur geringe Umsätze erzielt, kann sie dennoch einen komplexen wirtschaftlichen oder strategischen Zweck verfolgen und entsprechenden Bedarf nach organisationsverfassungsmäßiger Stabilität aufweisen.[205] Darüber hinaus gibt es keine Daten darüber, wie viele GbR in Deutschland überhaupt existieren und welchen Zweck sie verfolgen.[206] Insbesondere ist hier an vermögensverwaltende Strukturen oder Projektgesellschaften zu denken. Dort ist die wirtschaftliche Tragweite nicht allein an Umsatzkennzahlen messbar, sondern ergibt sich aus dem Wert der verwalteten Vermögensgegenstände, der strategischen Bedeutung der Tätigkeit oder der Komplexität der internen Organisation.[207]

Gerade in solchen Konstellationen kann es zu Interessenkonflikten, Pflichtverletzungen oder strukturellen Blockaden kommen, welche die Erhebung der *actio pro socio* erforderlich machen können. Beispielsweise eine erhebliches Immobilienvermögen haltende Familien-GbR lässt nicht automatisch den Schluss zu, dass deren Gesellschafter mit Blick auf sachgerechte gesellschaftsvertragliche Gestaltung zur Konfliktvermeidung professionell anwaltlich beraten wurden.[208] Insbesondere die grundsätzliche Formfreiheit

---

203 Beispielhafter Katalog *Servatius*, GbR, BGB § 705, Rn. 11.

204 Hier insbesondere auch in der Rechtsform der PartG oder PartGmbB.

205 Ähnlich *Röder*, AcP 215 (2015), 450 (479).

206 Von „Hunderttausenden“ sprechend *Wobst*, ZPG 2023, 58 (59); von „180.000 immobilienhaltenden GbR“ ausgehend *Heckschen/Englich*, ZPG 2024, 281 (281).

207 Etwa die Komplexität einer Baugruppen-GbR darstellend *Tönnies*, RNotZ 2025, 181 (181 ff.).

208 Auf die regelmäßig fehlende rechtliche Beratung von Gelegenheitsgesellschaften hinweisend *Anonyme Diskutanten*, Bericht über die Diskussion der Vorträge Fleischer, Schollmeyer und Herrler, S. 80.

des Gesellschaftsvertrags[209] und der geringe Gründungs- und Kostenaufwand für die Errichtung einer GbR[210] geben Anlass zu dieser These.[211]

Umso mehr ist es zu begrüßen, dass der Gesetzgeber im Wege der Konsolidierung und Modernisierung mit der Kodifizierung der Gesellschafterklage in § 715b BGB als ausdrückliches Streitbeilegungsmittel zu der Professionalisierung der Personengesellschaften insgesamt beiträgt. Bedauerlich in diesem Zuge ist es hingegen, dass das aktienrechtliche Beschlussmängelsystem nicht für alle Personengesellschaften gleichermaßen gilt.[212] Für eine etwaige analoge Anwendung der §§ 110 ff. HGB auf die GbR und PartG[213] fehlt es mit der ausdrücklichen gesetzgeberischen Intention für dieses Vorgehen[214] allerdings an einer planwidrigen Regelungslücke.[215]

2. Reform im bestehenden System

Mit dem MoPeG wurde das Personengesellschaftsrecht nicht neu erfunden.[216] Wie beispielsweise die aufgezeigte Nuancierung des personengesellschaftsrechtlichen Beschlussmängelrechts zeigt, wurde das bestehende Recht vielmehr insbesondere unter Wahrung der Trennung zwischen kauf-

---

209 Zu Grundsatz und Ausnahmen *Servatius*, GbR, BGB § 705, Rn. 27; im Wesentlichen analog für die OHG BeckOK HGB/*Klimke*, HGB § 105, Rn. 47; für die KG BeckOK HGB/*Beyer*, HGB § 161, Rn. 18.

210 *Heckschen/Englich*, ZPG 2024, 281 (281); die Gründungskosten können abgesehen von einer etwaig erforderlichen Gewerbeanmeldung gar bei EUR 0 liegen.

211 Selbst die Notar- und Gerichtskosten für die Errichtung (Eintragung) einer zweigliedrigen eGbR sind mit ca. EUR 300 überschaubar, BT-Dr. 19/27635, S. 119 f.; siehe ausführlich zu weiteren Kostenbeispielen *Bleifeld*, RNotZ 2024, 209 (216).

212 Zustimmend *Otte*, RFamU 2023, 306 (312), der den Opt-in bei Familien-GbR mit größerem Gesellschafterkreis nahelegt; siehe zudem *Liebscher*, ZIP 2023, 2441 (2447), der den Opt-in für alle unternehmenstragenden GbR und sämtliche PartG empfiehlt; kritisch dazu BeckOK BGB 75. Ed./*Schöne*, BGB § 714, Rn. 37; überdies ausführlich kritisch zu der Zweiteilung des Beschlussmängelrechts *Tröger/Happ*, ZIP 2021, 2059 (2065 ff.).

213 Dies fordernd *Tröger/Happ*, ZIP 2021, 2059 (2065 ff.).

214 BT-Dr. 19/27635, S. 111.

215 Im Ergebnis zustimmend *Schmidt*, BWNotZ 2024, 233 (241 f.), der von einem „wenig konsensfähigen Kraftakt“ spricht.

216 *Wertenbruch*, GmbHR 2021, R226 (R229).

männischen und nicht kaufmännischen Personengesellschaften angepasst.[217] Diese Weiterentwicklung im bestehenden System, die im Kontrast zu einer Totalrevision des Personengesellschaftsrechts steht,[218] folgt schließlich dem originären Vorschlag aus dem Gutachten von *Schäfer*.[219] Der Gesetzgeber nahm jedoch wieder das Heft des Handelns in die Hand, welches er über Jahrzehnte fast ausschließlich der Rechtsprechung und Beratungspraxis überließ.[220]

Dass es bei einer Reform dieser Tragweite stets zu erwarten ist, dass Kritik aus unterschiedlichsten Richtungen geübt wird, versteht sich von selbst. So ließe sich der Standpunkt vertreten, dass das MoPeG keine relevanten Verbesserungen bringe und das vor der Reform geltende Recht besser durch weniger aber dafür gezieltere Eingriffe anzupassen gewesen wäre,[221] mithin der Umfang des Gesetzes zu groß geraten sei.[222] Daneben kann die vom Gesetzgeber gewählte Reichweite und Methodik der Reform in unterschiedlicher Weise begrüßt werden.[223] Schließlich ist es zulässig zu argumentieren, dass das MoPeG in seiner Regelungswirkung mindestens in Teilen zu kurz greife.[224]

Während der Verfasser hiermit deutlich den die Reform grundsätzlich begrüßenden Stimmen beipflichten möchte, so ist konstruktive Kritik zu ein-

---

217 BT-Dr. 19/27635, S. 101.

218 Wie sie beispielsweise durch Österreich, Belgien und die Niederlande mit der Abkehr vom Kaufmannsbegriff vollzogen wurde; ausführlich zu Österreich *Krejci*, ZHR 170 (2006), 113 (113 ff.); zu Belgien und den Niederlanden *Fleischer/Cools*, ZGR 2019, 463 (484 ff.).

219 *Schäfer*, Gutachten 71. DJT, S. E 114.

220 *Storz*, GWR 2020, 257 (258); *Schollmeyer*, Gesellschaftsrecht in der Diskussion 2020, S.15.

221 *Altmeppen*, NZG 2020, 822 (822 f.).

222 Ausführlich *Schall*, ZIP 2020, 1443 (1443 ff.).

223 Anstatt vieler *Wertenbruch*, GmbHR 2024, R372 (R372 ff.); *Kruse*, DStR 2021, 2412 (2415 f.); *Bachmann*, NZG 2020, 612 (619); *Fleischer*, ZGR Sonderheft 23, S. 4 f.; *Scholz*, NZG 2020, 1044 (1044 ff.).

224 Exemplarisch *Lieder*, ZRP 2021, 34 (35 ff.); *Lange/Kretschmann*, ZEV 2021, 545 (550); *Hippeli*, DZWir 2020, 386 (392); *Habersack*, ZGR 2020, 539 (539 ff.); *Fleischer*, ZGR Sonderheft 23, S. 5 ff.

zelnen Aspekten des MoPeG selbstverständlich gestattet. Jedoch dürfte auch denjenigen Kritikern, denen die Modernisierung des Personengesellschaftsrechts insgesamt nicht weit genug geht, einleuchten, dass tiefgreifendere strukturelle Änderungen, wie etwa die Aufgabe der handelsgewerblichen Trennlinie für einen neuen Unternehmerbegriff, im vorgesehenen Zeitrahmen kaum sachgerecht hätten umgesetzt werden können.[225] Insoweit ist es zu begrüßen, dass der Gesetzgeber in ausgleichendem Maße zwischen Konsolidierung und Modernisierung den Fokus auf das Machbare gelegt hat. Nicht zuletzt die Kodifizierung der *actio pro socio* in § 715b BGB mag auf den ersten Blick wie eine eher marginale Stellschraube erscheinen,[226] doch gerade angesichts der Unwägbarkeiten einer größeren systembrechenden Reform hätte sie ebenso gut nicht in Angriff genommen werden können.

Neben dem holistischen Blick auf die Reichweite der Reform lohnt sich auch eine nähere Betrachtung der Entscheidung des Gesetzgebers, das BGB-Gesellschaftsrecht und damit auch die Gesellschafterklage gemäß § 715b BGB weiterhin im Besonderen Schuldrecht zu verorten. Der dortige Regelungsstandort wurde angesichts der Reform als befremdlich[227] und die GbR im Schuldrecht als Fremdkörper[228] wahrgenommen. Insbesondere vor dem Hintergrund der expliziten Anerkennung der rechtsfähigen Gesellschaft und deren eigenen Vermögens sowie der Einführung des Gesellschaftsregisters erscheint eine Regelung im Allgemeinen Teil des BGB neben den natürlichen

225 *Noack*, NZG 2020, 581 (581).

226 Ähnlich Schäfer Neues PersGesR/*Schäfer*, § 1, Rn. 8, der die Kodifizierung der *actio pro socio* für nicht unbedingt erforderlich, jedoch im Ergebnis als gelungen erachtet; stärker *Lieder*, ZGR Sonderheft 23, S. 198, denn die Kodifizierung der *actio pro socio* verdiene „uneingeschränkte Zustimmung“; die Kodifizierung ebenfalls unter dem Aspekt der einfachen Ablesbarkeit aus dem Gesetz begrüßend *Anonyme Diskutanten*, Bericht über die Diskussion des Vortrags Lieder, S. 219 f.

227 *Noack*, NZG 2020, 581 (581).

228 *Mohamed*, JuS 2021, 820 (821); *Fleischer*, DB 2020, 1107 (1113).

und juristischen Personen oder gar in einem eigenen Personengesellschaftsgesetz[229] auf den ersten Blick vorzugswürdig.[230]

Allerdings liefern die auch nach dem MoPeG verbliebene schuldrechtliche Komponente des Gesellschaftsvertrags nach § 705 Abs. 1 BGB[231] sowie die Vorschriften über die nicht rechtsfähige Gesellschaft Argumente für den Verbleib der GbR-Normen im Schuldrecht.[232] Dafür sprechen im Übrigen nicht zuletzt auch pragmatische Gesichtspunkte und die Gewöhnung des Rechtsanwenders.[233] Schließlich ist in Bezug auf die Gesellschafterklage gemäß § 715b BGB festzustellen, dass die Kodifizierung im Schuldrecht den Rest einer gewissen personenbezogenen Prägung der *actio pro socio* gegenüber rein organisationsrechtlichen Aspekten offenbar werden lässt. Dies kann natürlich nicht darüber hinwegtäuschen, dass sich die GbR über die Jahre, spätestens jedoch mit dem MoPeG,[234] hinsichtlich der Zuordnung der Rechte zunehmend von ihren Gesellschaftern emanzipiert hat.[235]

---

229 *Fleischer*, Bericht über die Diskussion der Vorträge Fleischer, Schollmeyer und Herrler, S. 81.

230 *Bachmann*, NZG 2020, 612 (612); *Habersack*, ZGR 2020, 539 (546 f.); *Fleischer*, DB 2020, 1107 (1113); *Anonyme Diskutanten*, Bericht über die Diskussion der Vorträge Fleischer, Schollmeyer und Herrler, S. 80; zumindest die Frage aufwerfend *Wertenbruch*, GmbHR 2021, 1 (4); daneben schon *Flume*, ZHR 136 (1972), 177 (177), der das Gesellschaftsrecht nur insoweit im Schuldrecht verortete, wie es das Schuldverhältnis der Gesellschafter untereinander regelt.

231 BT-Dr. 19/27635, S. 125.

232 BT-Dr. 19/27635, S. 103; *Wertenbruch*, GmbHR 2021, 1 (4); *Wertenbruch*, Bericht über die Diskussion der Vorträge Fleischer, Schollmeyer und Herrler, S. 81.

233 *Mohamed*, JuS 2021, 820 (821); *Bachmann*, NZG 2020, 612 (612); *Wertenbruch*, Bericht über die Diskussion der Vorträge Fleischer, Schollmeyer und Herrler, S. 81.

234 Siehe Abschnitt C. II. 3. a) zu der Festschreibung der gesetzlichen Prozessstandschaft.

235 Ausführlich *Guntermann*, ZfPW 2023, 405 (409 f.).

3. Annäherung an das Kapitalgesellschaftsrecht?

Diese organisationsrechtliche Emanzipation aber auch andere Bereiche des MoPeG[236] lassen durchaus den Schluss zu, das Personengesellschaftsrecht rücke in einigen Bereichen an kapitalgesellschaftsrechtliche Strukturen heran. Als anschaulichstes Beispiel ist hier das neue Beschlussmängelrecht der Personenhandelsgesellschaften zu nennen. So wird die Annäherung der Personengesellschaften an die Kapitalgesellschaften, insbesondere an die GmbH,[237] auch dadurch offenbar, dass die §§ 110 ff. HGB analog für das Beschlussmängelregime in der GmbH herangezogen werden könnten.[238] Umgekehrt könnte die bisher in Bezug auf Beschlussmängelstreitigkeiten in der GmbH ergangene Rechtsprechung als Auslegungshilfe bei den Personengesellschaften dienen.[239]

Trotz dieser funktionalen Angleichungen soll nach dem Willen des Gesetzgebers das Leitbild der Personengesellschaften erhalten bleiben. Dies insbesondere durch die im Grundsatz persönliche, unbeschränkte und gesamtschuldnerische Gesellschafterhaftung[240] sowie das Prinzip der Selbstorganschaft.[241] Überdies bleibt der Gesetzgeber in Linie mit der Entscheidung *ARGE Weißes Ross* bei der Auffassung, dass die GbR keine juristische Person sei.[242] Diese Unterscheidung zwischen rechtsfähigen Personengesell-

---

236 Zum Beispiel bezüglich des Gesellschaftsregisters oder der kapitalmäßigen Stimmverteilung gemäß § 709 Abs. 3 BGB.

237 Ähnlich *Osterloh-Konrad*, Gesellschaftsrecht in der Diskussion 2021, S. 83.

238 BT-Dr. 19/27635, S. 228; *Otte*, RFamU 2023, 306 (312); *Neumayer/Zeyher*, NZG 2022, 1707 (1711 f.); *Ebel/Wörner*, NZG 2021, 963 (970).

239 *Ebel/Wörner*, NZG 2021, 963 (970).

240 Ausführlich BT-Dr. 19/27635, S. 165 f.

241 Von einem „systembildenden Grundsatz" sprechend BT-Dr. 19/27635, S. 164; kritisch *Lieder*, ZGR Sonderheft 23, S. 179 ff; *Anonyme Diskutanten*, Bericht über die Diskussion des Vortrags Lieder, S. 215 f.

242 BT-Dr. 19/27635, S. 100.

schaften und juristischen Personen als jeweils eigenständige Rechtssubjekte neben den natürlichen Personen scheint indes aus der Zeit gefallen.[243]

Dies zeigt sich gerade auch am Beispiel der Kodifizierung der Gesellschafterklage in § 715b BGB, die auch nach Ansicht des BGH als Beitrag zur Institutionenbildung verstanden werden kann.[244] Insoweit kann die *actio pro socio* als allgemeines Institut des Verbandsrechts[245] ausgelegt werden, welches in allen Rechtsformen anzuerkennen ist, soweit die organisationsverfassungsmäßige Zuständigkeitsordnung versagt.[246] Die Ausstrahlungswirkung der Norm zum Beispiel auf das GmbH-Recht[247] darf insoweit nicht unterschätzt werden.[248] Umgekehrt gilt das oben Gesagte bezüglich des Beschlussmängelrechts. Die Rechtsprechung zu der *actio pro socio* in der GmbH und dem aktienrechtlichen Klagezulassungsverfahren gemäß § 148 AktG wird auch in Wechselwirkung zu der Gesellschafterklage gemäß § 715b BGB bei den Personengesellschaften zu sehen sein.[249] Insoweit ist es konsequent, dass für die Zwecke der Erläuterung der Kodifizierung der

---

243 BeckOK BGB 75. Ed./*Martens* BGB, § 14 Rn. 22; ausführlich *Schwemmer*, ZPG 2025, 81 (81 ff.); *Kindler*, ZfPW 2022, 409 (419 ff.); *Brauermeister/Grobe*, ZGR 2022, 733 (772); *Fleischer*, DStR 2021, 430 (434).

244 BGHZ 232, 275 (281); gleichzeitig jedoch eine Analogie von § 715b Abs. S. 2 BGB für die Zulassung der *actio pro socio* gegen Fremdgeschäftsführer im GmbH-Recht verneinend; dazu ausführlich *Tödtmann/Pieper*, NZG 2023, 641 (641 ff.); *Waclawik*, NZG 2022, 652 (652 ff.); bestätigend BGH, NJW 2025, 750 (750 ff.); dazu ausführlich *Bayer/Carl*, GmbHR 2025, 1009 (1009 ff.); *Klesse*, NZG 2025, 545 (545 ff.).

245 *Osterloh-Konrad*, Gesellschaftsrecht in der Diskussion 2021, S. 64; zustimmend *Verse/Bachmann*, Bericht über die Diskussion des Referats Osterloh-Konrad, S. 86.

246 *Guntermann*, ZfPW 2023, 405 (427); ähnlich *Bayer*, GmbHR 2016, 505 (510); die *actio pro socio* als „allgemeines Problem des Verbandsrechts“ bezeichnend *Mock*, RabelsZ 2008, 264 (270); kritisch in Bezug auf einen verbandsübergreifenden Ansatz *Kumkar*, ZGR 2021, 123 (154 f.).

247 Ausführlich zu der Entwicklung der *actio pro socio* im GmbH-Recht *Kumkar*, NZG 2020, 1012 (1012 ff.).

248 *Reiss/Manolakis*, NZG 2024, 330 (337).

249 Siehe für einen verbandsübergreifenden Ansatz auch *Bayer*, GmbHR 2016, 505 (510), der die Regelungen des § 148 AktG auch auf die personengesellschaftsrechtliche *actio pro socio* anwenden möchte oder *Schäfer*, ZHR 187 (2023), 78 (86 f.), der eine Ausstrahlungswirkung von § 715b BGB auf das GmbH-Recht vermutet.

actio pro socio im Personengesellschaftsrecht, in dieser Arbeit stellenweise vergleichend auf die entsprechenden Institute bei den Kapitalgesellschaften abgestellt werden wird.

III. Inkrafttreten und Rezeption

Nachdem das MoPeG am 17. August 2021 im Bundesgesetzblatt veröffentlicht wurde, ist es erst nach einer großzügig bemessenen Übergangszeit am 1. Januar 2024 in Kraft getreten. Neben den registerrechtlichen Bedenken[250] dürfte dabei auch eine Rolle gespielt haben, dass im MoPeG keine Übergangsvorschriften für bestehende Gesellschaften vorgesehen waren.[251] Gemeinhin wurde daher ein gewisser Handlungsbedarf der anwaltlichen Praxis identifiziert, ausreichend über gesellschaftsvertraglich notwendige Anpassungen beraten zu können, bevor das Gesetz in Kraft treten würde.[252] Diese gesetzgeberische Entscheidung zur Entschleunigung war zu begrüßen, schließlich sollte dem Rechtsverkehr mehr an einen funktionierendem Gesetz, als an reiner Geschwindigkeit gelegen sein. Kritisch wurde indes auch angemerkt, die lange Entstehungszeit der Reform habe zu einer gewissen „MoPeG-Müdigkeit" beigetragen.[253]

Nicht zuletzt vor diesem Hintergrund wurde sicherlich mit größter Spannung erwartet, ob die Implementierung des neuen Gesellschaftsregisters als wohl prominenteste Neuerung der Personengesellschaftsrechtsmodernisierung reibungslos verlaufen würde. Dies muss man bejahen, denn bereits in der ersten Januarwoche des Jahres 2024 wurden viele GbR erfolgreich zur Eintragung in das Gesellschaftsregister bei den Registergerichten der Bun-

---

[250] Beschlussempfehlung des Rechtsausschusses zum MoPeG, BT-Dr. 19/30942, S. 151; das ursprünglich für den 1.1.2023 geplante Inkrafttreten des Gesetzes wurde aufgrund der Länderbedenken hinsichtlich des Aufwands zur Schaffung des neuen Gesellschaftsregisters bei den Amtsgerichten um ein Jahr verschoben.

[251] BGBl. 2021 I, S. 3482.

[252] Anstatt vieler *Roßkopf/Hoffmann*, ZPG 2023, 14 (26); *Hoffmann*, NZI 2023, 315 (317); *Luy/Sorg*, DNotZ 2023, 657 (673); *Kruse*, DStR 2021, 2412 (2416).

[253] *Freudenberg*, NZG 2024, 1 (1).

desländer angemeldet und zu etwaigen Unstimmigkeiten oder Verzögerungen, wie gar einem „Registerstau“,[254] war es nicht gekommen.[255] Dazu passt, dass mit Ablauf des ersten Jahres nach Inkrafttreten des MoPeG bereits etwa 45.000 eGbR in das Gesellschaftsregister eingetragen wurden.[256] Die starke Nachfrage nach der Eintragung belegt, dass das gesetzgeberisch gewählte Modell von Voreintragungspflichten und dahingehenden Anreizen offenbar Anklang im Rechtsverkehr findet.[257]

Die erste im Rahmen des MoPeG ergangene Rechtsprechung widmete sich folgerichtig insbesondere registerrechtlichen Sachverhalten[258] in Grundstücksangelegenheiten im Zusammenspiel mit dem Grundbuch.[259] Dabei hervorzuheben ist eine juristisch wohl korrekte, jedoch auch bürokratisch anmutende[260] Entscheidung des Oberlandesgerichts Celle, wonach eine Altgesellschaft auch dann im Gesellschaftsregister voreingetragen werden müsse, wenn ihre Immobilien sämtlich an ihre Gesellschafter veräußert und die GbR anschließend liquidiert werden soll.[261] Denn die Voreintragungspflicht nach dem MoPeG gelte unabhängig vom Stadium der Gesellschaft, sähe kein Ermessen vor und diene der Sicherheit des Rechtsverkehrs.[262]

Diese strenge Auslegung der Voreintragungstatbestände sowie die Tatsache, dass die für die Außen-GbR in vielen Bereichen letztlich ein faktischer Re-

---

254 *Roßkopf/Hoffmann*, GmbHR 2024, R4 (R5).

255 *Wertenbruch*, GmbHR 2024, R372 (R372); *Rattey*, BAB 09/2024, 308 (308); *Heckschen/Englich*, ZPG 2024, 281 (288).

256 *Lieder/Hoffmann*, GmbHR 2025, 785 (785).

257 *Wertenbruch*, GmbHR 2024, R372 (R372).

258 Übersichtsartig *Bartlik*, DB 2025, 1263 (1263 ff.).

259 *Heckschen/Englich*, ZPG 2025, 41 (49) darauf hinweisend, dass die geringere Anzahl von Rechtsprechung zu gesellschaftsrechtlichen Voreintragungserfordernissen dahingehend zu erklären sei, dass sie mangels registergerichtlicher Kontrolle erst später offenbar würden; ausführlich *Heckschen/Englich*, ZPG 2025, 41 (41 ff.).

260 *Duttig/Hepp*, ZPG 2024, 321 (324).

261 OLG Celle, NZG 2024, 1328 (1328 ff.); ausführlich *Duttig/Hepp*, ZPG 2024, 321 (321 ff.); ähnlich OLG Dresden, ZPG 2024, 423 (423 ff.); dazu *Heckschen/Englich*, ZPG 2024, 281 (283).

262 Kritisch *Wolf*, GmbHR 2025, 57 (59 f.).

gistrierungszwang besteht,[263] lässt sich gut an den hohen Eintragungszahlen des Unternehmensregisters ablesen. Für die Gesellschafterklage gemäß § 715b BGB ist anhand dessen davon auszugehen, dass die gemäß der §§ 707a Abs. 1 S. 1, 707 Abs. 2 Nr. 3, 720 Abs. 1 BGB publizierte Vertretungsbefugnis für die Fragen der Aktivlegitimation und des pflichtwidrigen Unterlassens auf Ebene der Geschäftsführung auch in praktischer Hinsicht relevant sein wird. Die alternative Vorlage des Gesellschaftsvertrags vermag dem Rechtsverkehr mangels des Gutglaubensschutzes gemäß der §§ 707a Abs. 3 S. 1 BGB, 15 Abs. 1 HGB nicht in gleicher Weise zu dienen.[264]

Über ein vielbeachtetes Urteil des BGH zu der *actio pro socio* gegen den Fremdgeschäftsführer der GmbH[265] hinaus sind seit Inkrafttreten des MoPeG im Lichte von § 715b BGB noch keine höchstrichterlichen Entscheidungen ergangen. Obergerichtliche Rechtsprechung mit einem Bezug zu § 715b BGB gibt es zwar bereits,[266] jedoch sind damit noch keine neuen Erkenntnisse verbunden. Der Gesetzgeber hat mit dem MoPeG auch „Mut zur Lücke“ bewiesen, indem er sich nur auf die wesentlichen Prinzipien fokussiert hat.[267] Dies trifft auch auf die Kodifizierung der *actio pro socio* zu, bei welcher bereits in der Gesetzesbegründung zum Ausdruck kommt, dass die Klärung gewisser Aspekte der Rechtsprechung überlassen bleiben soll.[268] Davon noch nicht erfasst sind jene Fragen, die vom Gesetzgeber wissentlich

---

263 *Rattey*, BAB 09/2024, 308 (308); zu erwähnen ist auch die geldwäscherechtliche Überprüfungspflicht gemäß § 12 Abs. 2 Nr. 1 GwG zum Beispiel für die Eröffnung eines Bankkontos, für deren Durchführung die GbR regelmäßig im Gesellschaftsregister eingetragen sein muss, *Wertenbruch*, GmbHR 2024, R372 (R373); ähnlich *Roßkopf/Hoffmann*, GmbHR 2024, R4 (R5 f.).

264 Denn er könnte veraltet sein, *Wertenbruch*, GmbHR 2024, R372 (R372) oder formfrei abgeändert werden, *Röß*, NZG 2023, 401 (403).

265 BGH, NJW 2025, 750 (750 ff.).

266 OLG Zweibrücken, NZG 2025, 766 (766 ff.).

267 *Wertenbruch*, GmbHR 2024, R372 (R373 f.).

268 BT-Dr. 19/27635, S. 155; BT-Dr. 19/27635, S. 157.

oder unwissentlich gar nicht thematisiert wurden und die gleichsam einer gerichtlichen Klärung zugeführt werden könnten.

Überdies werfen noch zu der alten Rechtslage, teils kurz vor Inkrafttreten des MoPeG ergangene gerichtliche Entscheidungen die Frage auf, ob diese im Lichte der Reform nicht neu zu bewerten wären.[269] Die Reform der *actio pro socio* erschöpft sich also nicht ausschließlich in der Schaffung des § 715b BGB. Entscheidend wird außerdem sein, wo die richterrechtliche Klageform in bewährter Form Bestand hat und wo der Gesetzgeber bewusst oder unbewusst eine neue Richtung vorgibt. Schließlich wurde mit dem MoPeG durch den Gesetzgeber an dem Baukastenprinzip für das Personengesellschaftsrecht festgehalten.[270] Dieser Baukasten steht im Sinne einer gelungenen Arbeitsteilung[271] jedem Rechtsanwender, [272] insbesondere der Rechtswissenschaft,[273] zur Rechtsfortbildung offen. Eine fortdauernde kritische Begleitung durch die Wissenschaft und weitere Rechtsprechung sind daher zu erwarten. Die folgenden Kapitel analysieren offene Fragen des Instituts der Gesellschafterklage systematisch, um Orientierung für Praxis und Wissenschaft bei der Anwendung des § 715b BGB zu bieten.

---

269 Beispielhaft OLG Frankfurt am Main, ZPG 2024, 107 (107 ff.) welches auf Unterlassung von Geschäftsführungsmaßnahmen gerichtete Ansprüche grundsätzlich vom Anwendungsbereich der *actio pro socio* ausgenommen sieht.

270 *Schmidt*, ZHR 185 (2021), 16 (19).

271 *Schmidt*, ZHR 185 (2021), 16 (50).

272 Korrekt darauf hinweisend, dass auch juristische Laien, Steuerberater, Kaufleute, Notar- und Rechtsanwaltsgehilfen usw. von einem klar strukturierten und leicht verständlichen Gesetz profitieren, *Anonyme Diskutanten*, Bericht über die Diskussion des Vortrags Lieder, S. 219.

273 *Schmidt*, ZHR 185 (2021), 16 (51).

C. Die Gesellschafterklage vor und nach dem MoPeG

Im Folgenden soll sich der *actio pro socio* aus einer vergleichenden Perspektive genähert werden. Zunächst soll die historische Entwicklung der Gesellschafterklage im vorreformierten Recht beleuchtet werden, um anschließend die gesetzgeberischen Neuerungen nach dem MoPeG zu analysieren. Ziel ist es dabei, die Tragweite der Kodifizierung nicht nur formal, sondern auch praktisch zu erfassen und die Gesellschafterklage gemäß § 715b BGB vor dem Hintergrund ihrer Geschichte für den Rechtsanwender holistisch einzuordnen. Denn nicht selten wird die Gesellschafterklage erhoben, ohne dass zuvor eine sorgfältige Prüfung ihrer materiellen und prozessualen Voraussetzungen erfolgt.[274]

I. Vor der Kodifizierung

Mit § 715b BGB wurde ein bis dato nur durch die Rechtsprechung und Wissenschaft geprägtes Institut erstmals für das Personengesellschaftsrecht gesetzlich kodifiziert. Wie bereits dargelegt, soll die Norm praxisgerechte Rechtsklarheit schaffen. Für die Ermöglichung einer sachgerechten Bewertung, inwieweit dies dem Gesetzgeber gelungen ist und welche Fragen zunächst offen bleiben, sollen folgend die Historie und richterrechtlichen Grundlagen der *actio pro socio* dargestellt werden.[275] Erst auf dieser Basis lassen sich die gesetzgeberischen Neuerungen und deren Implikationen systematisch erfassen.

---

[274] *Dittert*, DStR 2022, 623 (624).

[275] Für einen ausführlichen historischen Überblick zu dem Sach- und Streitstand siehe *Grunewald*, Die Gesellschafterklage in der Personengesellschaft und der GmbH, S. 1 ff.; *Hadding*, actio pro socio, S. 1 ff.; *Nitschke*, ZHR 128 (1966), 48 (48 ff.).

J. Sauerbrey, *Die Gesellschafterklage gemäß § 715b BGB*, Juridicum – Schriftenreihe zum Wirtschafts-, Unternehmens- und Bankrecht / Series on Business, Corporate and Banking Law, https://doi.org/10.1007/978-3-658-51602-4_3

1. Begriff und Entwicklungslinien

Das, was gemeinhin unter einer *actio pro socio*, also wörtlich einer Klage als Gesellschafter,[276] verstanden wurde, wandelte sich im Laufe der Zeit.[277] Insofern handelte es sich nicht um eine homogene Rechtsfigur.[278]

Ursprünglich im römischen Recht als Abrechnungs- und Liquidationsklage konzipiert, diente die Klageform zunächst lediglich der Auflösung der Gesellschaft durch Geltendmachung des offenen Saldos zwischen den Gesellschaftern.[279] Erst später wurde sie zu einem Instrument der Rechtsdurchsetzung innerhalb bestehender Gesellschaftsverhältnisse, das nicht automatisch die Beendigung der Gesellschaft zur Folge hatte, weiterentwickelt.[280] Jedoch war der heute zentrale Gedanke der Gesellschafterklage als minderheitenschützendes Werkzeug noch im 19. Jahrhundert weitgehend unbedeutend.[281]

Insoweit rühren die in den letzten Jahrzehnten geführten und nun auch im Rahmen der Schaffung des § 715b BGB relevanten Fachdiskussionen über die Rechtsnatur der Gesellschafterklage eher aus der jüngeren Rechtsgeschichte des späteren 19. Jahrhunderts und des 20. Jahrhunderts her. Beispielhaft steht hierfür, dass die römische Urform der Gesellschaft, die *societas*, eine nicht rechtsfähige und vermögenslose Innengesellschaft war, deren Gesellschafter auch über kein gesamthänderisch gehaltenes Vermögen verfügten.[282] Insofern stellte sich hier zum Beispiel die Streitfrage der Prozessführungsbefugnis der klagenden Gesellschafter noch gar nicht.[283] Denn denknotwendig konnten nach der damaligen Rechtslage mit der *actio pro*

---

[276] MüKo-BGB 9. Aufl./*Schäfer*, BGB § 705 Rn. 264; siehe ausführlich zu der Frage der korrekten Bezeichnung Abschnitt C. II. 1.

[277] *Osterloh-Konrad*, Gesellschaftsrecht in der Diskussion 2021, S. 64; *Fleischer/Harzmeier*, ZGR 2017, 239 (241).

[278] *Kumkar*, ZGR 2021, 123 (125).

[279] *Fleischer/Harzmeier*, ZGR 2017, 239 (241 f.); ausführlich *Hadding*, actio pro socio, S. 17 ff.

[280] *Fleischer/Harzmeier*, ZGR 2017, 239 (243 f.).

[281] *Fleischer/Harzmeier*, ZGR 2017, 239 (245 f.).

[282] *Fleischer*, DB 2020, 1107 (1108).

[283] *Kumkar*, ZGR 2021, 123 (127); *Fleischer/Harzmeier*, ZGR 2017, 239 (246).

socio nur eigene Ansprüche der Gesellschafter geltend gemacht werden.[284] Einige der jüngeren Herausforderungen im Zusammenhang mit der Gesellschafterklage lassen sich indes auf die Konkurrenz zwischen Gesellschafteransprüchen einerseits und Ansprüchen der Gesellschaft andererseits zurückführen,[285] was jedoch gerade ein Rechtssubjekt mit eigenem Vermögen oder zugeordnetem Gesamthandsvermögen voraussetzt.[286]

Die *actio pro socio* wurde in den frühen vorbereitenden Arbeiten zur Schaffung des Bürgerlichen Gesetzbuchs und Handelsgesetzbuchs Mitte des 19. Jahrhundert zwar erwähnt,[287] jedoch hinsichtlich ihrer Rechtsgrundlagen keiner besonderen Klärung zugeführt.[288] Nicht anders hielt es schließlich auch der Gesetzgeber mit der Einführung von § 705 BGB a.F., indem er in der Gesetzesbegründung an der *actio pro socio* als individuelles Recht der Gesellschafter untereinander festhielt, jedoch die weitere dogmatische Behandlung der Rechtsfigur den Gerichten und der Wissenschaft überließ.[289] Zwar wurzelt die *actio pro socio* im römischen Recht, doch es wird sich zeigen, dass ihre Prinzipien im modernen Personengesellschaftsrecht uneinheitlich übernommen wurden und höchstens noch partiell Bestand haben.[290]

2. Rechtsnatur und dogmatische Einordnung

Die richterrechtliche Entwicklung der *actio pro socio* bedingt weiter, dass der umstrittenen Frage nach ihrer Rechtsgrundlage und dogmatischen Verortung in den Systemen des Gesellschafts- und Zivilprozessrechts besondere Beachtung geschenkt wurde. Dies ist nicht weiter verwunderlich, da die grundlegende Klärung der Rechtsgrundlage keinen dogmatischen Selbst-

---

284 *Fleischer/Harzmeier*, ZGR 2017, 239 (246).
285 *Kumkar*, ZGR 2021, 123 (127).
286 *Osterloh-Konrad*, Gesellschaftsrecht in der Diskussion 2021, S. 69 f.
287 *Kumkar*, ZGR 2021, 123 (127).
288 *Fleischer/Harzmeier*, ZGR 2017, 239 (246).
289 *Fleischer/Harzmeier*, ZGR 2017, 239 (246).
290 Ähnlich *Fleischer*, JZ 2019, 53 (59).

zweck darstellt, sondern vielmehr Präjudizwirkung für praktische Anwendungsfragen der Gesellschafterklage entfalten kann.[291]

Somit stellt sich zunächst die grundlegende Frage, worin exakt die Rechtsgrundlage der *actio pro socio* gesehen wurde. Woraus durfte der Gesellschafter einer Personengesellschaft vor Einführung des § 715b BGB das Recht ableiten, einen Anspruch aus dem Gesellschaftsverhältnis gegen einen Mitgesellschafter oder womöglich sogar darüber hinausgehende Ansprüche gegen Dritte geltend zu machen?

Im Jahr 1908, also bereits nach Inkrafttreten des BGB, hatte das Reichsgericht (RG) über die Frage zu entscheiden, ob der Gesellschafter einer GbR berechtigt sei, eine zum Gesamthandsvermögen gehörige Forderung in der Weise geltend zu machen, dass er die Leistung an alle Gesellschafter fordere.[292] Als Herleitung für die *actio pro socio* bediente dich das RG hier dem Rechtsgedanken der §§ 432, 2039 BGB,[293] wonach jeder Gesellschafter einer Gesamthand im eigenen Namen, jedoch nur mit Wirkung für die gesamte Hand, eine unteilbare Leistung von Mitgesellschaftern oder von Dritten[294] habe einfordern dürfen.[295]

Nunmehr in der jungen Bundesrepublik angelangt hatte der BGH im Jahr 1953 über einen Sachverhalt zu entscheiden, der bereits im Sommer 1945 seinen Lauf nahm.[296] Zwei Gesellschafter gründeten seinerzeit

---

291 *Kumkar*, ZGR 2021, 123 (124); ähnlich *Osterloh-Konrad*, Gesellschaftsrecht in der Diskussion 2021, S. 71; *Bayer*, GmbHR 2016, 505 (509), der die dogmatische Qualifikation der *actio pro socio* nicht als theoretisches „Glasperlenspiel" verstanden wissen möchte; *Verse*, FS Schneider 2011, S. 1328 f.

292 RGZ 70, 32 (32 ff.).

293 RGZ 70, 32 (33 f.).

294 Zu der Frage, ob die Geltendmachung von Gesellschafter- und Gesellschaftsansprüchen gegen Dritte vor dem MoPeG als ein Fall der *actio pro socio* oder als andere Klage zu verstehen war und zu den Voraussetzungen im Einzelnen siehe Abschnitt C. I. 3. b) bb).

295 *Kumkar*, ZGR 2021, 123 (128); *Grunewald*, Die Gesellschafterklage in der Personengesellschaft und der GmbH, S. 11 f.; *Hadding*, actio pro socio, S. 33 ff.

296 BGH, NJW 1953, 1217 (1217 ff.).

eine OHG um gemeinsam das Handelsgeschäft eines Verlags zur Auflage eines bayerischen Handels- und Gewerbeadressbuchs zu betreiben. In der Folge kam es schnell zu verschiedenen Streitigkeiten über die weitere Geschäftsführung, welche in der faktischen Kündigung der Gesellschaft durch einen der Beklagten mündeten.[297] Dieser gründete sodann mit dem weiteren Beklagten eine konkurrierende Gesellschaft. Zu der Kündigung sei der eine Beklagte nach den Feststellungen der Vorinstanzen jedoch nicht berechtigt gewesen und habe sich gegenüber dem Kläger insoweit schadensersatzpflichtig gemacht.[298]

Der BGH führte aus, dass der festgestellte Schadensersatzanspruch zwar zunächst zugunsten der OHG selbst entstanden sei, jedoch daneben offenbleibe, ob der Kläger berechtigt gewesen sei, diesen Anspruch eigenständig geltend zu machen.[299] Das Gericht bejahte dies letztlich. Denn die Pflichtverletzung des Beklagten gegenüber dem Kläger habe sich direkt aus dem Gesellschaftsvertrag ergeben und aus diesem sei dem Kläger ein eigener Anspruch erwachsen, den er im eigenen Namen habe durchsetzen können.[300] Der Anspruch der OHG habe dem auch nicht entgegen stehen können und der Unterschied der parallelen Ansprüche habe lediglich darin gelegen, dass der Kläger ausschließlich Leistung an die OHG und nicht an sich persönlich habe verlangen können.[301]

Damit war die Rechtsgrundlage der *actio pro socio* im Gesellschaftsvertrag selbst gefunden.[302] Die schuldrechtliche Verpflichtung der Gesellschafter untereinander gemäß § 705 BGB a.F., die Erreichung eines gemeinsamen Zwecks in der durch den Gesellschaftsvertrag bestimmten Weise zu fördern,[303] berechtigte jeden Gesellschafter individuell und vorbehaltlich des

---

[297] BGH, NJW 1953, 1217 (1218).
[298] BGH, NJW 1953, 1217 (1219).
[299] BGH, NJW 1953, 1217 (1219).
[300] BGH, NJW 1953, 1217 (1219).
[301] BGH, NJW 1953, 1217 (1219).
[302] Ausführlich *Hadding*, actio pro socio, S. 40 ff.
[303] *Hadding*, actio pro socio, S. 57.

Vorliegens der weiteren Voraussetzungen der Klageform, die *actio pro socio* im eigenen Namen zu erheben. Dabei kam es gerade nicht auf darauf an, dass, was praxisfern sein dürfte,[304] ein entsprechendes Klagerecht gesellschaftsvertraglich tatsächlich vereinbart wurde. Vielmehr entstand dieses grundsätzlich mit Vertragsschluss und Errichtung der Gesellschaft.[305]

In der Folgezeit bediente sich der BGH weiterhin der Argumentationslinie eines individuellen Rechts aus dem Gesellschaftsvertrag als Rechtsgrundlage der Gesellschafterklage,[306] ließ die dogmatische Herleitung, insbesondere in Verbindung mit der Frage nach der Prozessführungsbefugnis, jedoch auch teilweise offen.[307] Laut dem BGH habe die *actio pro socio* ihre Grundlage jedenfalls im Gesellschaftsverhältnis und sei Ausfluss des Mitgliedschaftsrechts des Gesellschafters,[308] welches durchaus mit den Geschäftsführungsrechten konkurrieren könne.[309] Diese Wertung kann man aus guten Gründen für artifiziell erachten, wird das Gesellschaftsverhältnis gemäß § 705 BGB in alter und aktueller Fassung doch gerade durch den Gesellschaftsvertrag begründet und maßgeblich bestimmt.

Eng verwoben mit der Erforschung der Rechtsgrundlage der Gesellschafterklage stellte sich die damit einhergehende Frage der Prozessführungsbefugnis des die *actio pro socio* betreibenden Gesellschafters.

a) Theorie des eigenen Rechts des Gesellschafters

In der zeitlichen Abfolge der bereits aufgezeigten Entscheidungen der Rechtsprechung wurde deutlich, dass der BGH seine Auffassung, die *actio pro socio* sei zur Geltendmachung eines eigenen Rechts jedes Gesellschaf-

---

304 *Bork/Oepen*, ZGR 2001, 515 (521).

305 *Bork/Oepen*, ZGR 2001, 515 (520 f.).

306 Beispielsweise BGHZ 25, 47 (49); BGH, NJW 1973, 2198 (2199).

307 BGH, NJW 1992, 1890 (1890 ff.).

308 BGH, NJW-RR 2010, 1123 (1123); BGH, NJW 1992, 1890 (1892); Ebenroth/Boujong HGB 4. Aufl./*Wertenbruch*, § 105 Rn. 256; ähnlich *Lutter*, AcP 180 (1980), 84 (133 f.); *Teichmann*, AcP 179 (1979), 475 (485).

309 Staub HGB/*Schäfer*, § 105 HGB, Rn. 301.

ters zulässig, wenigstens nicht mehr allzu prominent vortrug. Der Grund dafür mag darin zu sehen gewesen sein, dass die Betrachtung der Gesellschafterklage als materielles Recht des Gesellschafters, die zuvor auch in der Wissenschaft gestützt wurde,[310] zunehmend in die Kritik[311] geriet.[312] Der Kern dieser Kritik war, dass die Konzeption der *actio pro socio* als Ausübung eines eigenen Rechts des klagenden Gesellschafters im Widerspruch zu dem Wesen des Gesellschaftsvertrags im Lichte der Gesamthand stehe.[313] Dieser sei nämlich nicht ausschließlich auf einen schuldrechtlichen Leistungsaustausch, sondern vielmehr auf die Verwirklichung eines gemeinsamen Zwecks in einer mit Gesamthandsvermögen ausgestatteten Struktur gerichtet gewesen.[314] So war bereits unter Einbeziehung der Gruppenlehre und den Erwägungen zu einer modernen Gesamthandgemeinschaft[315] zumindest zweifelhaft, die *actio pro socio* als individuelles Recht zu klassifizieren.[316] Diese Entwicklung der Herleitung der Prozessführungsbefugnis für die Gesellschafterklage verdeutlicht zugleich die hier bereits aufgezeigte schrittweise Emanzipation der GbR von ihren Gesellschaftern als Individuen.

Denn in der Tat stieß für die Außen-GbR die Klassifizierung der Gesellschafterklage als Geltendmachung eines eigenen Rechts in dogmatischer und praktischer Hinsicht an ihre Grenzen. Insbesondere nach der Anerkennung der Rechts- und Parteifähigkeit dieser mutete es seltsam an, ein und denselben Sozialanspruch gleichzeitig der Gesellschaft und dem Gesell-

---

310 Beispielsweise *Altmeppen*, FS Musielak 2004, S. 14 ff.; *Raiser*, ZHR 153 (1989), 1 (11); *Lutter*, AcP 180 (1980), 84 (133 f.).

311 Beispielsweise *Mock*, RabelsZ 2008, 264 (271); *Bork/Oepen*, ZGR 2001, 515 (521); *Teichmann*, AcP 179 (1979), 475 (485); *Hadding*, JZ 1975, 159 (162 f.); ausführlich *Hadding*, actio pro socio, S. 35 ff.

312 *Bork/Oepen*, ZGR 2001, 515 (519); *Fleischer/Harzmeier*, ZGR 2017, 239 (247).

313 *Kumkar*, ZGR 2021, 123 (130); *Hadding*, actio pro socio, S. 45 f.

314 *Fleischer/Harzmeier*, ZGR 2017, 239 (248).

315 *Flume*, ZHR 136 (1972), 177 (199), der die Gesellschaft selbst in Form der Gruppe der verbundenen Gesellschafter als Beteiligte des Rechtsverkehrs ansah.

316 Siehe weiter *Flume*, ZHR 136 (1972), 177 (197), der einem individuellen Anteil des Gesellschafters am Gesamthandsvermögen entgegentrat.

schafter zuzubilligen.[317] Hierin war vielmehr eine künstliche Aufspaltung zu sehen,[318] welche auch in praktischer Natur keinen Vorteil erkennen ließ, da die Leistung in jedem Fall nur an die Gesellschaft gefordert werden konnte.[319]

Eine dogmatische Friktion wurde insbesondere auch bei der parallelen Annahme eines Gesellschafts- und eines Gesellschafteranspruchs in jener Situation evident, in welcher die Gesellschaft über einen Sozialanspruch eine Verfügung traf. Hier war fraglich, wie diese Verfügung auf der Ebene der Gesellschaft auf die Gesellschafterebene einwirkte.[320] Für das Beispiel der Stundung eines Schadensersatzanspruchs oder gar des Verzichts auf diesen durch die Gesellschaft nahm der BGH an, dass der Klage des die *actio pro socio* betreibenden Gesellschafters auf Geltendmachung des Schadensersatzes der Boden entzogen sei.[321] Zwar war dieses Ergebnis aus objektiver Sicht zu begrüßen, denn die beiden Ansprüche sollten inhaltlich nicht auseinanderfallen, dennoch bereitete eine dogmatische Begründung dieser Auffassung der Rechtsprechung ohne Annahme einer Prozessstandschaftslösung deutliche Schwierigkeiten. Ging man nämlich von zwei parallelen Sozialansprüchen aus, so bedurfte es einer Erklärung dafür, warum eine Verfügung über einen dieser Ansprüche eine Wirkung auf den anderen Sozialanspruch entfalten sollte.

Je stärker die Personengesellschaft als organisationsrechtlich strukturierte Einheit verstanden wurde, desto näher lag die Annahme einer Prozessstandschaft, also der Geltendmachung eines fremden Rechts, anstatt der Vorstellung, der Gesellschafter mache parallel einen eigenen Anspruch geltend.[322] Nicht zuletzt wurde im Jahr 2005 durch das Gesetz zur Unternehmensinteg-

317 MüKo-BGB 9. Aufl./*Schäfer*, BGB § 715b, Rn. 3; *Teichmann*, AcP 179 (1979), 475 (485); andere Ansicht *Altmeppen*, FS Musielak 2004, S. 14.
318 BeckOK BGB 68. Ed./*Schöne*, BGB § 705, Rn. 117.
319 Siehe bereits BGH, NJW 1953, 1217 (1219).
320 *Bork/Oepen*, ZGR 2001, 515 (521); *Hadding*, actio pro socio, S. 93 ff.
321 BGH, NJW 1957, 1358 (1358).
322 *Osterloh-Konrad*, Gesellschaftsrecht in der Diskussion 2021, S. 69 f.

rität und Modernisierung des Anfechtungsrechts[323] das Klagezulassungsverfahren in § 148 AktG eingeführt.[324] Dabei führte der Gesetzgeber zum einen explizit aus, dass § 148 AktG die aktienrechtliche Form der *actio pro socio* sei.[325] Weiterhin wurde ausdrücklich hervorgehoben, dass es sich um das Recht der Aktionäre handele, einen Anspruch der AG im Wege gesetzlicher Prozessstandschaft im eigenen Namen geltend zu machen.[326] Folgte man dem hier bereits angesprochenen grundsätzlich rechtsformübergreifenden Charakter der *actio pro socio*, so musste die für das aktienrechtliche Klagezulassungsverfahren getroffene gesetzgeberische Wertung auch auf die Klärung der Frage der Prozessführungsbefugnis des Personengesellschafters ausstrahlen.[327] War man jedoch eher geneigt, streng zwischen den juristischen Charakteristika und den Interessenlagen[328] der (rechtsfähigen) Personengesellschaften und den juristischen Personen, insbesondere in Form der hochprofessionalisierten AG, zu unterscheiden, so lag ein verbandsübergreifender dogmatischer Ansatz betreffend die Prozessführungsbefugnis für das Institut der Gesellschafterklage gerade ferner.[329]

b) Theorie der Prozessstandschaft

Im Jahr 1999 hatte der BGH über einen Sachverhalt zu entscheiden, wonach der Mehrheitsgesellschafter einer eine Wohnanlage haltenden Immobilien-GbR seine beiden Mitgesellschafter im Wege der *actio pro socio* auf Rückzahlung von aus seiner Sicht unberechtigten Entnahmen aus dem Gesamthandsvermögen in Anspruch nahm.[330] Umgekehrt habe jedoch auch der Kläger bereits aus Beklagtensicht ungerechtfertigte Entnahmen getätigt und die

---

323 Gesetz zur Unternehmensintegrität und Modernisierung des Anfechtungsrechts (UMAG) vom 22.9.2005, BGBl. 2005 I, S. 2802 ff.

324 BGBl. 2005 I, S. 2804.

325 Regierungsentwurf für das Gesetz zur Unternehmensintegrität und Modernisierung des Anfechtungsrechts (UMAG), BT-Dr. 15/5092, S. 23.

326 BT-Dr. 15/5092, S. 23.

327 *Fleischer/Harzmeier*, ZGR 2017, 239 (265); *Bayer*, GmbHR 2016, 505 (510).

328 *Osterloh-Konrad*, Gesellschaftsrecht in der Diskussion 2021, S. 75.

329 *Kumkar*, ZGR 2021, 123 (150 f.).

330 BGH, NJW 2000, 505 (505 f.).

Beklagten trugen vor, dass die durch den Kläger geltend gemachten Sozialansprüche jedenfalls insoweit zu beschränken seien, wie den Beklagten ihrerseits ein Zurückbehaltungsrecht gemäß § 273 Abs. 1 BGB a.F. zustehe oder aber die klägerische Geltendmachung nach § 242 BGB treuwidrig wäre.[331]

§ 273 Abs. 1 BGB in alter und neuer Fassung setzt voraus, dass der Schuldner des Anspruchs zugleich Gläubiger des Gegenanspruchs und der Gläubiger des Anspruchs zugleich Schuldner des Gegenanspruchs ist.[332] Mithin müsste, damit im vorliegenden Fall das Vorbringen der Beklagten durchdringen konnte, Gegenseitigkeit in Bezug auf den Sozialanspruch vorgelegen haben. Der BGH entschied indes, dass es in dem beschriebenen Szenario gerade an der Gegenseitigkeit fehle.[333] Zu diesem Ergebnis konnte man nur gelangen, wenn die Gläubigerin der durch den Kläger und die Beklagten geschuldeten Sozialansprüche die Gesellschaft selbst war. Weiterhin sei auch aus einem möglichen Kompensationsgedanken[334] heraus bei dem Bestehen von Sozialverbindlichkeiten verschiedener Gesellschafter kein Ausschluss oder keine Saldierung geboten.[335]

Folgte man der Theorie eines eigenen Rechts des Gesellschafters, im Wege der *actio pro socio* vorzugehen, so musste man aber gerade von der Gegenseitigkeit der Sozialansprüche ausgehen und konstatieren, dass der Kläger treuwidrig einen Sozialanspruch geltend machte, obwohl er nach dem Grundsatz des *tu quoque*[336] womöglich selber Schuldner eines solchen war. Zwar hatte sich der BGH in dem vorliegenden Fall nicht explizit zu der Frage der Prozessführungsbefugnis geäußert, jedoch musste davon ausgegangen werden, dass er eine solche im Wege der Prozessstandschaft ange-

331 BGH, NJW 2000, 505 (506).
332 BeckOK BGB 75. Ed./*Lorenz*, BGB § 273, Rn. 11.
333 BGH, NJW 2000, 505 (506).
334 *Goette*, DStR 2000, 34 (36).
335 BGH, NJW 2000, 505 (506).
336 MüKo-BGB 9. Aufl./*Schubert*, BGB § 242, Rn. 414.

nommen hatte.[337] Anders war nicht zu erklären, wie der BGH zu den getroffenen Feststellungen gelangen konnte. Schließlich führte die Zuordnung des Sozialanspruchs in das einheitliche Gesamthandsvermögen der Gruppe von Gesellschaftern gerade dazu, dass Gegenseitigkeit oder Treuwidrigkeit in Bezug auf die einzelnen Sozialverbindlichkeiten ausschieden. Jedoch war den Beklagten, auch wenn ihnen diese Einreden bei der Annahme einer Prozessstandschaft nicht zustanden, nicht der Rechtsschutz versagt geblieben. Sie konnten sich im Wege der Widerklage mit einer eigenen *actio pro socio* zur Wehr setzen.[338]

Da es an einem ausdrücklichen Bekenntnis des BGH zu der Prozessstandschaftstheorie in der dargelegten Entscheidung mangelte, wäre eine spätere Positionierung im Sinne der Rechtsklarheit sicherlich wünschenswert gewesen. Jedoch lies der BGH diese Frage, wie bereits ausgeführt, auch später noch ausdrücklich offen.[339] Von einer wirklichen Festlegung des BGH in der Frage der Prozessführungsbefugnis für die *actio pro socio* konnte also zu keinem Zeitpunkt die Rede sein und die Rechtsprechung ließ über die Jahre insgesamt eine klare Linie vermissen.[340]

Schließlich konnte man sich für die Herleitung der Gesellschafterklage der Streitfrage zwischen einer Prozessführungsbefugnis aus einem eigenem oder einem fremdem Recht auch aus einer zivilprozessualen Perspektive nähern. Ging man von zwei parallelen Ansprüchen aus, so lag auch nahe, dass zwei parallele Klagen mit jeweils unterschiedlichem Streitgegenstand hätten erhoben werden können.[341] Dies erschien insbesondere aus prozessökono-

---

337 *Bork/Oepen*, ZGR 2001, 515 (522).

338 *Bork/Oepen*, ZGR 2001, 515 (522); *Goette*, DStR 2000, 34 (36).

339 BGH, NJW-RR 2010, 1123 (1123).

340 Ähnlich Staub HGB/*Schäfer*, § 105 HGB, Rn. 298; *Keller*, ZJS 4/2022, 469 (470); *Verse*, FS Schneider 2011, S. 1330; von einer „schwankenden und teilweise unsicheren Rechtsprechung“ sprechend *Altmeppen*, FS Musielak 2004, S. 10 (Fn. 47); andere Ansicht *Kort*, DStR 2001, 2162 (2163) und *Bork/Oepen*, ZGR 2001, 515 (516), welche die Rechtsprechung die Auffassung der gesetzlichen Prozessstandschaft vertreten sehen.

341 So bereits RGZ 90, 300 (302).

mischer Sicht nicht wünschenswert[342] und führte zu Problemen hinsichtlich der Wirkungen von Rechtshängigkeit und Rechtskraft der *actio pro socio* in Bezug auf die Gesellschaft.[343]

Nach alledem erschienen für die Beantwortung der Frage nach der Prozessführungsbefugnis bei der Gesellschafterklage die Argumente der Annahme einer Prozessstandschaft deutlich vorzugswürdig.[344] Dies insbesondere, da weniger Friktionen auf materieller und prozessrechtlicher Ebene auftraten, aber auch, da es sich zunehmend passender in ein System von mit Rechts- und Parteifähigkeit ausgestatteten Personengesellschaften einfügte. Dies dürfte auch die wohl vorherrschende Auffassung der Wissenschaft bis kurz vor Einführung des MoPeG gewesen sein.[345]

Gleichwohl war weiter unter den Vertretern der Prozessstandschaftslösung umstritten, ob von einer gesetzlichen[346] oder einer gewillkürten[347] Prozessstandschaft auszugehen war.

Eine Grundlage im kodifizierten Recht war indes schwer auszumachen. Insbesondere die durch das RG ins Spiel gebrachten §§ 432, 2039 BGB[348] fanden keine Zustimmung.[349] Daneben wurde diskutiert, die Rechtsgrundlage nicht aus dem geschriebenen Recht, sondern aus dem gewachsenen Ge-

342 *Bork/Oepen*, ZGR 2001, 515 (523).

343 Siehe Abschnitt C. I. 4. b) und Abschnitt C. I. 4. c).

344 Zustimmend *Kort*, DStR 2001, 2162 (2163); zuletzt prominent dagegen *Altmeppen*, FS Musielak 2004, S. 16.

345 *Osterloh-Konrad*, Gesellschaftsrecht in der Diskussion 2021, S. 65; *Kumkar*, ZGR 2021, 123 (128); *Grunewald*, FS Hommelhoff 2012, S. 275; *Verse*, FS Schneider 2011, S. 1325 (Fn. 1).

346 MüKo-BGB 8. Aufl./*Schäfer*, BGB § 705, Rn. 215; BeckOK BGB 68. Ed./*Schöne*, BGB § 705, Rn. 117; Ebenroth/Boujong HGB 4. Aufl./*Wertenbruch*, § 105 Rn. 256; MHdB GesR I 5. Aufl./*von Ditfurth*, § 53, Rn. 70; *Fleischer/Harzmeier*, ZGR 2017, 239 (266); *Mock*, JuS 2015, 590 (592); *Mock*, RabelsZ 2008, 264 (271); *Berger*, Die subjektiven Grenzen der Rechtskraft bei der Prozeßstandschaft, S. 277; wohl auch *Kumkar*, ZGR 2021, 123 (132 f.).

347 *Bork/Oepen*, ZGR 2001, 515 (529); *Grunewald*, Die Gesellschafterklage in der Personengesellschaft und der GmbH, S. 14; *Hadding*, JZ 1975, 159 (164 f.).

348 RGZ 70, 32 (32 ff.).

349 *Bork/Oepen*, ZGR 2001, 515 (525).

wohnheits- und Richterrecht zu entnehmen.[350] Dem wurde jedoch entgegengehalten, dass die *actio pro socio*, wie auch diese Ausführungen zeigen, bereits in ihren dogmatischen Grundlagen umstritten war und im Übrigen auch die weiteren Zulässigkeitsvoraussetzungen der Gesellschafterklage durch den Rechtsverkehr diskutiert wurden.[351] Insofern sei der gewohnheitsrechtliche Konsens insgesamt zu gering gewesen, um als Grundlage für das Institut der Gesellschafterklage zu dienen.[352]

Die gewillkürte Prozessstandschaft hatte zur Voraussetzung, dass der Rechtsträger den Kläger zur Prozessführung ermächtigt hat.[353] Die Ermächtigung für die *actio pro socio* solle im Gesellschaftsvertrag begründet gewesen sein, müsse dort aber im Wege der ergänzenden Vertragsauslegung im Sinne der §§ 133, 157 BGB ermittelt werden[354] und würde sodann, sofern die Zuständigkeitsordnung der Gesellschaft versagte,[355] die Befugnis zur Prozessführung der Gesellschafterklage darstellen.[356] Dies konnte man aus zwei Richtungen kritisieren: Zum einen wurde teilweise die für eine solche ergänzende Vertragsauslegung notwendige Verkehrssitte, die Gesellschafterklage sei automatisch und ungeschrieben in Gesellschaftsverträgen niedergelegt, überhaupt nicht gesehen.[357] Zum anderen habe der Aspekt, die *actio pro socio* sei gesellschaftsvertraglich nicht vollständig abdingbar,[358]

---

350 *Bork/Oepen*, ZGR 2001, 515 (525).

351 *Altmeppen*, FS Musielak 2004, S. 10 f.; *Bork/Oepen*, ZGR 2001, 515 (525).

352 *Bork/Oepen*, ZGR 2001, 515 (525); ähnlich *Grunewald*, Die Gesellschafterklage in der Personengesellschaft und der GmbH, S. 13; andere Ansicht MüKo-BGB 8. Aufl./*Schäfer*, BGB § 705, Rn. 216; *Fleischer/Harzmeier*, ZGR 2017, 239 (266 f.).

353 BeckOK ZPO/*Kersting*, ZPO § 51, Rn. 46 ff.

354 *Bork/Oepen*, ZGR 2001, 515 (526 f.); *Hadding*, JZ 1975, 159 (164).

355 *Hadding*, JZ 1975, 159 (164 f.).

356 *Bork/Oepen*, ZGR 2001, 515 (528).

357 *Fleischer/Harzmeier*, ZGR 2017, 239 (266); *Mock*, RabelsZ 2008, 264 (271).

358 Was jedoch gleichsam strittig war, Staub HGB/*Schäfer*, § 105 HGB, Rn. 301; BeckOK BGB 68. Ed./*Schöne*, BGB § 705, Rn. 122; offenlassend BGH, NJW 1985, 2830 (2830 f.).

gerade gegen eine gewillkürte Ermächtigung durch den Gesellschaftsvertrag gesprochen.[359]

Bis in den Reformprozess des MoPeG hinein blieb die Auseinandersetzung zwischen den Befürwortern einer gesetzlichen und einer gewillkürten Prozessstandschaftslösung ebenso virulent wie die noch grundlegendere Weichenstellung zwischen der Theorie des eigenen Rechts des Gesellschafters und derjenigen der Prozessstandschaft. Während insbesondere aus methodischer Sicht die besseren Argumente für die Annahme einer gesetzlichen Prozessstandschaft sprechen,[360] erübrigt sich vor dem Hintergrund der späteren Ausführungen[361] der eingehende Streitentscheid über die dogmatische Natur der *actio pro socio* an dieser Stelle. Gleichwohl ist nochmals auf die bereits angesprochene Präjudizwirkung dogmatischer Fragestellungen auf praxisrelevante Aspekte hinzuweisen. Denn auch die Unterscheidung zwischen der gewohnheitsrechtlich-gesetzlichen Prozessstandschaftstheorie und der Theorie der gewillkürten Prozessstandschaft aus ergänzender Gesellschaftsvertragsauslegung hatte Auswirkungen auf prozessrechtliche Wirkungen der *actio pro socio* in Bezug auf die Gesellschaft.[362]

3. Anwendungsbereich und Voraussetzungen

Insoweit sollen nun die wesentlichen Aspekte des rechtlichen und praktischen Anwendungsbereichs sowie der Voraussetzungen der *actio pro socio* nach altem Recht dargestellt werden. Wie hier bereits angedeutet wurde, hat die Gesellschafterklage verbandsübergreifende Elemente, ist jedoch rechtsformspezifisch differenziert ausgestaltet. Gesetzlich festgeschrieben ist sie bis dato nur für das Aktien- und Konzernrecht in den §§ 148, 309 ff. AktG[363] sowie für das Personengesellschaftsrecht in § 715b BGB. Im GmbH-Recht

---

359 *Kumkar*, ZGR 2021, 123 (132); *Fleischer/Harzmeier*, ZGR 2017, 239 (266).

360 *Fleischer/Harzmeier*, ZGR 2017, 239 (266).

361 Siehe Abschnitt C. II 3.

362 *Kumkar*, ZGR 2021, 123 (142 ff.); *Osterloh-Konrad*, Gesellschaftsrecht in der Diskussion 2021, S. 71; *Bork/Oepen*, ZGR 2001, 515 (524).

363 Zur dogmatischen Einordnung von § 309 AktG, *Koch*, AktG § 309, Rn. 21a.

erfolgte bis dato keine Kodifizierung. Soweit nicht anders kenntlich gemacht, beziehen sich die folgenden Ausführungen stets auf die Gesellschafterklage im Personengesellschaftsrecht.

Innerhalb der Personengesellschaften fand die *actio pro socio* schon vor dem MoPeG in weitgehend identischer Ausgestaltung auf die Außengesellschaften Anwendung. Legte man an die Gesellschafterklage den Maßstab der Geltendmachung eines fremden Rechts an, so bestand bereits nach altem Recht für die *actio pro socio* bei der Innen-GbR kein Raum,[364] da hier zwangsläufig nur gesellschaftereigene Rechte gegeneinander geltend gemacht werden konnten.[365]

a) Persönlicher Anwendungsbereich

Wie dargestellt, handelte es sich trotz der teils voneinander abweichenden dogmatischen Begründungsansätze bei der *actio pro socio* im Kern um ein mitgliedschaftliches Recht.[366] Daraus ergab sich für die Zulässigkeit der Klage unstrittig, dass zu dem Zeitpunkt der Erhebung der Gesellschafterklage, das Mitgliedschaftsrecht Bestand haben, mithin der der Kläger auch Gesellschafter der den Sozialanspruch innehabenden Gesellschaft sein musste.[367] Weiter musste die Gesellschafterstellung über den gesamten Prozessverlauf der *actio pro socio* hinweg Bestand haben.[368] Dies leuchtete insbesondere vor dem Hintergrund ein, dass die Gesellschafterstellung ursprünglich das zentrale Zulässigkeitskriterium der *actio pro socio* war, an welche ansonsten noch keine weiteren Voraussetzungen geknüpft wur-

---

364 *Mock*, JuS 2015, 590 (592).

365 BeckOK BGB 68. Ed./*Schöne*, BGB § 705, Rn. 117; *Mock*, RabelsZ 2008, 264 (275).

366 BGH, NJW-RR 2010, 1123 (1123); BGH, NJW 1992, 1890 (1892).

367 BeckOK BGB 68. Ed./*Schöne*, BGB § 705, Rn. 118.

368 OLG Karlsruhe, NJW 1995, 1296 (1297); sofern man bei einem Nachfolger nicht § 265 Abs. 2 S. 1 ZPO direkt oder analog anwenden mochte, BGH, NJW 1960, 964 (964 f.); *Bayer*, GmbHR 2016, 505 (513); *Bork/Oepen*, ZGR 2001, 515 (529); *Hadding*, actio pro socio, S. 102.

den.[369] Auch Kommanditisten, die gemäß der §§ 164, 170 HGB a.F. zwingend von der Geschäftsführung und der Vertretung der KG ausgeschlossen waren, konnten im Wege der Gesellschafterklage vorgehen.[370] Stillen Gesellschaftern war, auch wenn es sich um eine atypisch stille Beteiligung[371] handelte, die *actio pro socio* indes nicht zugänglich.[372]

b) Sachlicher Anwendungsbereich

In sachlicher Hinsicht musste es sich bei dem Klagegegenstand um ein materielles Recht der Gesellschaft handeln, das in jedem Fall klar von rein individuellen Ansprüchen der einzelnen Gesellschafter abzugrenzen war.[373] Dabei ist für die Rechtslage vor dem MoPeG insbesondere auf die elementare Unterscheidung zwischen Sozialansprüchen und Drittansprüchen einzugehen.

aa) Ansprüche aus dem Gesellschaftsverhältnis (Sozialansprüche)

Bei Sozialansprüchen handelte es sich ausschließlich um solche Ansprüche der Gesellschaft gegen ihre Gesellschafter, die im Gesellschaftsverhältnis selbst niedergelegt waren.[374] Beispiele für solche waren Ansprüche auf Erfüllung der gesellschaftsvertraglich vereinbarten Beitragspflicht oder Schadenersatzforderungen wegen pflichtwidriger Geschäftsführung.[375] Die Abgrenzung erfolgte also in doppelter Hinsicht. Einerseits musste es sich um einen Anspruch der Gesellschaft gegen einen Gesellschafter und nicht gegen

369 *Fleischer/Harzmeier*, ZGR 2017, 239 (249).
370 BeckOK HGB/*Beyer*, HGB § 161, Rn. 76; *Mock*, JuS 2015, 590 (592); *Kort*, DStR 2001, 2162 (2164).
371 Zu dem Begriff der atypisch stillen Gesellschaft Hopt/*Roth*, HGB § 230, Rn. 3; siehe ferner Abschnitt C. II. 4. a) bb).
372 BGH, NJW 1995, 1353 (1355); *Mock*, JuS 2015, 590 (592 f.).
373 BeckOK BGB 68. Ed./*Schöne*, BGB § 705, Rn. 115 f.
374 BeckOK BGB 68. Ed./*Schöne*, BGB § 705, Rn. 113; *Mock*, JuS 2015, 590 (593).
375 BeckOK BGB 68. Ed./*Schöne*, BGB § 705, Rn. 114.

gesellschaftsfremde Dritte handeln.[376] Andererseits musste dieser Anspruch materiell direkt dem Organisationsverhältnis zwischen Gesellschaft und Gesellschafter entspringen und war sachlich daher auf einen eher engen Anwendungsbereich beschränkt.

Die exakte Eingrenzung des Gesellschaftsverhältnisses gestaltete sich bisweilen schwierig. Dies zeigte sich am Beispiel der beliebten Rechtsform der GmbH & Co. KG. Da in dieser Publikumsgesellschaft, die nicht selten über eine Vielzahl von Kommanditisten verfügte, *qua* Gesetz durch die §§ 164, 170 HGB a.F. ein Mitbestimmungsdefizit angelegt war, erschien die Gesellschafterklage hier als umso wichtigeres Instrument der Wahrung der Kommanditinteressen.

Im Jahr 2017 hatte der BGH über die *actio pro socio* eines Kommanditisten gegen den Fremdgeschäftsführer der Komplementär-GmbH der KG bezüglich einer Schadensersatzforderung aus angeblich überhöhter Kaufpreiszahlung für den Erwerb eines Grundstücks zu entscheiden.[377] Dabei urteilte der BGH, dass der Kommanditist einer GmbH & Co. KG grundsätzlich nicht berechtigt sei, Ansprüche der KG gegen den Fremdgeschäftsführer der Komplementär-GmbH geltend zu machen.[378] Denn dieser sei gerade kein Gesellschafter der KG und insofern fehle es an dem für einen Sozialanspruch maßgeblichen Gesellschaftsverhältnis.[379] Die Geltendmachung solcher Ansprüche habe allein der geschäftsführenden Komplementär-GmbH selbst oblegen, die als Gesellschafterin der KG auch die richtige Beklagte der *actio pro socio* gewesen sei.[380] Die KG habe sodann aber direkt in den Anspruch

[376] Hier sind auch Durchgriffe auf den letztlich persönlich haftenden Gesellschafter einer Personengesellschaft denkbar, die ihrerseits Gesellschafterin der Personengesellschaft ist, auf deren Ebene die *actio pro socio* angestrengt wird, BGH, NJW 1973, 2198 (2199).

[377] BGH, NJW-RR 2018, 288 (288 ff.).

[378] BGH, NJW-RR 2018, 288 (290).

[379] BGH, NJW-RR 2018, 288 (289).

[380] BGH, NJW-RR 2018, 288 (289 f.).

der Komplementär-GmbH gegen ihren Fremdgeschäftsführer aus § 43 Abs. 2 GmbHG vollstrecken können.[381]

Diese Rechtsprechung mag aus praktischen Gesichtspunkten und aus Erwägungen des der *actio pro socio* zugeschriebenen Minderheitenschutzes heraus zu kritisieren gewesen sein.[382] Jedenfalls war sie aber Ausdruck einer zunächst strikt wirkenden Bewahrung des Grundsatzes zur ausschließlichen Verortung des Sozialanspruchs im Verhältnis zwischen Gesellschaft und Gesellschafter. Ein Fremdgeschäftsführer, der eben nicht gleichzeitig Gesellschafter war, war trotz der unbestreitbaren Nähe zu der Gesellschaft streng genommen nicht Teil dieses mitgliedschaftlichen Verhältnisses. Darüber hinaus war wichtig zu verstehen, dass die durch die *actio pro socio* des Kommanditisten angegriffene Pflichtverletzung des Fremdgeschäftsführers nur dem Organverhältnis zwischen diesem und der Komplementär-GmbH zuzuordnen war und der etwaig korrespondierende Schadensersatzanspruch der Komplementär-GmbH auch nur in diesem Verhältnis als Sozialanspruch zu betrachten war.[383] Im Verhältnis zwischen Fremdgeschäftsführer und KG konnte dieser Anspruch allenfalls einen Drittanspruch darstellen. Diesen Umstand riss der BGH in seiner Entscheidung jedoch nur kurz an und führte dazu nicht weiter aus.[384]

bb) Ansprüche außerhalb des Gesellschaftsverhältnisses (Drittansprüche)

Neben den dem Gesellschaftsverhältnis immanenten Sozialansprüchen waren jedoch eine Vielzahl von Drittansprüchen der Gesellschaft denkbar, die entweder gegen gesellschaftsfremde Dritte oder gegen Gesellschafter, jedoch außerhalb des gesellschaftsrechtlichen Verhältnisses, geltend gemacht

381 BGH, NJW-RR 2018, 288 (290).

382 *Schäfer*, ZHR 187 (2023), 78 (105); *Osterloh-Konrad*, Gesellschaftsrecht in der Diskussion 2021, S. 80; *Otte*, Bericht über die Diskussion des Referats Osterloh-Konrad, S. 87 f.; ausführlich *Bochmann*, GmbHR 2018, 289 (289 ff.); Mock, ZGR 2018, 796 (802 ff.); *Schmidt*, JZ 2018, 363 (363 f.).

383 *Grunewald/Otte*, ZIP 2017, 1737 (1742, Fn. 38).

384 BGH, NJW-RR 2018, 288 (290); *Schäfer*, ZHR 187 (2023), 78 (95 f.).

werden konnten. Spiegelbildlich zu den bezüglich des Sozialanspruchs getroffenen Ausführungen war es für einen Drittanspruch im Kontext der *actio pro socio* also nicht notwendig, dass eine außerhalb des Gesellschaftsverhältnisses stehende Person involviert war. Denkbar waren beispielsweise Forderungen einer Gesellschaft aus dem Verkauf von Waren, der Vermietung von Immobilien oder der Gewährung eines Darlehens gleichsam gegen ihre Gesellschafter und Dritte.

Fraglich war also, ob die *actio pro socio* nach dem traditionellen Verständnis auch auf diese Drittansprüche Anwendung gefunden hat. Hier war zunächst zwischen der GbR und den Personenhandelsgesellschaften zu unterscheiden.

Bereits das RG stellte in der angesprochenen Entscheidung aus dem Jahr 1908,[385] in welcher es sich für die Herleitung der Gesellschafterklage des Rechtsgedankens der §§ 432, 2039 BGB bediente, für die GbR fest, dass die Befugnis des Gesellschafters bestehe, gegen Drittschuldner der Gesellschaft vorzugehen.[386] In der Folgezeit wurde diese unbeschränkte Einzelklagebefugnis des Gesellschafters für Drittansprüche der Gesellschaft jedoch durch verschiedene Subsidiaritätserwägungen in der Rechtsprechung entwertet.[387] Als Grund dafür konnte gesehen werden, dass die *actio pro socio* in den am Rechtsverkehr teilnehmenden Personengesellschaften auf gesellschaftsinterne Ansprüche und Interessenkonflikte beschränkt sein sollte.[388] Die Übertragung eines internen Konflikts auf gesellschaftsfremde Dritte wurde als nicht sachgerecht empfunden und man sprach sich stattdessen dafür aus, den geschäftsführenden Gesellschafter in Regress zu nehmen, sollte der Drittanspruch pflichtwidrig nicht verfolgt worden sein.[389]

---

385 RGZ 70, 32 (32 ff.).

386 RGZ 70, 32 (34).

387 *Mock*, RabelsZ 2008, 264 (272); *Bork/Oepen*, ZGR 2001, 515 (544).

388 *Mock*, JuS 2015, 590 (593); *Hadding*, JZ 1975, 159 (161).

389 *Mock*, JuS 2015, 590 (593).

Schließlich kristallisierten sich nach einer Entscheidung des BGH aus dem Jahr 1963[390] folgende Voraussetzungen heraus, nach welchen der Gesellschafter einer GbR unter Berufung auf § 432 BGB Drittansprüche verfolgen konnte: Zunächst musste ein legitimes Interesse an der eigenen Durchsetzung der Forderung dargelegt werden.[391] Dies konnte dann bejaht werden, wenn der Gesellschafter nicht im fremden Namen für die Gesellschaft klagen konnte.[392] Darüber hinaus musste die Klage der Gesellschaft pflichtwidrig unterlassen worden sein.[393] Weiterhin war erforderlich, dass der Dritte in den Vorgang der Unterlassung der Klage durch den geschäftsführungsbefugten Gesellschafter involviert war.[394] Hierunter war weniger zu verstehen, dass der Dritte tatsächlich kollusiv mitgewirkt haben musste, jedoch musste er an dem Vorgang zumindest beteiligt gewesen sein.[395] Für eine solche Beteiligung des Dritten wurde teils dessen bloße Kenntnis von der Unterlassung als ausreichend erachtet, schließlich verfüge dieser so über das Wissen, sich zu dem Vorgang der Klageunterlassung der Gesellschaft zu äußern, da dieser gesellschaftsinterne Vorgang Außenstehenden in der Regel verborgen blieb.[396] Die etwaige Zulässigkeit der Klage gegen den Dritten erklärte sich dann durch dessen weggefallene Schutzwürdigkeit, die im Ausgangspunkt jedoch höher zu bewerten war, als jene des klagenden Gesellschafters.[397]

Für die Personenhandelsgesellschaften hingegen sah die Rechtsprechung seit jeher keinen Raum für die Verfolgung von Drittansprüchen durch die nicht geschäftsführungsbefugten Gesellschafter.[398] Beispielsweise stellte

---

390 BGH NJW 1963, 641 (641 ff.).
391 BGH NJW 1963, 641 (643).
392 *Bork/Oepen*, ZGR 2001, 515 (545).
393 BGH NJW 1963, 641 (643).
394 BGH NJW 1963, 641 (643).
395 BGH, NJW 1963, 641 (643 f.); *Berger*, ZZP 135 (2022), 407 (417).
396 *Servatius*, GbR, BGB § 715b, Rn. 18; *Berger*, ZZP 135 (2022), 407 (417); *Kort*, DStR 2001, 2162 (2165); *Bork/Oepen*, ZGR 2001, 515 (549 f.).
397 BGH, NJW 1963, 641 (644).
398 BGH, NJW 1973, 2198 (2198 ff.); *Grunewald/Otte*, ZIP 2017, 1737 (1737); *Fleischer/Harzmeier*, ZGR 2017, 239 (250); *Mock*, RabelsZ 2008, 264 (273); *Bork/Oepen*, ZGR 2001, 515 (547).

der BGH bereits im Jahr 1953 in dem hier schon vorgestellten Fall zu der ein Handels- und Gewerbeadressbuch verlegen wollenden OHG fest, dass dem Kläger gegenüber dem einen Beklagten, der nicht der ursprüngliche Mitgesellschafter der OHG war, das Mittel der *actio pro socio* nicht zustehe.[399] Dieser Beklagte gründete mit dem anderen Beklagten erst später eine neue Gesellschaft und sei daher für die ursprüngliche OHG als gesellschaftsfremd zu betrachten.[400]

Die von der Rechtsprechung in Bezug auf Drittansprüche vorgenommene Unterscheidung zwischen der GbR einerseits und der OHG und KG andererseits war darauf zurückzuführen, dass den Personenhandelsgesellschaften über die §§ 124 Abs. 1, 161 Abs. 2 HGB a.F. eindeutig die Rechts- und Parteifähigkeit zugeschrieben war. Danach sei die Geltendmachung von Drittansprüchen ausschließlich diesen Rechtssubjekten vorbehalten.[401] Bei der GbR waren zu jener Zeit die Entwicklungen betreffend der Rechtsfähigkeit und Gesamthand bis zu der Änderung der §§ 705, 713 BGB a.F. durch das MoPeG stets im Fluss und jedenfalls bis zu der Entscheidung *ARGE Weißes Ross* durfte die Rechtsprechung aus dogmatischen Gesichtspunkten an dieser Unterscheidung festhalten.[402]

Denn für die Prozessführungsbefugnis zur Verfolgung von Drittansprüchen der Gesellschaft stellten sich über die Zeit die gleichen dogmatischen Fragen wie bei der *actio pro socio* im Rahmen von Sozialansprüchen. War die Rechtsgrundlage hier in einem eigenen Recht[403] oder im Gesellschaftsverhältnis zu sehen? Lag ein Fall der Prozessstandschaft vor?[404] Ging man je-

---

399 BGH, NJW 1953, 1217 (1219).
400 BGH, NJW 1953, 1217 (1219).
401 *Bork/Oepen*, ZGR 2001, 515 (548).
402 Kritisch *Grunewald/Otte*, ZIP 2017, 1737 (1741 ff.); *Fleischer/Harzmeier*, ZGR 2017, 239 (250); *Bork/Oepen*, ZGR 2001, 515 (550).
403 Neben § 432 BGB wurde auch § 744 Abs. 2 BGB analog herangezogen, *Bork/Oepen*, ZGR 2001, 515 (547).
404 Im Wege der ergänzenden Vertragsauslegung *Grunewald/Otte*, ZIP 2017, 1737 (1738); *Bork/Oepen*, ZGR 2001, 515 (549).

doch zutreffend von einer solchen aus,[405] so wirkte aufgrund der wesentlich gleichen Interessenlage zwischen der Verfolgung von Sozial- und Drittansprüchen eine Unterscheidung zwischen diesen artifiziell.[406] Auch dürfte die Zulässigkeit einer Einzelklage, die einen Drittanspruch zum Gegenstand hatte, gegen einen Mitgesellschafter leichter zu vertreten gewesen sein, als gegen einen gesellschaftsfremden und daher schutzwürdigeren Dritten. Gleichzeitig stand diese Annahme diametral zu der Wertung der Rechtsprechung, die Verfolgung von Drittansprüchen durch nicht zur Geschäftsführung befugten Gesellschaftern bei den Personenhandelsgesellschaften generell nicht zuzulassen.[407]

Danach ist sich im Rahmen der Drittansprüche schon aus Konsistenzgründen der eigentlich vorgelagerten Frage zu nähern, ob die vor Inkrafttreten des MoPeG in den eben beschriebenen Grenzen zulässige Klagebefugnis des nicht geschäftsführungsbefugten Gesellschafters für Drittansprüche der Gesellschaft überhaupt einen Fall der *actio pro socio* oder vielmehr eine separat einzuordnende Einzelklagebefugnis darstellte. Wie aufgezeigt wurde, war der Anwendungsbereich der Gesellschafterklage für Sozialansprüche im Kern unumstritten.[408] Die Geltendmachung von Drittansprüchen indes wurde unterschiedlich beurteilt. So sprachen sich einige Stimmen implizit oder explizit für eine Einordnung als Erweiterung der Rechtsfigur der *actio pro socio* aus.[409] Andere sahen von der Gesellschafterklage ausschließlich Sozial- und keine Drittansprüche umfasst.[410] Der MoPeG-Gesetzgeber ging

---

405 *Kumkar*, ZGR 2021, 123 (142).

406 *Osterloh-Konrad*, Gesellschaftsrecht in der Diskussion 2021, S. 79.

407 BGH, NJW 1973, 2198 (2198 ff.).

408 *Fleischer/Harzmeier*, ZGR 2017, 239 (250).

409 Von „Erstreckung der *actio pro socio* auf Drittansprüche" sprechend *Fleischer/Harzmeier*, ZGR 2017, 239 (269), *Mock*, RabelsZ 2008, 264 (273) und *Mock*, JuS 2015, 590 (593); wohl ähnlich *Osterloh-Konrad*, Gesellschaftsrecht in der Diskussion 2021, S. 80; *Wertenbruch*, Bericht über die Diskussion des Referats Osterloh-Konrad, S. 91; von „Erweiterung der *actio pro socio* auf Ansprüche gegen Dritte" sprechend *Kort*, DStR 2001, 2162 (2164).

410 Zum Beispiel nur von „Befugnis", „Klagebefugnis" oder „Prozessführungsbefugnis" sprechend BGH, NJW 1988, 558 (559); BGH, NJW 1963, 641 (642);

schließlich davon aus, dass die Gesellschafterklage auch auf die Geltendmachung von Drittansprüchen erstreckt worden sei, die Einzelklagerechte vorher jedoch getrennt eingeordnet gewesen wären[411] und nimmt mithin wohl eine Stellung zwischen den dargelegten Ansichten ein. Gleichsam gab es schon rund zwanzig Jahre vor den Reformüberlegungen des MoPeG die Idee, die klageweise Verfolgung von Sozial- und Drittansprüchen in einer einheitlichen *actio pro socio* zusammenzuführen.[412]

Letztlich ist festzuhalten, dass sich die sachgerechte Abgrenzung von Sozial- und Drittansprüchen nach dem alten Recht in der mannigfaltigen teils widersprüchlichen Rechtsprechung[413] und Literaturbefassung als schwieriges Unterfangen darstellt. Wie sich auch schon bei den Ausführungen zu dem Kernbereich der *actio pro socio* für die Sozialansprüche zeigt, ist eine klare Linie der die Rechtsfigur entwickelnden Akteure nicht erkennbar. Gleichsam muss konzediert werden, dass bereits vor dem MoPeG Sozial- und Drittansprüche unter teils gleichen und teils unterschiedlichen Voraussetzungen im Wege der Einzelklage des außerhalb der Geschäftsführung stehenden Gesellschafters einklagbar waren. Ob dies nun unter der Bezeichnung *actio pro socio*, Gesellschafterklage oder einer Klage *sui generis* der Fall war, darf dahinstehen. Allen Einzelklagebefugnissen war jedenfalls gemein, dass sie wohl stets subsidiär hinter den primär zur Durchsetzung von Gesellschaftsansprüchen vorgesehenen Mechanismen der gesellschaftsintern festgelegten Zuständigkeit zurücktraten.[414]

BGH, NJW 1955, 1393 (1394); ausdrücklich unterscheidend hingegen BGH, NJW-RR 2018, 288 (289); MüKo-BGB 8. Aufl./*Schäfer*, BGB § 705, Rn. 212; *Berger*, ZZP 135 (2022), 407 (408), *Kumkar*, ZGR 2021, 123 (141); *Hadding*, JZ 1975, 159 (160).

411 BT-Dr. 19/27635, S. 154.

412 *Bork/Oepen*, ZGR 2001, 515 (552 f.).

413 Siehe nur BGH, NJW 1973, 2198 (2198 ff.) (Vorgehen gegen Dritten in der KG verweigert) zu OLG Düsseldorf, NZG 2000, 475 (475 ff.) (Vorgehen gegen Dritten in der KG gestattet) zu BGH, NJW-RR 2018, 288 (288 ff.) (Vorgehen gegen Dritten in der GmbH & Co. KG verweigert).

414 *Grunewald*, FS Hommelhoff 2012, S. 276; *Bork/Oepen*, ZGR 2001, 515 (552 f.); jedoch war die hergebrachte Ansicht, dass die *actio pro socio* auf gleicher Stufe

c) Subsidiarität

Die Erhebung einer *actio pro socio* war ganz offensichtlich dann nicht notwendig, wenn der Gesellschafter für eine Klage anderweitig aktivlegitimiert war. Wurde dieser also organschaftlich oder rechtsgeschäftlich mit Vertretungsmacht ausgestattet, konnte er den Sozial- oder Drittanspruch im Namen der Gesellschaft verfolgen.[415]

Bestand jedoch keine Vertretungsmacht, stellte sich die Frage nach der exakten Reichweite der Subsidiarität der Gesellschafterklage für den nicht geschäftsführungsbefugten Gesellschafter. Auch wenn man die *actio pro socio* zutreffend gleichzeitig als Minderheiten- und Kontrollbefugnis[416] sowie als Hilfsrecht[417] verstand, mussten diese Begriffe insbesondere in jenen Gesellschaften, die abweichend von dem in § 709 Abs. 1 BGB a.F. niedergelegten Gesamtvertretungsgrundsatz organsiert waren,[418] durch praktische Zulässigkeitsvoraussetzungen mit Leben gefüllt werden. Schließlich würden durch die Gesellschafterklage die gesellschaftsrechtlich bestimmten Zuständigkei-

neben der Klage der Gesellschaft stehe und nur durch die Grundsätze von Treu und Glauben eingeschränkt sei, BGHZ 25, 47 (50); vermehrt wurden jedoch zu Recht Stimmen laut, die der *actio pro socio* stärkere Subsidiarität zuschrieben, *Osterloh-Konrad*, Bericht über die Diskussion des Referats Osterloh-Konrad, S. 93; *Fleischer/Harzmeier*, ZGR 2017, 239 (267); *Mock*, JuS 2015, 590 (593); *Mock*, RabelsZ 2008, 264 (268); *Bork/Oepen*, ZGR 2001, 515 (531); *Lutter*, AcP 180 (1980), 84 (134); *Hadding*, JZ 1975, 159 (164); *Nitschke*, ZHR 128 (1966), 48 (98); diese Stimmen durften wohl zunehmend als herrschende Auffassung betrachtet werden, MHdB GesR I 6. Aufl./*von Ditfurth*, § 14, Rn. 72; *Kort*, DStR 2001, 2162 (2163).

415 *Servatius*, GbR, BGB § 715b, Rn. 9; BeckOK BGB 68. Ed./*Schöne*, BGB § 705, Rn. 114; *Mock*, JuS 2015, 590 (593); gleichwohl dürfte trotz des fehlenden praktischen Bedürfnisses eine Gesellschafterklage des geschäftsführungsbefugten Gesellschafters nicht *per se* unzulässig gewesen sein, *Bork/Oepen*, ZGR 2001, 515 (551).

416 BGH, NJW 1985, 2830 (2831); MHdB GesR I 5. Aufl./*von Ditfurth*, § 53, Rn. 70; BeckOK BGB 68. Ed./*Schöne*, BGB § 705, Rn. 120.

417 BGH, NJW 1974, 1555 (1556).

418 MHdB GesR I 6. Aufl./*von Ditfurth*, § 14, Rn. 24; mit Blick auf die Notwendigkeit einer Subsidiarität für die *actio pro socio* zwischen Gesamtvertretungsgrundsatz und gewählter Organisationsstruktur unterscheidend *Kort*, DStR 2001, 2162 (2163).

ten durchbrochen,[419] welche grundsätzlich die Willensbildung der Gesellschaft der Sphäre der Geschäftsführung zuordnen.[420]

aa) Grundsätze von Treu und Glauben

Die Möglichkeit, einen Sozialanspruch geltend zu machen, wurde jedenfalls durch die gesellschaftsrechtliche Treuepflicht eingeschränkt, um funktionswidrige Eingriffe in die Zuständigkeitsordnung der Gesellschaft zu verhindern.[421] Ein solcher Fall konnte zum Beispiel vorliegen, wenn ein Gesellschafter die *actio pro socio* gegen den geschäftsführungsbefugten Mitgesellschafter erhob, um die Unterlassung bestimmter Geschäftsführungsmaßnahmen zu erwirken.[422] Für eine präventive Gesellschafterklage bestand daher kein Raum und der nicht geschäftsführungsbefugte Gesellschafter konnte allenfalls nach Vornahme der Geschäftsführungsmaßnahme, die er eigentlich zu verhindern versuchte, im Wege einer etwaigen auf Schadensersatz gerichteten *actio pro socio* vorgehen.[423]

Auch wenn in der Rechtsprechung des BGH nicht explizit von Subsidiarität die Rede war, sondern dieser sich des Rechtsgedankens von § 242 BGB bediente[424] oder die Treuepflicht aus dem Gesellschaftsverhältnis herleitete,[425] konnten die Berücksichtigung der Grundsätze von Treu und Glauben sowie die Formulierung ausdifferenzierender Subsidiaritätsgesichtspunkte durch-

419 *Hadding*, JZ 1975, 159 (159 f.).
420 *Hadding*, JZ 1975, 159 (163).
421 BGH, NJW-RR 2010, 1123 (1123); BGH, NJW-RR 2019, 742 (742 f.); BeckOK BGB 68. Ed./*Schöne*, BGB § 705, Rn. 120; *Hadding*, actio pro socio, S. 66.
422 BGH, NJW 1980, 1463 (1465); zuletzt bestätigt kurz vor Inkrafttreten des MoPeG durch OLG Frankfurt am Main, ZPG 2024, 107 (114); siehe Abschnitt C. II. 4. b) aa).
423 *Bork/Oepen*, ZGR 2001, 515 (538); im übrigen ausführlich kritisch zu der BGH-Rechtsprechung hinsichtlich einer auf ein Unterlassen gerichteten Gesellschafterklage, *Bork/Oepen*, ZGR 2001, 515 (537 ff.); *Grunewald*, Die Gesellschafterklage in der Personengesellschaft und der GmbH, S. 29 ff.
424 *Wertenbruch*, Bericht über die Diskussion des Referats Osterloh-Konrad, S. 90.
425 BGH, NJW 2015, 2882 (2884).

aus zu ähnlichen Ergebnissen führen.[426] Denn die gesellschaftsrechtliche Treuepflicht verpflichtete jeden Gesellschafter, bei der Wahrnehmung eigener mitgliedschaftsbezogener Interessen auf die Belange der Mitgesellschafter Rücksicht zu nehmen.[427] Nichts anderes hatten im Kern die verschiedentlich diskutierten Subsidiaritätsvoraussetzungen zum Ziel, die stets an die grundsätzliche Zuständigkeit der Gesamtheit der Gesellschafter anknüpften.[428]

Soweit der BGH ferner aus der Tatsache, dass der Kommanditist einer KG streitgenössisch mit der KG selbst auf die Leistung einer beschlossenen Kommanditkapitalerhöhung klagte,[429] den Schluss zog, die gleichzeitige Klageerhebung sei zur Anspruchsdurchsetzung nicht erforderlich gewesen und stelle aufgrund der damit verbundenen Kostenfolge einen Verstoß gegen die gesellschaftsrechtliche Treuepflicht dar,[430] war dem aus prozessökonomischer Sicht vollumfänglich zuzustimmen. Ein schutzwürdiges Interesse an einer Gesellschafterklage und eine sachliche Rechtfertigung dieser konnten gerade dann nicht bestehen, wenn die für die Anspruchsverfolgung originär zuständige KG den Sozialanspruch pflichtgemäß einklagte und dem einheitlichen Rechtsverfolgungsinteresse der Gesellschaft und des die *actio pro socio* betreibenden Gesellschafters damit abgeholfen wurde.[431]

bb) Einzelne Subsidiaritätskriterien

Diese Lesart der gesellschaftsrechtlichen Treuepflicht durch die Rechtsprechung bildete den ersten Anknüpfungspunkt an das in der Wissenschaft formulierte Subsidiaritätserfordernis der *actio pro socio*, der nicht geschäfts-

---

426 *Osterloh-Konrad*, Gesellschaftsrecht in der Diskussion 2021, S. 68; *Schmidt*, JuS 2019, 817 (818); dennoch darf man die allzu undifferenzierte Heranziehung der Grundsätze von Treu und Glauben kritisieren, *Grunewald*, Die Gesellschafterklage in der Personengesellschaft und der GmbH, S. 33 f.

427 BGH, WM 1966, 511 (512); BGH, NJW 2014, 1107 (1109).

428 Siehe bereits *Hadding*, JZ 1975, 159 (164).

429 BGH, NJW-RR 2019, 742 (742).

430 BGH, NJW-RR 2019, 742 (743).

431 *Schmidt*, JuS 2019, 817 (819).

führungsbefugte Gesellschafter müsse die Gesellschaft zunächst auffordern, gemäß ihrer organisationsrechtlichen Zuständigkeit im eigenen Namen auf dem Klageweg gegen den Schuldner des Sozialanspruchs vorzugehen.[432] Für die Zulässigkeit der Gesellschafterklage wäre es sodann erforderlich gewesen, dass die Gesellschaft die Aufforderung zur Klageerhebung entweder ausdrücklich oder konkludent ablehnte, innerhalb einer angemessenen Frist unbeantwortet ließ oder ihr Ermessen bei der Entscheidung über die Klageunterlassung evident fehlerhaft ausübte.[433] Diese Voraussetzungen, die im Laufe der Zeit entwickelt wurden, wurden nicht immer kumulativ verstanden und teils strenger, teils weniger streng ausgelegt. Überdies mögen die einzelnen Kriterien einzelfallbezogen, je nach konkreter Gestalt der Gesellschaftsorganisation und des einer möglichen *actio pro socio* zugrundeliegenden Willensbildungsdefizits, gänzlich unterschiedlich zu bewerten sein.

Überträgt man jedoch das Erfordernis zur Klageaufforderung nur im Grundsatz auf den vorstehend beschriebenen Fall, so dürfte die Erhebung der Gesellschafterklage durch den Kommanditisten bereits dann nicht als treuwidrig zu werten gewesen sein, wenn dieser die KG zunächst zu einer eigenen Klage aufgefordert hätte und diese dem Ersuchen pflichtwidrig nicht nachgekommen wäre. Insofern belegt dieses Beispiel, dass sowohl die Linie der Rechtsprechung, sich der Grundsätze von Treu und Glauben zu bedienen, als auch die Auffassung der Wissenschaft, verschiedene Subsidiaritätsgesichtspunkte zu definieren, im Kern die Schnittmenge aufwiesen, die Organisationsstruktur der Gesellschaft und die Interessen der Mitgesellschafter zu wahren.

---

[432] *Mock*, JuS 2015, 590 (593); *Verse*, FS Schneider 2011, S. 1335; *Mock*, RabelsZ 2008, 264 (272); *Bork/Oepen*, ZGR 2001, 515 (531); siehe daneben für einen möglichen Analogieschluss § 148 Abs. 1 S. 2 Nr. 2 AktG, wonach die Aktionäre im Klagezulassungsverfahren nachweisen müssen, dass sie die Gesellschaft unter Setzung einer angemessenen Frist vergeblich aufgefordert haben, ihrerseits Klage zu erheben.

[433] *Servatius*, GbR, BGB § 715b, Rn. 14; *Fleischer/Harzmeier*, ZGR 2017, 239 (268); *Mock*, RabelsZ 2008, 264 (272); *Bork/Oepen*, ZGR 2001, 515 (532); *Lutter*, AcP 180 (1980), 84 (134).

Dabei darf jedoch nicht außer Acht gelassen werden, dass trotz des aufgezeigten Gleichlaufs zwischen der Treuepflicht des nicht geschäftsführungsbefugten Gesellschafters und der Subsidiarität der *actio pro socio* als solche, Unterschiede in prozessrechtlicher Hinsicht für die Darlegungs- und Beweislast bestanden.[434] Während gemäß eines „Regel-Ausnahme-Verhältnisses“[435] der Beklagte die ausnahmsweise Treuwidrigkeit der *actio pro socio* darzulegen und zu beweisen hätte,[436] obläge es bei Annahme der Subsidiarität der Gesellschafterklage wiederum dem Kläger, das ausnahmsweise pflichtwidrige Unterlassen der Gesellschaft in Bezug auf die Anspruchsverfolgung nachzuweisen.[437]

Überdies hätte es zu einem faktischen Auseinanderfallen der Wertungen von Treuwidrigkeit und Subsidiarität kommen können, wenn an die Subsidiarität der Gesellschafterklage strengere Voraussetzungen geknüpft worden wären. Denn würde die *actio pro socio* durch übersteigerte Anforderungen an den nicht geschäftsführungsbefugten Gesellschafter ausgehöhlt,[438] verlöre sie ihre Funktion als mitgliedschaftliches Kontrollinstrument innerhalb der Gesellschaft. Natürlich war im Einzelfall zu bestimmen, wann eine solche Überforderung des die *actio pro socio* betreibenden Gesellschafters gegeben gewesen wäre.

Jedenfalls wurde als zusätzliche Schranke der Gesellschafterklage auch die Notwendigkeit der Herbeiführung eines Beschlusses der Gesellschafterversammlung vor Ergebung der *actio pro socio* diskutiert. Ob man eine solche befürworten wollte oder nicht hing maßgeblich davon ab, ob man die Geltendmachung von Sozialansprüchen als gewöhnliche Angelegenheit der Ge-

434 BeckOK BGB 68. Ed./*Schöne*, BGB § 705, Rn. 121.
435 *Wertenbruch*, Bericht über die Diskussion des Referats Osterloh-Konrad, S. 90.
436 *Fleischer/Harzmeier*, ZGR 2017, 239 (249).
437 MüKo-BGB 8. Aufl./*Schäfer*, BGB § 705, Rn. 216; *Osterloh-Konrad*, Gesellschaftsrecht in der Diskussion 2021, S. 68; *Wertenbruch*, Bericht über die Diskussion des Referats Osterloh-Konrad, S. 90 f.; *Kumkar*, ZGR 2021, 123 (138); ähnlich *Bork/Oepen*, ZGR 2001, 515 (534).
438 MüKo-BGB 8. Aufl./*Schäfer*, BGB § 705, Rn. 218; *Fleischer/Harzmeier*, ZGR 2017, 239 (268).

schäftsführung gemäß § 116 Abs. 1 HGB a.F.,[439] oder aber als außergewöhnliches Geschäft gemäß § 116 Abs. 2 HGB a.F.,[440] oder gar als Grundlagengeschäft,[441] über welche jeweils nur die Gesamtheit der Gesellschafter entscheidungsbefugt sein sollten, begriff. Obgleich ein generelles Erfordernis für eine Vorabbefassung der Gesellschafterversammlung nach altem Recht nicht vorlag,[442] hing die Beantwortung der Frage im Einzelfall davon ab, ob die gesellschaftsinterne Zuständigkeitsordnung für die Geltendmachung eines Sozialanspruchs einen Beschluss der Gesellschafter vorsah.[443] Dann dürfte auch nichts anderes für die Gesellschafterklage gelten.[444] Scheiterte jedoch die kollektive Willensbildung auch in der Gesellschafterversammlung, war der Gesellschafter in jedem Fall zu der *actio pro socio* berechtigt.[445]

4. Prozessuale Ausgestaltung und Rechtsfolgen

Durch die Gesellschafterklage entstand ein eigenes Prozessrechtsverhältnis zwischen dem die *actio pro socio* im eigenen Namen betreibenden Gesellschafter und dem beklagten Mitgesellschafter.[446] Fraglich ist, wie sich dieses

---

439 *Bork/Oepen*, ZGR 2001, 515 (536 f.).

440 Siehe schon RGZ 171, 51 (54); Hopt/*Roth*, HGB § 116, Rn. 3; Staub HGB/*Schäfer*, § 116 HGB, Rn. 85; Staub HGB/*Schäfer*, § 105 HGB, Rn. 305.

441 *Hadding*, JZ 1975, 159 (163); ausführlich zu der Abgrenzung von Grundlagenentscheidungen *Lieder*, ZGR Sonderheft 23, S. 172 f.

442 BGH, NJW 1985, 2830 (2831); BGH, NJW 1957, 1358 (1358); Staub HGB/*Schäfer*, § 105 HGB, Rn. 303; BeckOK BGB 68. Ed./*Schöne*, BGB § 705, Rn. 118; *Grunewald*, Die Gesellschafterklage in der Personengesellschaft und der GmbH, S. 17.

443 Staub HGB/*Schäfer*, § 105 HGB, Rn. 303; *Schäfer*, ZHR 187 (2023), 78 (98); beispielsweise die Geltendmachung eines Schadensersatzanspruchs gegen einen Mitgesellschafter dürfte eine außergewöhnliche Geschäftsführungsmaßnahme gemäß § 116 Abs. 2 S. 1 Hs. 2 HGB (§ 116 Abs. 2 HGB a.F.) darstellen, Staub HGB/*Schäfer*, § 105 HGB, Rn. 305.

444 MüKo-BGB 8. Aufl./*Schäfer*, BGB § 705, Rn. 219; *Bork/Oepen*, ZGR 2001, 515 (536).

445 Ähnlich *Kumkar*, ZGR 2021, 123 (138).

446 MüKo-BGB 8. Aufl./*Schäfer*, BGB § 705, Rn. 220; BeckOK BGB 68. Ed./*Schöne*, BGB § 705, Rn. 123.

Verhältnis auf den Kläger und den Beklagten als Hauptakteure sowie auf die Gesellschaft und etwaige Mitgesellschafter als daneben Betroffene prozessual auswirkte.

a) Klageantrag und Verfügungsbefugnis

Der Klageantrag des Gesellschafterklägers musste seit jeher zwingend auf Leistung an die Gesellschaft gerichtet sein.[447] Dies galt unabhängig von der Frage, ob man der Theorie eines eigenen Rechts des nicht geschäftsführungsbefugten Gesellschafters oder jener einer Prozessstandschaft folgen wollte.[448] Eine Ausnahme hiervon, also die Billigung der klageweisen Forderung durch den Gesellschafter an sich selbst, war anerkanntermaßen nur im Liquidationsstadium der Gesellschaft vorzunehmen.[449] Dies leuchtete vor dem Hintergrund ein, dass es unbillig erschien, eine Leistung an die Gesellschaft zu verlangen, wenn diese sodann im Rahmen der Schlussabrechnung verpflichtet wäre, die eingezogene Forderung wieder an den Gesellschafter zurückzugewähren.[450]

Obgleich dem Kläger für die *actio pro socio* in jedem Fall eine Prozessführungsbefugnis in Bezug auf den Sozialanspruch zukam, war diesem nicht gestattet, über den Anspruch materielle Verfügungen, zum Beispiel durch Verzicht oder Prozessvergleich, zu treffen.[451] Spätestens für den Fall der Annahme einer Prozessstandschaft musste dies einleuchten, da der geltend gemachte Anspruch in materieller Hinsicht der Gesellschaft zustand.[452] Umge-

[447] BGH, NJW 1953, 1217 (1219); BGH, NJW 1957, 1358 (1358); BGH, NJW-RR 2018, 288 (289); BGH, NJW-RR 2019, 742 (742); Staub HGB/*Schäfer*, § 105 HGB, Rn. 298.

[448] Denn jedenfalls wurde der Sozialanspruch der Gesamthand oder der rechtsfähigen Gesellschaft zugeordnet, *Keller*, ZJS 4/2022, 469 (470).

[449] RGZ 158, 302 (314); BGH, NJW 1953, 1217 (1219); *Bork/Oepen*, ZGR 2001, 515 (539).

[450] *Grunewald*, FS Hommelhoff 2012, S. 279 f.

[451] MüKo-BGB 8. Aufl./*Schäfer*, BGB § 705, Rn. 213; *Bork/Oepen*, ZGR 2001, 515 (542 f.); *Kort*, DStR 2001, 2162 (2163 f.); *Grunewald*, Die Gesellschafterklage in der Personengesellschaft und der GmbH, S. 58.

[452] BeckOK BGB 68. Ed./*Schöne*, BGB § 705, Rn. 122.

kehrt sollte es auch bei Annahme der Theorie eines eigenen Klagerechts des Gesellschafters, das parallel neben dem Klagerecht der Gesellschaft bestünde, nicht dazu kommen, dass Gesellschafts- und Gesellschafteranspruch materiell auseinanderfallen.[453]

b) Rechtskraft

In der vorliegenden Arbeit wurde bereits angesprochen, dass die dogmatischen Fragen in Bezug auf die *actio pro socio* erheblichen Einfluss auf praktische und prozessuale Aspekte, wie beispielsweise die Rechtskraft,[454] hatten. So führte das Vertreten der Theorie der Gesellschafterklage als Verfolgung eines eigenen Rechts des Gesellschafters dazu, dass man bei der *actio pro socio* und der Klage der Gesellschaft von zwei unterschiedlichen Streitgegenständen auszugehen hatte.[455] Dies wiederum hatte zur Folge, dass eine Erstreckung der Rechtskraft der Gesellschafterklage auf die Gesellschaft gerade nicht denkbar war.[456]

Allerdings traten auch prozessuale Unterschiede zutage, abhängig davon, ob man der Theorie der gewillkürten oder der gesetzlichen Prozessstandschaft folgte.

Die Rechtskrafterstreckung auf das nicht am Prozess beteiligte Rechtssubjekt ist ein typisches Merkmal der gewillkürten Prozessstandschaft und stellt letztlich die logische Folge der durch Ermächtigung begründeten Prozessführungsbefugnis dar.[457] Las man also in den Gesellschaftsvertrag die stillschweigende Ermächtigung der Gesellschafter hinein, jeden einzelnen Gesellschafter grundsätzlich zu der Erhebung der *actio pro socio* zu legitimie-

---

453 Siehe bereits BGH, NJW 1957, 1358 (1358).

454 Ausführlich zu Fragen der Rechtskraft der *actio pro socio Berger*, Die subjektiven Grenzen der Rechtskraft bei der Prozeßstandschaft, S. 276 ff.; *Hadding*, actio pro socio, S. 104 ff.

455 *Bork/Oepen*, ZGR 2001, 515 (523); siehe ausführlich zum zweigliedrigen Streitgegenstandsbegriff, BeckOK ZPO/*Wendtland*, ZPO § 2, Rn. 3 f.

456 *Bork/Oepen*, ZGR 2001, 515 (522 f.).

457 BeckOK ZPO/*Gruber*, ZPO § 325, Rn. 41.

ren, so konnte man aus dieser ebenfalls herleiten, dass sich die Gesellschaft oder die Gesamthandsgemeinschaft mit einer Erstreckung der Rechtskraft der Gesellschafterklage auf die Gesellschaft oder die Mitgesellschafter einverstanden zeigte.[458]

Schwieriger gestaltete sich die Formulierung einer tragfähigen Begründung für eine Rechtskrafterstreckung bei der Annahme einer gesetzlichen Prozessstandschaft als Prozessführungsbefugnis für die *actio pro socio*, die aus dem Gewohnheitsrecht hergeleitet wurde. Zwar konnte es im Rahmen der gesetzlichen Prozessstandschaft zu einer Rechtskrafterstreckung auf den materiell Berechtigten kommen, jedoch war dies nicht stets der Fall.[459] Entscheidend war, ob die Befugnis zur Prozessführung gerade zur Wahrnehmung fremder Interessen übertragen wurde, was regelmäßig dann anzunehmen war, wenn dem materiell Berechtigten selbst die Prozessführungsbefugnis entzogen war.[460] Bei der *actio pro socio* stand das Klagerecht aber vorrangig gerade der Gesellschaft zu und war ihr nicht gesetzlich entzogen, was gegen eine Erstreckung der Rechtskraft der Gesellschafterklage auf die Gesellschaft und die Mitgesellschafter sprach.[461]

Dies erschien dogmatisch betrachtet die korrekte Wertung zu sein. Dagegen wurde jedoch weniger mit dogmatischen, als mit praktischen Argumenten angeführt, dass die Rechtskrafterstreckung auf die Gesellschaft sachgerecht sei, da diese der vorangegangenen Aufforderung zur Klageerhebung eben nicht nachgekommen war.[462] Daneben habe die Gesellschaft die Möglichkeit, analog § 148 Abs. 2 S. 9 AktG als Nebenintervenientin der Gesellschafterklage zu fungieren,[463] was gleichsam eine Analogie mit

458 *Bork/Oepen*, ZGR 2001, 515 (523 f.).

459 BeckOK ZPO/*Gruber*, ZPO § 325, Rn. 38.

460 BGH, NJW 1981, 1097 (1097); BeckOK ZPO/*Gruber*, ZPO § 325, Rn. 38.

461 MüKo-BGB 8. Aufl./*Schäfer*, BGB § 705, Rn. 221; MHdB GesR I 5. Aufl./*von Ditfurth*, § 53, Rn. 71; BeckOK BGB 68. Ed./*Schöne*, BGB § 705, Rn. 123; *Kumkar*, ZGR 2021, 123 (153).

462 *Fleischer/Harzmeier*, ZGR 2017, 239 (266); *Bayer*, GmbHR 2016, 505 (510).

463 *Wertenbruch*, Bericht über die Diskussion des Referats Osterloh-Konrad, S. 91; *Kumkar*, ZGR 2021, 123 (144); *Fleischer/Harzmeier*, ZGR 2017, 239 (266).

§ 148 Abs. 5 S. 1 AktG rechtfertigen sollte, die dort ausdrücklich geregelte Rechtskrafterstreckung auf die AG und die anderen Aktionäre in das Personengesellschaftsrecht zu übertragen.[464] War man einem verbandsübergreifenden Verständnis der *actio pro socio* zugeneigt, erschienen die gezogenen Analogien als interessengerechtes Ergebnis, zumal § 148 Abs. 5 S. 1 AktG nicht zwingend rechtsformspezifisch verstanden werden musste.[465]

Dennoch muss man konzedieren, dass bei Annahme einer gesetzlichen Prozessstandschaft trotz entsprechender Bemühungen eine dogmatisch restlos überzeugende Begründung für eine etwaige Rechtskrafterstreckung der *actio pro socio* auf die Gesellschaft und die Mitgesellschafter nicht gefunden werden konnte. Vielmehr verfingen die eben dargelegten praktischen Gesichtspunkte genauso wie die bereits aufgezeigten Erwägungen der Gesellschafterklage als minderheitenschützendes Instrument. Schließlich war es ein schwer zu vermittelndes Ergebnis, dass der im Wege der *actio pro socio* obsiegende Beklagte gegebenenfalls im Wege der Feststellungswiderklage gegen die Gesellschaft hätte vorgehen müssen, um eine erneute Klage über materiell denselben Anspruch abzuwenden.[466] Umgekehrt leuchtete nicht ein, warum ein beklagter Gesellschafter, der im Wege der *actio pro socio* unterlag und sodann die Sozialverbindlichkeit an die Gesellschaft leistete, diese sodann mangels Rechtskraft auf Ebene der Gesellschaft auf Rückgewähr hätte in Anspruch nehmen können.[467] Schließlich war hier jedoch zu bedenken, dass die Gesellschaft jederzeit in der Lage war, die erfolgreiche Gesellschafterklage zu genehmigen, um so eine Rechtskrafterstreckung der

---

464 *Fleischer/Harzmeier*, ZGR 2017, 239 (266); *Bayer*, GmbHR 2016, 505 (510); ausdrücklich gegen eine solche Analogie für die Zwecke der Rechtskrafterstreckung, *Kumkar*, ZGR 2021, 123 (153 f.).

465 *Verse*, FS Schneider 2011, S. 1332.

466 *Berger*, ZZP 135 (2022), 407 (424); *Bork/Oepen*, ZGR 2001, 515 (540).

467 BT-Dr. 19/27635, S. 156; *Berger*, ZZP 135 (2022), 407 (425); *Bork/Oepen*, ZGR 2001, 515 (523); *Berger*, Die subjektiven Grenzen der Rechtskraft bei der Prozeßstandschaft, S. 278 f.

actio pro socio auszulösen und den bei der Gesellschaft eingegangenen Sozialanspruch zu sichern.[468]

c) Rechtshängigkeit

Wie bereits anhand der Rechtsprechung aufgezeigt wurde, konnte die Erhebung der *actio pro socio* dann treuwidrig und damit unzulässig sein, wenn bereits eine eigene Klage der Gesellschaft über den entsprechenden Sozialanspruch rechtshängig war. Dies war also vielmehr Ausdruck der gemeinhin anerkannten Subsidiarität der Gesellschafterklage, als eine prozessuale oder prozessökonomische Erwägung, wenngleich das Ergebnis auch aus eben jener Überlegung zu begrüßen war.

Umgekehrt war jedoch die womöglich praxisrelevantere Situation umstritten, bei welcher die Klage der Gesellschaft nach Rechtshängigkeit der Gesellschafterklage erhoben wurde. Fraglich war, ob § 261 Abs. 3 Nr. 1 ZPO, also die Untersagung einer erneuten Geltendmachung desselben Streitgegenstandes,[469] der Klage der Gesellschaft im Weg stand.

Insoweit kann teilweise auf die soeben getätigten Aussagen zu der Rechtskraft verwiesen werden. Fußte die Prozessführungsbefugnis für die *actio pro socio* auf einem eigenen Recht des Gesellschafters, kam mangels der Identität des Streitgegenstands eine etwaig entgegenstehende Rechtshängigkeit der Gesellschafterklage nicht in Betracht.[470] Soweit man zu dem Ergebnis gelangte, dass eine gesetzliche Prozessstandschaft ebenfalls keine Rechtskraftwirkung auf die Gesellschaft bedingte, so verfing mangels Parteiidentität auch das Argument etwaig entgegenstehender Rechtshängigkeit nicht.

Ging man indes von einer gewillkürten Prozessstandschaft aus, so wäre sowohl der Streitgegenstand, als auch, aufgrund der Rechtskrafterstreckung,

---

468 MüKo-BGB 8. Aufl./*Schäfer*, BGB § 705, Rn. 221; *Kumkar*, ZGR 2021, 123 (143).
469 BeckOK ZPO/*Bacher*, ZPO § 261, Rn. 1.
470 BeckOK ZPO/*Bacher*, ZPO § 261, Rn. 16.

die Parteien identisch,[471] so dass die Rechtshängigkeit der *actio pro socio* eine Sperrwirkung für die Klage der Gesellschaft entfalten würde.[472] Zu dem gemeinhin gewünschten Ergebnis, dass die Zulässigkeit der Gesellschafterklage stets die fortdauernde Untätigkeit der Gesellschaft voraussetze, konnte man also nur gelangen, wenn man die Wertung von § 261 Abs. 3 Nr. 1 ZPO ignorierte und stattdessen die Subsidiaritätsgesichtspunkte der *actio pro socio* in den Vordergrund rückte.[473] Auch dafür zogen manche Stimmen Parallelen zur aktienrechtlichen *actio pro socio* und plädierten für eine analoge Anwendung des § 148 Abs. 3 AktG, wonach die AG auch nach Rechtshängigkeit der Gesellschafterklage weiterhin berechtigt blieb, den Ersatzanspruch nach § 147 Abs. 1 S. 1 AktG selbst gerichtlich geltend zu machen, was dazu führte, dass die Aktionärsklage unzulässig wurde und die Aktionärsminderheit im Prozess der AG als Nebenintervenientin zu beteiligen war.[474]

d) Kosten

Gemäß der §§ 91, 92 ZPO trug der Kläger das allgemeine Prozesskostenrisiko für die *actio pro socio*.[475] Besonderheiten ergaben sich in dieser Hinsicht aufgrund des ungeregelten Charakters der Gesellschafterklage nicht. Gleichzeitig konnte dieses Ergebnis als ungerecht empfunden werden, wenn die Rechtshängigkeit der *actio pro socio* der Klage der Gesellschaft nicht gemäß § 261 Abs. 3 Nr. 1 ZPO entgegenstand. Schließlich würde sodann, wie bereits ausgeführt, das verspätete klageweise Tätigwerden der Gesell-

---

471 Musielak/Voit ZPO/*Foerste*, ZPO § 261, Rn. 10a; BeckOK ZPO/*Bacher*, ZPO § 261, Rn. 17.

472 *Bork/Oepen*, ZGR 2001, 515 (541); *Grunewald*, Die Gesellschafterklage in der Personengesellschaft und der GmbH, S. 57; *Hadding*, actio pro socio, S. 101 f.

473 Ähnlich *Verse*, FS Schneider 2011, S. 1332; *Bork/Oepen*, ZGR 2001, 515 (541).

474 *Koch*, AktG § 148, Rn. 13; *Fleischer/Harzmeier*, ZGR 2017, 239 (265 f.); *Bayer*, GmbHR 2016, 505 (510); *Verse*, FS Schneider 2011, S. 1332.

475 BeckOK BGB 68. Ed./*Schöne*, BGB § 705, Rn. 123; *Fleischer/Harzmeier*, ZGR 2017, 239 (268).

schaft die Zulässigkeit der Gesellschafterklage entfallen lassen.[476] Der Kläger konnte allenfalls versuchen, sofern der Beklagte zustimmte oder nicht widersprach, die *actio pro socio* für erledigt zu erklären und mit der Kostenfolge gemäß § 91a Abs. 1 S. 1 ZPO leben.[477] Anderenfalls verblieb dem Kläger lediglich die einseitige Erledigungserklärung, welche zur Folge hatte, dass im Wege der Klageänderung gemäß § 264 Nr. 2 ZPO auf eine Feststellungsklage umzustellen war, deren Erfolg an der Zulässigkeit und Begründetheit der ursprünglichen *actio pro socio* vor der Erledigung[478] zu messen war und für den Kläger in der allgemeinen Kostenfolge der §§ 91, 92 ZPO resultierte.[479]

Auch hier wurde, wie bereits zu den Themen der Rechtskraft und Rechtshängigkeit, eine Analogie zu der aktienrechtlichen *actio pro socio* diskutiert. In diesem Zuge wurde vorgeschlagen, die Gesellschaft analog § 148 Abs. 6 S. 4 AktG zu verpflichten, die Kosten der *actio pro socio* zu tragen, wenn ihr verspätetes Tätigwerden zur Unzulässigkeit der Gesellschafterklage führte.[480] Alternativ wurde in Betracht gezogen, dass die Prozesskosten in diesem Fall als durch den nicht geschäftsführungsbefugten Gesellschafter getätigte Aufwendungen gemäß § 110 Abs. 1 HGB a.F. ersatzweise durch die Gesellschaft zu tragen seien.[481]

Schließlich lässt sich festhalten, dass das Kostenrisiko für den die *actio pro socio* betreibenden Gesellschafter immens sein konnte. Dies galt insbeson-

---

476 MüKo-HGB/*Fleischer*, HGB § 105, Rn. 376; *Fleischer/Harzmeier*, ZGR 2017, 239 (266).

477 MüKo-HGB/*Fleischer*, HGB § 105, Rn. 376; *Bork/Oepen*, ZGR 2001, 515 (541).

478 Auch die Tatsache, dass eine Klage durch Unzulässigkeit gegenstandslos wird, kann ein erledigendes Ereignis begründen, BeckOK ZPO/*Jaspersen*, ZPO § 91a, Rn. 76c.

479 Musielak/Voit ZPO/*Flockenhaus*, ZPO § 91a, Rn. 28 ff.

480 *Verse*, Bericht über die Diskussion des Referats Osterloh-Konrad, S. 86; *Osterloh-Konrad*, Bericht über die Diskussion des Referats Osterloh-Konrad, S. 86; *Wertenbruch*, Bericht über die Diskussion des Referats Osterloh-Konrad, S. 91; *Kumkar*, ZGR 2021, 123 (152); *Verse*, FS Schneider 2011, S. 1338 f.

481 *Wertenbruch*, Bericht über die Diskussion des Referats Osterloh-Konrad, S. 91; *Mock*, ZGR 2018, 796 (801).

dere dann, wenn die komplizierten Subsidiaritätsvoraussetzungen der Gesellschafterklage im Einzelfall nicht beachtet oder falsch ausgelegt wurden, dies womöglich erst durch die Folgeinstanz festgestellt werden konnte und die *actio pro socio* folgerichtig durch Prozessurteil als unzulässig abgewiesen werden musste.[482]

[482] *Dittert*, DStR 2022, 623 (624); Musielak/Voit ZPO/*Weth*, ZPO § 56, Rn. 7.

II. Nach der Kodifizierung

Nachdem die Historie sowie die richterrechtlichen und wissenschaftlichen Grundlagen der *actio pro socio* nach altem Recht in dem gebotenen Umfang dargestellt wurden, soll nun die Besprechung der Gesellschafterklage nach der Kodifizierung im Rahmen des MoPeG erfolgen. Dabei soll neben einigen vorgelagerten systemischen Aspekten insbesondere herausgearbeitet werden, inwieweit das gewohnte Recht der *actio pro socio* weitergelebt wird, Streitfragen entschieden werden oder gar neu entstehen und neues Recht die personengesellschaftsrechtliche *actio pro socio* fortentwickelt. Schließlich ist auch die Gesellschafterklage Gegenstand von Konsolidierung und Modernisierung im Zuge des MoPeG, welche in Bezug auf die Kodifizierung der *actio pro socio* teils explizit gefordert,[483] teils jedoch auch kritisch betrachtet wurde.[484]

1. Bezeichnung

Die *actio pro socio* ist in die deutsche Sprache richtigerweise wörtlich mit *Klage als Gesellschafter* zu übersetzen.[485] Anstelle der Fortnutzung des traditionellen lateinischen Begriffs *actio pro socio* schuf der Gesetzgeber für das Klageinstitut gemäß § 715b BGB als neue Bezeichnung das inhaltlich korrespondierende Wort Gesellschafterklage.[486] Schließlich kursiert ebenfalls die Bezeichnung *actio pro societate*, wobei *societate* mit Gesellschaft zu übersetzen ist[487] und diese Bezeichnung im Rahmen der Einzelklagebe-

---

483 *Fleischer/Harzmeier*, ZGR 2017, 239 (270 f.); *Fleischer/Heinrich/Pendl*, NZG 2016, 1001 (1006).

484 Ausführlich *Schäfer*, Gutachten 71. DJT, S. E 40 ff., der die „Regelung allgemeiner gesellschaftsrechtlicher Grundsätze“ (unter anderem Treuepflicht, Wettbewerbsverbot, *actio pro socio*) am österreichischen Beispiel (dort § 1188 ABGB für die *actio pro socio*) vor allem mit Bestimmtheitsproblemen behaftet sieht.

485 Siehe Fn. 276.

486 BT-Dr. 19/27635, S. 154.

487 Navigium Latein-Wörterbuch, www.navigium.de/latein-woerterbuch/societate?nr=null (12.10.2025); *Fleischer*, JZ 2019, 53 (57).

fugnis für Drittansprüche entwickelt wurde.[488] Für das korrekte Verständnis der lateinischen Begrifflichkeiten kommt es also auf die Übersetzung der Präposition *pro* an. Diese kann unter anderem entweder mit den Wörtern *für* oder *als* übersetzt werden.[489]

Übersetzt man in Bezug auf Sozialansprüche *actio pro socio* mit Klage *für* den Gesellschafter und in Bezug auf Drittansprüche *actio pro societate* mit Klage *für* die Gesellschaft, so gelangt man durchaus zu einem sprachlich sachgerechten Ergebnis. Inhaltlich fehlt es der Unterscheidung jedoch an Überzeugungskraft. Zwar soll durch die verschiedenen Begrifflichkeiten die Inhaberschaft der Gesellschaft für Drittansprüche deutlich gemacht werden.[490] Jedoch fehlt es der Unterscheidung für die Geltendmachung von Sozialansprüchen insbesondere vor dem Hintergrund der Emanzipation der rechtsfähigen Personengesellschaften von ihren Gesellschaftern an Stringenz. Schließlich ist zu konstatieren, dass wenn man bereits der schon zuletzt maßgeblichen Theorie der Prozessstandschaft folgte, auch die Sozialansprüche der Gesellschaft selbst zuzurechnen waren.

Übersetzt man hingegen *actio pro socio* richtig mit Klage *als* Gesellschafter, was unabhängig von der Natur des klägerischen Anspruchs korrekt ist, so bedarf es einer weitergehenden begrifflichen Unterscheidung zwischen Sozial- und Drittansprüchen überhaupt nicht und die Bezeichnung *actio pro societate* wird obsolet.[491] Es handelt sich insofern um eine überflüssige Debatte, wenn nicht gar um einen „dogmatischen Missgriff".[492] Es kommt nicht auf einen Streitentscheid bezüglich einer korrekten und über jeden sprachlichen Zweifel erhabenen Übersetzung, sondern vielmehr darauf an, dass die

488 BGH, NJW-RR 2018, 288 (289); BGH, NJW-RR 2021, 1400 (1401); ausführlich zu der Begrifflichkeit *Hippeli*, GWR 2018, 61 (61 ff.).

489 Navigium Latein-Wörterbuch, www.navigium.de/latein-woerterbuch/pro?wb=gross&nr=2 (12.10.2025).

490 *Osterloh-Konrad*, Gesellschaftsrecht in der Diskussion 2021, S. 66 (Fn. 15).

491 *Hippeli*, GWR 2018, 61 (61); so im Ergebnis auch *Noack*, GmbHR 2024, 71 (72); *Schäfer*, ZHR 187 (2023), 78 (90, Fn. 42); *Tödtmann/Pieper*, NZG 2023, 641 (641); *Neumayer/Zeyher*, NZG 2022, 1707 (1709); *Mock*, JuS 2015, 590 (591).

492 *Hippeli*, GWR 2018, 61 (61).

Schöpfung neuer Begrifflichkeiten für den Rechtsanwender mit Unsicherheiten verbunden sein können. Dies gilt insbesondere, wenn die dogmatische und inhaltliche Abgrenzung dieser bisweilen schwierig ist.[493]

Vor diesem Hintergrund ist insbesondere jenen Stimmen[494] eine deutliche Absage zu erteilen, welche die Gesellschafterklage gemäß § 715b BGB implizit oder explizit als *actio pro societate* bezeichnen wollen. Dafür spricht auch nicht zuletzt die schlichte Gewöhnung des Rechtsverkehrs an den Begriff der *actio pro socio*, unter welchem jedenfalls im Kern gemeinhin ein Klagerecht des einzelnen Gesellschafters verstanden wird. Die Verwendung des inhaltsgleichen deutschen Begriffs konterkariert dieses hergebrachte Verständnis nicht und ist daher aus Gründen der einfacheren Verständlichkeit zu begrüßen. Die Begriffe *actio pro socio* und Gesellschafterklage können und sollen daher, wie in dieser Arbeit durchweg so gehandhabt,[495] synonym verwendet werden.[496] Es mag sogar zukünftig zu begrüßen sein, dass sich der Begriff der Gesellschafterklage gänzlich durchsetzt.[497] Die Schaffung und Nutzung eines weiteren lateinischen Fachausdrucks trägt hingegen weder zur Anwenderfreundlichkeit, noch zur inhaltlichen Fortentwicklung der Rechtsfigur bei und ist daher zu vermeiden.

2. Gesetzgeberische Intention

Die hier geforderte begriffliche Stringenz trägt auch der grundlegenden gesetzgeberischen Intention bei der Schaffung eines Regelungskonzepts für die Gesellschafterklage Rechnung. Denn die bislang getrennt betrachteten Klagerechte der Gesellschafter zur Durchsetzung von Sozial- und Drittansprüchen wurden mit dem MoPeG und der Schaffung von § 715b BGB in

493 *Hippeli*, GWR 2018, 61 (61).

494 Beispielsweise *Servatius*, GbR, BGB § 715b, Rn. 9; *Klesse*, NZG 2025, 545 (547); *Schwarz*, ZGR 2025, 112 (115); *Geibel,* ZRP 2020, 137 (138).

495 Siehe Fn. 5.

496 Ähnlich *Verse*, FS Schneider 2011, S. 1325.

497 Ähnlich *Neumayer/Zeyher*, NZG 2022, 1707 (1709).

einem einheitlichen gesetzlichen Institut gebündelt, welches die bereits anerkannte Figur der *actio pro socio* ausdrücklich normiert.[498]

a) Systematische Einordnung von § 715b BGB

Ausgehend von einem der Modernisierung des Personengesellschaftsrechts entsprechenden organisationsrechtlichen Verständnisses[499] findet die Gesellschafterklage ihren Platz mit § 715b BGB in einem Buchstabenparagraphen, der sich im Gesetz auch systematisch an zweiter Stelle hinter der in § 715 BGB allgemein geregelten Geschäftsführungsbefugnis einreiht.[500] So lässt sich bereits aus dem Inhaltsverzeichnis des BGB sehr plastisch der subsidiäre Gedanke ablesen, dass die Gesellschafterklage hinter der organisationsrechtlichen Zuständigkeitsordnung der Gesellschaft, der auch durch die Vorschriften zur Geschäftsführung in § 715 BGB Ausdruck verliehen wird, zurücksteht.[501]

Daneben wurde mit der Verortung an erster Stille hinter der ebenfalls neu kodifizierten Notgeschäftsführungsbefugnis gemäß § 715a BGB[502] die Nähe zu einem der Gesellschafterklage vergleichbaren Institut der ausnahmsweisen Geltendmachung eines Gesellschaftsanspruchs durch den nicht geschäftsführungsbefugten Gesellschafter im eigenen Namen gewahrt.[503]

b) Anwendbarkeit auf alle Personengesellschaften?

Zwar ist die Gesellschafterklage gemäß § 715b BGB im BGB-Gesellschaftsrecht geregelt und findet damit bereits auf den ersten Blick für die GbR An-

---

498 BT-Dr. 19/27635, S. 154.

499 *Fleischer*, DB 2020, 1107 (1112).

500 Ebenfalls auf die „systematische Anbindung an die Ausgestaltung der Geschäftsführungskompetenzen“ von § 715b BGB verweisend *Berger*, ZZP 135 (2022), 407 (409).

501 Ähnlich BT-Dr. 19/27635, S. 155.

502 BT-Dr. 19/27635, S. 153 f.; ausführlicher Schäfer Neues PersGesR/*Schäfer*, § 6, Rn. 40 ff.

503 BT-Dr. 19/27635, S. 155; siehe Abschnitt C. II. 2. d) aa).

wendung. Über die Verweisungen in § 105 Abs. 3 HGB, den §§ 105 Abs. 3, 161 Abs. 2 HGB sowie in § 1 Abs. 4 PartGG[504] gilt § 715b BGB jedoch auch direkt für die OHG, KG und PartG. Damit steht die kodifizierte Gesellschafterklage den Gesellschaftern sämtlicher rechtsfähiger Personengesellschaften als minderheitenschützendes Instrumentarium zur Verfügung.[505]

Genaueres Hinsehen bedarf es indes bei der Frage der etwaigen Anwendbarkeit von § 715b BGB auf die nicht rechtsfähige Gesellschaft, also die Innen-GbR, gemäß § 705 Abs. 2 Var. 2 BGB. Selbstverständlich können auch in der nicht rechtsfähigen Gesellschaft und insbesondere auch in deren Sonderform als stille Gesellschaft[506] trotz der Vermögenslosigkeit gemäß § 740 Abs. 1 BGB Interessenkonflikte und vergleichbare Situationen eines Geschäftsführungsdefizits auftreten, die in einer rechtsfähigen Personengesellschaft grundsätzlich den Anwendungsbereich des § 715b BGB eröffnen würden.[507]

Wie bereits angesprochen, wird jedoch auf § 715b BGB im Katalog des § 740 Abs. 2 BGB nicht verwiesen, was bereits ein starkes Argument gegen die Anwendbarkeit der Norm auf die nicht rechtsfähige Gesellschaft ist.[508] Daneben spricht nun die Einordnung der *actio pro socio* als gesetzliche Prozessstandschaft[509] gegen eine Anwendung auf die Innen-GbR.[510] Denn mangels Rechtsfähigkeit kann diese nicht Inhaberin des durch den Prozessstandschaftler geltend gemachten Rechts sein.

---

504 Gesetz über Partnerschaftsgesellschaften Angehöriger Freier Berufe.

505 BeckOK BGB 75. Ed./*Schöne*, BGB § 715b, Rn. 4; *Servatius*, GbR, BGB § 715b, Rn. 7; Hopt/*Roth*, BGB § 715b, Rn. 1.

506 Hopt/*Roth*, HGB § 230, Rn. 1 f; BeckOK BGB 75. Ed./*Schöne*, BGB § 715b, Rn. 4.

507 HK-GbR/*Heidel*, § 715b BGB, Rn. 11; *Servatius*, GbR, BGB § 715b, Rn. 7; BeckOK BGB 75. Ed./*Schöne*, BGB § 715b, Rn. 4.

508 Ebenfalls klar gegen eine analoge Anwendung von § 715b BGB auf die nicht rechtsfähige Gesellschaft, MüKo-BGB 9. Aufl./*Schäfer*, BGB § 740, Rn. 13.

509 Siehe Abschnitt C. II. 3. a).

510 Auch nach altem Recht waren vor dem Hintergrund der wohl zuletzt vorherrschenden Prozessstandschaftstheorie Zweifel in Bezug auf eine Anwendung der *actio pro socio* auf die Innen-GbR angebracht.

Gleichwohl wird eine analoge Anwendung von § 715b BGB auf die Innen-GbR, insbesondere vor dem Hintergrund des Rechtsschutzes in Bezug auf nicht verfolgte Drittansprüche, gefordert.[511] Zwar wird erkannt, dass eine Analogie mit der gesetzlichen Prozessstandschaft nicht vereinbar ist, § 715b BGB sei jedoch dahingehend anzupassen, dass der Gesellschafter die Gesellschafterklage für ein eigenes Recht anstrengt.[512] Des weiteren ist die Gesellschafterklage über § 715b Abs. 2 BGB zwingend,[513] was auch für eine Anwendung auf die nicht rechtsfähige Gesellschaft spräche.[514] Nach alledem sei der Verweisungskatalog in § 740 Abs. 2 BGB unvollständig und müsse um § 715b BGB ergänzt werden.[515] Dafür spräche auch die Tatsache, dass die Notgeschäftsführungsbefugnis gemäß § 715a BGB Teil des Verweisungskatalogs sei und bei dieser eine identische Problematik vorläge.[516]

Der Argumentation ist nicht zu folgen. Zwar ist die Motivation hinter einer analogen Anwendung von § 715b BGB auf die nicht rechtsfähige Gesellschaft inhaltlich nachvollziehbar.[517] Gleichwohl sprechen gleich mehrere Gründe gegen eine Heranziehung von § 715b BGB.

Zuvorderst ist anzumerken, dass es an einer für die Analogie notwendigen planwidrigen Regelungslücke ganz offenbar fehlt.[518] § 740 Abs. 2 BGB verweist nicht auf § 715b BGB. Auch in den weiteren Ausführungen des Ge-

---

511 *Servatius*, GbR, BGB § 715b, Rn. 7; Erman BGB/*Lieder*, § 740 BGB, Rn. 8; *Hadding*, FS Grunewald 2021, S. 292, der offenbar in den Beitragsansprüchen der Gesellschafter der nicht rechtsfähigen Gesellschaft ein eigenes Gesellschaftsvermögen sieht, das die Anwendung der *actio pro socio* erlaube; ferner ist *Hadding*, FS Grunewald 2021, S. 294 der Ansicht, die Innen-GbR sei im Verhältnis zu ihren Gesellschaftern rechtsfähig.

512 *Servatius*, GbR, BGB § 740, Rn. 24; dem liegt der gleiche Rechtsgedanke aus § 432 BGB zugrunde, wie er schon in RGZ 70, 32 (33 f.) formuliert wurde, siehe Abschnitt C. I. 2.

513 Siehe Abschnitt C. II. 2. c).

514 *Servatius*, GbR, BGB § 740, Rn. 24.

515 *Servatius*, GbR, BGB § 740, Rn. 24.

516 *Servatius*, GbR, BGB § 740, Rn. 24.

517 Andere Ansicht HK-GbR/*Heidel*, § 715b BGB, Rn. 11.

518 BeckOK BGB 75. Ed./*Schöne*, BGB § 715b, Rn. 4; *Schwarz*, ZGR 2025, 112 (114); *Clotten/Arens*, GmbHR 2024, 256 (260).

setzgebers zum Inhalt und der Funktionsweise des Katalogs in § 740 Abs. 2 BGB findet sich kein Hinweis auf die Gesellschafterklage.[519] Es ist also davon auszugehen, dass der Gesetzgeber den Verweis auf § 715b BGB nicht einfach vergessen hat.[520] Gleichsam verfängt in diesem Kontext der Parallelitätsschluss zu § 715a BGB nicht. Die Notgeschäftsführungsbefugnis mag zwar, sofern Ansprüche im Außenverhältnis gerichtlich geltend gemacht werden, als Fall der gesetzlichen Prozessstandschaft zu klassifizieren sein[521] und insofern die Rechtsfähigkeit der Gesellschaft voraussetzen.[522] Dies hat der Gesetzgeber auch zweifellos erkannt, in dem er die entsprechende Anwendung der Vorschriften im Katalog des § 740 Abs. 2 BGB dergestalt erklärt, dass die betreffenden Vorschriften so angewandt werden sollen, dass sie nicht die Rechtsfähigkeit der Gesellschaft voraussetzen.[523] Wünschenswert wäre hier allenfalls gewesen, dass der Gesetzgeber erläutert, wie die entsprechende Anwendung jeweils konkret an der Norm vorzunehmen ist. So führt dieser beispielsweise zu dem Informationsrecht des Gesellschafters gegen die Gesellschaft gemäß § 717 Abs. 1 BGB aus, dass dieses nicht gegen die Gesellschaft, sondern gegen den über die Information verfügenden Gesellschafter besteht.[524] Ein konkreter Praxishinweis, dass ein im Wege der Notgeschäftsführung gemäß § 715a BGB gerichtlich verfolgter Anspruch von einer gesetzlichen Prozessstandschaft auf die Geltendmachung eines eigenen Rechts zu modifizieren sei,[525] fehlt jedoch. Dem kann jedoch entgegen gehalten werden, dass die Notgeschäftsführungsbefugnis nicht zwingend ein Prozessrechtsverhältnis begründet, während die Gesellschafterklage dies notwendigerweise bedingt.

---

519 BT-Dr. 19/27635, S. 191.

520 BeckOK BGB 75. Ed./*Schöne*, BGB § 715b, Rn. 4.

521 *Servatius*, GbR, BGB § 715a, Rn. 15; ähnlich zu § 744 Abs. 2 BGB, *Bork/Oepen*, ZGR 2001, 515 (526).

522 Siehe Abschnitt C. II. 2. d) aa).

523 BT-Dr. 19/27635, S. 191.

524 BT-Dr. 19/27635, S. 191.

525 *Servatius*, GbR, BGB § 740, Rn. 20.

Weiterhin überzeugt das Argument des zwingenden Charakters der Gesellschafterklage gemäß § 715b Abs. 2 BGB nicht. Die Norm ist hier richtigerweise so zu verstehen, dass die *actio pro socio* dann nicht gesellschaftsvertraglich abdingbar ist, wenn sie auf die betreffende Gesellschaftsform überhaupt Anwendung findet. Die hier geführte Diskussion spielt sich mithin auf einer vorgelagerten Ebene ab. Nach alledem scheidet § 715b BGB analog für die Innen-GbR bereits aus dogmatischen und gesetzgeberischen Erwägungen aus.

Schließlich ist noch der Meinung und gleichzeitig der Gegenauffassung zu dem eben skizzierten Analogieschluss zu begegnen, dass eine analoge Anwendung von § 715b BGB auf die nicht rechtsfähige Gesellschaft trotz der vergleichbaren Motivationslage gar nicht nötig sei.[526] Denn dogmatisch geboten sei eine klare Trennung zwischen der nun in § 715b BGB kodifizierten Gesellschafterklage und derjenigen Einzelklagebefugnis des nicht geschäftsführungsbefugten Gesellschafters, welche nach altem Recht unter *actio pro socio* verstanden wurde.[527] Die *actio pro socio* vor dem MoPeG bleibe nämlich als ein eigenständiges, nicht kodifiziertes Institut bestehen, das unmittelbar aus dem Mitgliedschaftsrecht des Gesellschafters abgeleitet würde.[528]

Während der Gedankengang dieser Gegenauffassung auf den ersten Blick nachvollziehbar scheint, übersieht sie dennoch, dass die Frage der Prozessführungsbefugnis bei der *actio pro socio* nach altem Recht durchaus uneinheitlich beantwortet wurde. Während sich in der Rechtswissenschaft die Prozessstandschaftstheorie verstärkt durchgesetzt hat, war eine klare Linie der Rechtsprechung nicht zu erkennen.[529] Daher ist auch im Lichte von § 715b BGB zwar nicht ausgeschlossen, jedoch zumindest diskussionswür-

526 BeckOK BGB 75. Ed./*Schöne*, BGB § 715b, Rn. 4.
527 BeckOK BGB 75. Ed./*Schöne*, BGB § 715b, Rn. 4.
528 BeckOK BGB 75. Ed./*Schöne*, BGB § 715b, Rn. 4.
529 Siehe Fn. 340.

dig, ob die *actio pro socio* zur Geltendmachung eines individuellen Rechts des Gesellschafters als solche überhaupt noch statthaft ist.

Daher muss die Antwort auf die Frage, wie einem Geschäftsführungsdefizit in der nicht rechtsfähigen Gesellschaft aus Minderheitenperspektive zu begegnen ist, im Wege einer etwaigen Befassung durch die Rechtsprechung gefunden werden. In einem solchen Fall sprechen sicherlich ganz weit überwiegende Gründe dafür, eine Einzelklagebefugnis aus den Grundsätzen der *actio pro socio* vor dem MoPeG unter Zugrundelegung der Theorie eines eigenen Rechts des Gesellschafters anzunehmen.[530] Anderenfalls könnte es geboten sein, dass der Gesetzgeber § 715b BGB in den Verweisungskatalog des § 740 Abs. 2 BGB aufnimmt und eine entsprechende Anwendung der Gesellschafterklage für die nicht rechtsfähige Gesellschaft statuiert.[531] Eine nur entsprechende Anwendung würde bedeuten, dass § 715b BGB dahingehend zu modifizieren wäre, dass statt des Handelns in Prozessstandschaft ein individuelles Recht des Gesellschafters geltend gemacht würde, wobei der Klageantrag der Gesellschafterklage auf Leistung an den Gesellschafter selbst gerichtet sein müsste.

c) Abdingbarkeit und gesellschaftsvertragliche Gestaltungsmöglichkeiten gemäß § 715b Abs. 2 BGB

Ob die *actio pro socio* nach altem Recht abdingbar oder zumindest einschränkbar war, lies sich aufgrund ihres ungeregelten Charakters und einer fehlenden Positionierung der Rechtsprechung nicht eindeutig beantworten.[532] Es dürfte jedenfalls der herrschenden Auffassung entsprochen habe, dass die *actio pro socio* nur unter bestimmten Voraussetzungen im Einzelfall

---

530 So zu verstehen wohl BeckOK BGB 75. Ed./*Schöne*, BGB § 715b, Rn. 4; MüKo-BGB 9. Aufl./*Schäfer*, BGB § 715b, Rn. 4; *Schäfer*, Gutachten 71. DJT, S. E 43.

531 Dies entspräche wohl auch dem Ansinnen von *Hadding*, FS Grunewald 2021, S. 292, der sich für die Innen-GbR ein Verbleiben der Klagebefugnis im „gesellschaftsrechtlichen Zusammenhang" wünscht, anstatt § 432 BGB zu bemühen.

532 Siehe Fn. 358.

eingeschränkt werden durfte,[533] was jedoch insbesondere dann nicht zulässig war, wenn ein wichtiger Grund analog § 118 Abs. 2 HGB a.F. den Anlass für die Gesellschafterklage bot.[534]

Noch im *Mauracher Entwurf* gestaltete der Gesetzgeber die Gesellschafterklage dispositiv und gänzlich ausschließbar.[535] Vor dem Hintergrund der minderheitenschützenden Funktion der *actio pro socio* und dass sich ein Gesellschafter gegen die „Willkürherrschaft der Mehrheit"[536] wehren können müsse, erfuhr das Ansinnen des Reformgesetzgebers Kritik.[537] Das MoPeG hingegen statuiert mit § 715b Abs. 2 BGB für die kodifizierte Gesellschafterklage nun eindeutig,[538] dass eine Vereinbarung im Gesellschaftsvertrag, welche das Klagerecht ausschließt oder § 715b BGB zuwider beschränkt, unwirksam ist.

Erstaunlicherweise wird in der Gesetzesbegründung entgegen dem Wortlaut von § 715b Abs. 2 BGB[539] ausgeführt, dass ein gesellschaftsvertraglicher Ausschluss der Gesellschafterklage jedenfalls dann unbedenklich sei, wenn dem nicht geschäftsführungsbefugten Gesellschafter im Vergleich zur *actio pro socio* funktional gleichwertige Einflussmöglichkeiten eingeräumt würden.[540] Dies erscheint nicht glücklich. Selbst wenn man abseits vom Wortlaut der Norm einen gänzlichen Ausschluss der Gesellschafterklage für mög-

---

533 MüKo-BGB 8. Aufl./*Schäfer*, BGB § 705, Rn. 215; *Grunewald*, Die Gesellschafterklage in der Personengesellschaft und der GmbH, S. 34 ff.

534 BT-Dr. 19/27635, S. 156; *Lieder*, ZGR Sonderheft 23, S. 203.

535 *Mauracher Entwurf*, Fn. 80, S. 106.

536 *Lieder*, ZGR Sonderheft 23, S. 204.

537 *Fleischer*, DStR 2021, 430 (436); *Fleischer*, ZGR Sonderheft 23, S. 26; *Lieder*, ZGR Sonderheft 23, S. 203 f.

538 *Fleischer*, DStR 2021, 430 (436).

539 BeckOK BGB 75. Ed./*Schöne*, BGB § 715b, Rn. 34; HK-GbR/*Heidel*, § 715b BGB, Rn. 51 f.; eine teleologische Reduktion von § 715b Abs. 2 für einen etwaigen Ausschluss der Gesellschafterklage fordernd *Fehrenbach/Schikorra*, AD 2/2024, 145 (148); hingegen unkritisch in Bezug auf den Wortlaut *Noack*, GmbHR 2024, 71 (74).

540 BT-Dr. 19/27635, S. 156; ausführlich zu den vorgeschlagenen Alternativen, HK-GbR/*Heidel*, § 715b BGB, Rn. 57 ff.

lich erachtet, dürfte dieser im Sinne eines *argumentum a fortiori* genauso wie eine Beschränkung den einzelnen Merkmalen des § 715b BGB nicht zuwiderlaufen. Mithin bedürfte es eines auf allen Ebenen der Gesellschafterklage gemäß § 715b BGB mindestens ebenbürtigen Instituts des Minderheitenschutzes.[541] Das ist kompliziert[542] und fördert Rechtsunsicherheit.[543]

Richtig ist daher, dass die komplette Entziehung der Gesellschafterklage nicht möglich sein sollte.[544] Wenn intern ein alternativer Rechtsbehelf zu der *actio pro socio* geschaffen wird, stellt sich schon die Frage nach dessen Notwendigkeit,[545] wenn dieser tatbestandlich und rechtsfolgenseitig nicht hinter der Gesellschafterklage zurückbleiben darf. Zwar verweist der Gesetzgeber darauf, dass die Zulässigkeit von Abweichungen von § 715b BGB von dem konkreten Bedürfnis der Gesellschaft an Minderheitenschutz und deren satzungsmäßigen Struktur abhängig sein soll,[546] bleibt jedoch detaillierte Leitplanken schuldig.[547] Insbesondere vor dem Hintergrund des klaren Wortlauts von § 715b Abs. 2 BGB sollte daher von gesellschaftsvertraglichen Abweichungen nur mit höchster Vorsicht Gebrauch gemacht werden.[548] Die Angriffsfläche für die Rechtsprechung in Bezug auf treuwidrige Konstruktionen erscheint schlicht zu groß.

Verfügt die Gesellschaft indes über gleichwertige oder gar bessere Mechanismen im Vergleich zu der Gesellschafterklage, bedarf es eines Ausschlusses oder einer Beschränkung von § 715b BGB ebenfalls nicht. Der nicht geschäftsführungsbefugte Gesellschafter wird sich je nach konkreter Ausge-

---

541 BeckOK BGB 75. Ed./*Schöne*, BGB § 715b, Rn. 37.

542 BeckOK BGB 75. Ed./*Schöne*, BGB § 715b, Rn. 37 f.

543 HK-GbR/*Heidel*, § 715b BGB, Rn. 54; *Servatius*, GbR, BGB § 715b, Rn. 23; *Risthaus*, WM 2024 Heft 27, 1249 (1253).

544 Andere Ansicht Koch PersGesR/*Könen*, § 715b BGB, Rn. 3; *Risthaus*, WM 2024 Heft 27, 1249 (1253).

545 HK-GbR/*Heidel*, § 715b BGB, Rn. 52; ähnlich BeckOK BGB 68. Ed./*Schöne*, BGB § 709, Rn. 39; *Lieder*, ZGR Sonderheft 23, S. 203.

546 BT-Dr. 19/27635, S. 156.

547 *Servatius*, GbR, BGB § 715b, Rn. 23.

548 Davon abratend BeckOK BGB 75. Ed./*Schöne*, BGB § 715b, Rn. 39; Erman BGB/*Lieder*, § 715b BGB, Rn. 19.

staltung der Organisationsstruktur der Gesellschaft das im Einzelfall günstigste Durchsetzungsinstrument für den gesellschaftseigenen Anspruch aussuchen. Schließlich liegt es im kollektiven Interesse des gesamten personengesellschaftsrechtlichen Verbands über transparente und rechtssichere Mechanismen zur hilfsweisen Anspruchsdurchsetzung zu verfügen.[549]

d) Verhältnis von § 715b BGB zu anderen Durchbrechungen der gesellschaftsrechtlichen Kompetenzordnung

Die Gesellschafterklage gemäß § 715b BGB stellt lediglich eines von mehreren rechtlichen Mechanismen dar, die eine Durchbrechung der klassischen Kompetenzverteilung innerhalb der Gesellschaftsstruktur erlauben. Mit dem MoPeG wurde durch die Kodifizierung der Notgeschäftsführungsbefugnis in § 715a BGB und der Gesellschafterklage in § 715b BGB ein System von Notinstrumenten etabliert, das für Situationen geschaffen ist, in denen die Geschäftsführung entweder handlungsunfähig ist oder ihre Pflichten verletzt. Daneben besteht noch die ungeschriebene Möglichkeit der Bestellung eines besonderen Vertreters analog der §§ 46 Nr. 8 Hs. 2 GmbHG, 147 Abs. 2 S. 1 AktG. All diese Instrumente stehen in einem Zusammenhang und weisen eine inhaltliche Schnittmenge auf.[550]

aa) Notgeschäftsführung gemäß § 715a BGB

Genauso wie die Gesellschafterklage ist die Notgeschäftsführungsbefugnis als im Wesentlichen bereits anerkanntes Rechtsinstitut[551] in § 715a BGB neu kodifiziert worden.[552] Die Norm, die über die Verweisungen in § 105 Abs. 3 HGB, den §§ 105 Abs. 3, 161 Abs. 2 HGB sowie in § 1 Abs. 4 PartGG ebenfalls für die OHG, KG und PartG gilt, ist im Zusam-

---

549 Ähnlich Koch PersGesR/*Könen*, § 715b BGB, Rn. 3.

550 BT-Dr. 19/27635, S. 154 f.

551 Ausführlich zu der Notgeschäftsführung vor dem MoPeG MüKo-BGB 8. Aufl./*Schäfer*, BGB § 709, Rn. 21; BeckOK BGB 68. Ed./*Schöne*, BGB § 709, Rn. 26.

552 BT-Dr. 19/27635, S. 153.

menhang mit § 715 Abs. 3 S. 1 Hs. 2 BGB[553] zu lesen.[554] Danach kann in Ausnahmefällen für die Vornahme eines Geschäfts bei einer geltenden Gesamtgeschäftsführung auf die ansonsten erforderliche Zustimmung der weiteren Geschäftsführer verzichtet werden, wenn ein Zuwarten mit der Entscheidung eine unmittelbare Gefährdung für die Gesellschaft oder deren Vermögen mit sich bringen würde.[555] Diese Regelung war bereits in § 115 Abs. 2 Hs. 2 HGB a.F. für die Personenhandelsgesellschaften angelegt.[556] § 715 Abs. 3 S. 1 Hs. 2 BGB erstreckt diese nun auf alle Personengesellschaften.

Die Regelung des § 715 Abs. 3 S. 1 Hs. 2 BGB umfasst jedoch nicht den mit der Situation bei der *actio pro socio* eher vergleichbaren Fall eines Gesellschafters, dem die Geschäftsführungsbefugnis gar nicht zusteht. Vor dem MoPeG wurde für die Herleitung einer Notgeschäftsführungsbefugnis für nicht geschäftsführungsbefugte Gesellschafter auf § 744 Abs. 2 BGB analog zurückgegriffen.[557] Gemäß der Norm ist jeder Miteigentümer einer Bruchteilsgemeinschaft dazu befugt, eigenständig Maßnahmen zu ergreifen, die für die Erhaltung des gemeinschaftlichen Vermögens unerlässlich sind. Die Analogie wurde jedoch als unzureichend betrachtet, da § 744 Abs. 2 BGB[558] für die Fülle an Geschäftsführungsmaßnahmen materiell zu eng gefasst ge-

[553] Der Verweis in BT-Dr. 19/27635, S. 153 auf § 715 Abs. 3 S. 3 BGB ist ein Redaktionsversehen, Hopt/*Roth*, BGB § 715a, Rn. 2; *Kindler*, ZfPW 2022, 409 (412, Fn. 7).

[554] BT-Dr. 19/27635, S. 153.

[555] BT-Dr. 19/27635, S. 152; MüKo-BGB 9. Aufl./*Schäfer*, BGB § 715, Rn. 36; ausführlich MüKo-BGB 9. Aufl./*Schäfer*, BGB § 715, Rn. 36 ff.; BeckOK BGB 75. Ed./*Schöne*, BGB § 715, Rn. 21.

[556] BT-Dr. 19/27635, S. 152; BeckOK BGB 75. Ed./*Schöne*, BGB § 715, Rn. 21.

[557] MüKo-BGB 9. Aufl./*Schäfer*, BGB § 715a, Rn. 1; *Osterloh-Konrad*, Gesellschaftsrecht in der Diskussion 2021, S. 72; *Fleischer/Harzmeier*, ZGR 2017, 239 (250); *Bork/Oepen*, ZGR 2001, 515 (547); *Nitschke*, ZHR 128 (1966), 48 (80).

[558] § 744 Abs. 2 BGB analog wurde bereits als dogmatische Grundlage für die Einzelklagebefugnis für Drittansprüche herangezogen, siehe Fn. 403; siehe auch *Risthaus*, WM 2024 Heft 27, 1249 (1252 f.), der insofern die Verbindung zwischen § 744 Abs. 2 BGB, § 715a BGB und § 715b Abs. 1 S. 2 BGB über die historische Einzelklagebefugnis für Drittansprüche herstellt.

wesen sei[559] und das Erfordernis der Eilbedürftigkeit[560] nicht ausreichend abbildete.[561]

Durch die Kodifizierung des § 715a BGB überträgt der Gesetzgeber den entwickelten Schutzgedanken für außerhalb der Geschäftsführung stehende Gesellschafter in eine eigene Vorschrift mit klar bestimmten Voraussetzungen.[562] Für die Begründung des Notgeschäftsführungsrechts gemäß § 715a BGB bedarf es einerseits der Eilbedürftigkeit für die Notmaßnahme, also einer unmittelbaren Gefahr für die Gesellschaft oder ihr Vermögen,[563] die *ex post* objektiv zu bewerten ist.[564] Daneben ist erforderlich, dass alle geschäftsführungsbefugten Gesellschafter an der Mitwirkung gehindert sind.[565] Somit weist § 715a BGB gleichsam zu § 715b BGB Subsidiaritätsmerkmale auf, die sicherstellen sollen, dass die gesetzliche oder satzungsgemäße Zuständigkeitsordnung der Gesellschaft nicht mutwillig durchbrochen wird. § 715 Abs. 3 S. 1 Hs. 2 BGB ist insoweit so zu verstehen, dass vorrangig die geschäftsführungsbefugten Gesellschafter berechtigt sind, im Rahmen der Notgeschäftsführung tätig zu werden.[566] Wer sich also auf die Notgeschäftsführung berufen möchte, muss zunächst alle zumutbaren Schritte unternehmen, um rechtzeitig die Zustimmung der Geschäftsführung einzuholen, denn eine etwaige Verweigerung dieser Zustimmung darf nicht durch § 715a BGB ausgehebelt werden.[567] Schließlich ist § 715a BGB und

559 Die Abwehr einer Gefahr für die Gesellschaft selbst lässt sich schwer mit dem rein gegenstandsbezogenen Begriff des § 744 Abs. 2 BGB vereinbaren, BT-Dr. 19/27635, S. 154; ähnlich *Lieder*, ZGR Sonderheft 23, S. 198; *Bork/Oepen*, ZGR 2001, 515 (526).

560 BeckOK BGB 68. Ed./*Schöne*, BGB § 709, Rn. 26.

561 BT-Dr. 19/27635, S. 153; MüKo-BGB 9. Aufl./*Schäfer*, BGB § 715a, Rn. 1.

562 *Lieder*, ZGR Sonderheft 23, S. 197.

563 MüKo-BGB 9. Aufl./*Schäfer*, BGB § 715a, Rn. 2.

564 MüKo-BGB 9. Aufl./*Schäfer*, BGB § 715a, Rn. 3.

565 *Lieder*, ZGR Sonderheft 23, S. 198; ausführlich zu dem Verhältnis von § 715a BGB und § 715 Abs. 3 S. 1 Hs. 2 BGB und den Fallkonstellationen bei Gesamt- und Einzelgeschäftsführungsbefugnis, MüKo-BGB 9. Aufl./*Schäfer*, BGB § 715a, Rn. 4.

566 BT-Dr. 19/27635, S. 153; MüKo-BGB 9. Aufl./*Schäfer*, BGB § 715a, Rn. 5.

567 *Lieder*, ZGR Sonderheft 23, S. 198.

§ 715b BGB gemein, dass sie jeweils im Außenverhältnis keine Vertretungsmacht begründen und der Notgeschäftsführer damit zum Schutz des Rechtsverkehrs im eigenen Namen handelt.[568] Überdies ist die Notgeschäftsführungsbefugnis gemäß § 715a S. 2 BGB ebenfalls nicht abdingbar.

Führt ein Gesellschafter ohne Vertretungsmacht ein berechtigtes Notgeschäft durch, führt dies gemäß § 177 BGB dazu, dass dieses von der Gesellschaft entweder zu genehmigen oder zu kompensieren ist und dem Gesellschafter damit gemäß § 716 Abs. 1 BGB überdies Aufwendungsersatz zustehen kann.[569] Spiegelbildlich haftet der Notgeschäftsführer gemäß § 179 BGB für den Fall eines ungerechtfertigten Notgeschäfts.[570]

Neben den aufgezeigten Gemeinsamkeiten unterscheidet sich die Notgeschäftsführungsbefugnis gemäß § 715a BGB von der Gesellschafterklage gemäß § 715b BGB im Kern dergestalt, dass die Notgeschäftsführung primär der unmittelbaren Gefahrenabwehr für die Gesellschaft und deren Vermögen dient[571] und insofern wohl erhöhten Anforderungen unterworfen ist.[572] Daneben dient die Notgeschäftsführung natürlich nicht primär der gerichtlichen Geltendmachung eines Anspruchs, auch wenn dies nicht ausgeschlossen ist.[573] Beide Institute stehen ausdrücklich nebeneinander,[574] je-

568 BT-Dr. 19/27635, S. 154; MüKo-BGB 9. Aufl./*Schäfer*, BGB § 715a, Rn. 8; *Servatius*, GbR, BGB § 715a, Rn. 3; *Schwarz*, ZGR 2025, 112 (130); *Schäfer*, ZHR 187 (2023), 78 (79); *Lieder*, ZGR Sonderheft 23, S. 199.

569 BT-Dr. 19/27635, S. 154; *Lieder*, ZGR Sonderheft 23, S. 199.

570 BT-Dr. 19/27635, S. 154; MüKo-BGB 9. Aufl./*Schäfer*, BGB § 715a, Rn. 6; *Lieder*, ZGR Sonderheft 23, S. 199.

571 *Risthaus*, WM 2024 Heft 27, 1249 (1253); *Schäfer*, ZHR 187 (2023), 78 (79).

572 Im Vergleich zu dem pflichtwidrigen Unterlassen im Rahmen von § 715b BGB, siehe Abschnitt C. II. 4. c); *Servatius*, GbR, BGB § 715a, Rn. 2; *Risthaus*, WM 2024 Heft 27, 1249 (1253).

573 Erman BGB/*Lieder*, § 715b BGB, Rn. 4; *Noack*, GmbHR 2024, 71 (74); *Berger*, ZZP 135 (2022), 407 (412); *Osterloh-Konrad*, Gesellschaftsrecht in der Diskussion 2021, S. 72.

574 BT-Dr. 19/27635, S. 154; kritisch *Berger*, ZZP 135 (2022), 407 (412), der konkurrierende Klagebefugnisse ablehnt und Gesellschafterklagen nur gemäß § 715b BGB zulassen möchte; ähnlich *Noack*, GmbHR 2024, 71 (74), der § 715b BGB generell als vorrangig erachtet.

doch kommt § 715a BGB insbesondere bei einem Vorgehen gegen gutgläubige Dritte in Betracht, da § 715b Abs. 1 S. 2 BGB[575] für die Geltendmachung von Drittansprüchen die Mitwirkung oder Kenntnis des Beklagten voraussetzt.[576]

bb) Bestellung eines besonderen Vertreters analog der §§ 46 Nr. 8 Hs. 2 GmbHG, 147 Abs. 2 S. 1 AktG

Steht zu befürchten, dass die Geschäftsführung Ersatzansprüche gegen sich selbst im Namen der Gesellschaft nicht verfolgt, kennt das Kapitalgesellschaftsrecht mit den §§ 46 Nr. 8 Hs. 2 GmbHG, 147 Abs. 2 S. 1 AktG zwei Normen, die es den Gesellschaftern der GmbH und den Aktionären der AG ermöglichen, in der Gesellschafter- und Hauptversammlung per Beschluss einen besonderen Vertreter für die gerichtliche Geltendmachung von Ansprüchen gegen die Geschäftsführung zu bestimmen.[577]

Der BGH hatte im Jahr 2010 über den Fall dreier jeweils ein Tankschiff betreibenden Schifffonds in der Rechtsform einer KG mit einer Vielzahl von Kommanditisten zu entscheiden, die jeweils vertreten durch ihren vorab wirksam bevollmächtigten Beirat Schadensersatzansprüche gegen die eine der drei Komplementärinnen aus einer von dieser abgeschlossenen unberechtigten[578] Kommissionsvereinbarung mit einem Reederei-Dienstleister geltend machten.[579] Denn naturgemäß konnte die beklagte Komplementärin als eigentlich zuständige Prozessvertreterin die KG wegen des Verbots des Insichprozesses nicht gegen sich selbst vertreten.[580] Auch die zwei weiteren Komplementärinnen, welche die Klage hätten technisch führen können, wa-

575 Siehe Abschnitt C. II. 4. b) bb).
576 *Servatius*, GbR, BGB § 715a, Rn. 2; *Risthaus*, WM 2024 Heft 27, 1249 (1253).
577 HK-GmbHG/*Rensen/Bergjan*, § 46, Rn. 51; *Koch*, AktG § 147, Rn. 17; *Grunewald*, LA Winter 2011, S. 171; ausführlich *Karrer*, NZG 2008, 206 (206 ff.).
578 OLG Bremen, BeckRS 2009, 26418.
579 BGH, NZG 2010, 1381 (1381 f.); *Schmidt*, JuS 2011, 179 (179 f.).
580 BGH, NJW 2009, 2127 (2129); BGH, NZG 2010, 1381 (1381).

ren aufgrund etwaiger Involvierung in die Geschehnisse bezüglich der Kommissionsvereinbarung jeweils nicht als Prozessführerin geeignet.[581]

Folgerichtig erkannte der BGH in seiner Entscheidung mit Wirkung für sämtliche Personengesellschaften an, dass die Kommanditisten zur Durchsetzung von Schadensersatzansprüchen gegen die Komplementärin analog der §§ 46 Nr. 8 Hs. 2 GmbHG, 147 Abs. 2 S. 1 AktG mit ihrem Beirat, der nicht notwendigerweise aus Kommanditisten bestehen muss,[582] einen besonderen Vertreter bestellen durften.[583]

Neben dem Beirat als etabliertes Gremium der Gesellschaftsstruktur kommt auch die Bildung eines speziellen Prozessgremiums oder, wie im Kapitalgesellschaftsrecht eigentlich vorgesehen, die Benennung einer natürlichen Person in Betracht.[584] Anspruchsseitig muss es sich wohl zumindest analog § 46 Nr. 8 Hs. 2 GmbHG nicht zwingend um einen reinen Ersatzanspruch handeln.[585]

Die Abgrenzung zu der Gesellschafterklage gemäß § 715b BGB und der Notgeschäftsführungsbefugnis gemäß § 715a BGB ergibt sich klar in der Klägereigenschaft. Während bei der *actio pro socio* und der Notgeschäftsführung ein fremdes Recht im eigenen Namen geltend gemacht wird, verfolgt der besondere Vertreter das fremde Recht im Namen der Gesellschaft, so wie es auch bei dem organschaftlich geschäftsführungsbefugten Gesellschafter der Fall ist.[586] Dafür ist jedoch ebenfalls in Abgrenzung zu der Gesellschafterklage zwingend ein Beschluss der Gesellschafterversammlung

---

581 BGH, NZG 2010, 1381 (1381 f.); daraus sollte jedoch nicht abgeleitet werden, dass die Bestellung eines besonderen Vertreters grundsätzlich subsidiär hinter der Prozessführungsbereitschaft eines geschäftsführenden Gesellschafters zurückbleibt, *Grunewald*, LA Winter 2011, S. 173.

582 Kritisch zu der Vereinbarkeit mit dem Grundsatz der Selbstorganschaft *Grunewald*, LA Winter 2011, S. 172.

583 BGH, NZG 2010, 1381 (1381).

584 *Grunewald*, LA Winter 2011, S. 171.

585 Enger gefasst bei § 147 Abs. 2 S. 1 AktG, *Grunewald*, LA Winter 2011, S. 170.

586 *Grunewald*, LA Winter 2011, S. 170.

notwendig, bei welchem der später beklagte Gesellschafter jedoch nicht mitwirken darf.[587] Dies führt unweigerlich zu der Legitimation der Kostenfolge der Klage. Denn wird diese von der Gesellschaft, welche durch den besonderen Vertreter vertreten wird, selbst erhoben, trägt diese nach den allgemeinen Grundsätzen auch das gesamte Risiko des Rechtsstreits. Insofern wird die *actio pro socio* aus der praktischen und ökonomischen Sicht des Gesellschafters nur dann relevant, wenn es ihm in der Gesellschafterversammlung nicht gelingt, die erforderliche Mehrheit für die Bestellung eines besonderen Vertreters zu erhalten.[588] Umgekehrt kann gar keine Gesellschafterklage mehr erhoben werden, wenn die Klage der Gesellschaft durch den besonderen Vertreter bereits rechtshängig ist.[589]

Schließlich lohnt sich an dieser Stelle ein kurzer Exkurs zu der ungeschriebenen *actio pro socio* im GmbH-Recht. Für diese wird schon länger die bis dato durch den BGH[590] abgelehnte Erstreckung auf Drittansprüche gefordert.[591] Für diese Erstreckung kann natürlich bereits § 715b Abs. 1 S. 2 BGB analog sprechen. Ein Argument, das jedoch einige Gegner der Erstreckung seit längerem anführen, ist die Tatsache, dass eine solche im GmbH-Recht aufgrund der Möglichkeit gemäß § 46 Nr. 8 Hs. 2 GmbHG einen besonderen Vertreter für die Klage zu bestimmen gar nicht geboten sei.[592] Die nun erfolgte Kodifizierung des § 715b Abs. 1 S. 2 BGB für Drittansprüche im Personengesellschaftsrecht und die durch den Gesetzgeber ausdrücklich gesehene[593] und daneben bestehende Möglichkeit für die Bestellung eines besonderen Vertreters ebenfalls im Personengesellschaftsrecht entwerten dieses

587 RGZ 136, 236 (245); RGZ 162, 370 (372 f.); BGH, NJW 1974, 1555 (1556); BGH, NZG 2010, 1381 (1382); *Grunewald*, LA Winter 2011, S. 170.
588 Erman BGB/*Lieder*, § 715b BGB, Rn. 4; *Schmidt*, JuS 2011, 179 (181).
589 *Grunewald*, LA Winter 2011, S. 173 f.
590 Siehe Fn. 244.
591 Anstatt vieler *Guntermann*, ZfPW 2023, 405 (405); *Tödtmann/Pieper*, NZG 2023, 641 (643); *Grunewald/Otte*, ZIP 2017, 1737 (1742); *Verse*, FS Schneider 2011, S. 1334.
592 *Kumkar*, NZG 2020, 1012 (1017); *Lutz*, NZG 2015, 424 (427).
593 BT-Dr. 19/27635, S. 154.

Gegenargument stark.[594] Überdies sprechen schon die eben aufgezeigten unterschiedlichen Voraussetzungen und Rechtsfolgen der beiden Institute gegen ein alternatives Verhältnis.

3. Festschreibung der gesetzlichen Prozessstandschaft

Der soeben angesprochene Unterschied in Bezug auf die Klägereigenschaft wird direkt durch die Kodifizierung des § 715b BGB selbst evident. Denn so lange der Meinungsstreit über die dogmatische Verortung der *actio pro socio* und die dahingehende Prozessführungsbefugnis des Gesellschafterklägers andauerte, so jäh vermochte der Gesetzgeber einen wohltuenden Schlussstrich unter die Diskussion ziehen, indem er die Gesellschafterklage mit dem MoPeG nun unmissverständlich als Fall der gesetzlichen Prozessstandschaft einordnet.[595]

a) Ausdrückliche Regelung in § 715b Abs. 1 S. 1 BGB

Vorbehaltlich der weiteren Voraussetzungen der Gesellschafterklage ist gemäß § 715b Abs. 1 S. 1 BGB jeder Gesellschafter befugt, einen auf dem Gesellschaftsverhältnis beruhenden Anspruch der Gesellschaft gegen einen anderen Gesellschafter im eigenen Namen gerichtlich geltend zu machen. Diese Formulierung muss als Prozessführungsbefugnis im Wege der gesetzlichen Prozessstandschaft gelesen werden[596] und gilt für die Geltendmachung von Drittansprüchen gemäß § 715b Abs. 1 S. 2 BGB entsprechend.[597]

---

594 Ähnlich *Bayer/Carl*, GmbHR 2025, 1009 (1016).

595 BT-Dr. 19/27635, S. 154.

596 BeckOK BGB 75. Ed./*Schöne*, BGB § 715b, Rn. 2; MüKo-BGB 9. Aufl./*Schäfer*, BGB § 715b, Rn. 3; *Servatius*, GbR, BGB § 715b, Rn. 1; Koch PersGesR/*Könen*, § 715b BGB, Rn. 10; Röhricht/Graf von Westphalen/Haas HGB/*Haas/Wöstmann*, § 105 HGB, Rn. 133; *Schwarz*, ZGR 2025, 112 (114); *Fehrenbach/Schikorra*, AD 2/2024, 145 (146); *Risthaus*, WM 2024 Heft 27, 1249 (1249); *Schäfer*, ZHR 187 (2023), 78 (81); *Keller*, ZJS 4/2022, 469 (471); *Lieder*, ZGR Sonderheft 23, S. 179 (199).

597 Dafür spricht neben dem eindeutigen Verweis im Gesetz auch die Gesetzesbegründung, die die Geltendmachung von Sozial- und Drittansprüchen ausdrücklich einem einheitlichen Institut zuordnet, BT-Dr. 19/27635, S. 154.

Für die Auslegung der *actio pro socio* als aus dem Gesellschaftsvertrag gelesene gewillkürte Prozessstandschaft besteht kein Raum mehr.[598] Gleichwohl bleibt sie, was der hier getroffenen Einordnung nicht widerspricht, Ausfluss des Mitgliedschaftsrechts des Gesellschafters.[599] Die Auslegung der Gesellschafterklage als Geltendmachung eines eigenen Gesellschafterrechts ist ebenfalls nicht mehr vertretbar.[600]

b) Konsequenzen der dogmatischen Einordnung

Wie bereits in den Ausführungen zu der *actio pro socio* nach altem Recht aufgezeigt, entfaltet die verschiedentliche dogmatische Verortung der Gesellschafterklage ebenfalls unterschiedliche Präjudizwirkung auf die Rechtsfolgen des Klagrechts. Dies soll weiter an den betreffenden Stellen der Arbeit aufgezeigt werden. Gleichwohl sei hier bereits angemerkt, dass die Klassifizierung von § 715b Abs. 1 S. 1 BGB als gesetzliche Prozessstandschaft bedeutet, dass das Gericht das Vorliegen aller Voraussetzungen der Gesellschafterklage im Wege der Amtsprüfung in jeder Lage des Verfahrens[601] festzustellen hat.[602] Gelangt das Gericht zu der Feststellung, dass eine Zulässigkeitsvoraussetzung anfänglich nicht vorliegt oder weggefallen ist und ist der Mangel nicht behebbar, so ist die *actio pro socio* insgesamt durch Prozessurteil abzuweisen.[603]

4. Sachentscheidungsvoraussetzungen der Gesellschafterklage

Umso elementarer ist es, dem Rechtsanwender die Sachentscheidungsvoraussetzungen der Gesellschafterklage gemäß § 715b BGB klar vor Augen

598 MüKo-BGB 9. Aufl./*Schäfer*, BGB § 715b, Rn. 3 (Fn. 17).
599 MüKo-BGB 9. Aufl./*Schäfer*, BGB § 715b, Rn. 3.
600 *Berger*, ZZP 135 (2022), 407 (413 ff.).
601 Musielak/Voit ZPO/*Weth*, ZPO § 56, Rn. 4.
602 BT-Dr. 19/27635, S. 155; MüKo-BGB 9. Aufl./*Schäfer*, BGB § 715b, Rn. 18; Röhricht/Graf von Westphalen/Haas HGB/*Haas/Wöstmann*, § 105 HGB, Rn. 133; BeckOK ZPO/*Kersting*, ZPO § 56, Rn. 1; *Schäfer*, ZHR 187 (2023), 78 (96); *Keller*, ZJS 4/2022, 469 (471).
603 Musielak/Voit ZPO/*Weth*, ZPO § 56, Rn. 7.

zu führen. Insoweit soll die folgende Analyse eng am nun geltenden Gesetz erfolgen, Parallelen und Unterschiede zu dem Recht vor dem MoPeG aufzeigen sowie auf nach wie vor ungeschriebene Merkmale der *actio pro socio* hinweisen.

a) Persönlicher Anwendungsbereich gemäß § 715b Abs. 1 S. 1 BGB

Auch nach dem MoPeG bleibt es in Fortführung der Grundsätze der *actio pro socio* für die Gesellschafterklage dabei, dass diese als reines Mitgliedschaftsrecht zu verstehen ist, welches damit ausschließlich den Gesellschaftern als jeweils individuelles, jedoch stets für die Gesellschaft auszuübendes Recht zusteht.[604]

aa) Gesellschafterbegriff

Für die grundsätzliche Gesellschafterstellung kann maßgeblich auf die Ausführungen bezüglich des alten Rechts verwiesen werden.[605] Unstreitig ist es so, dass der Gesellschafterkläger zum Zeitpunkt der Erhebung der *actio pro socio* Gesellschafter der Personengesellschaft sein muss.[606] Dies ist Ausdruck des Grundsatzes zum Beklagtenschutz.[607] Für die Prüfung dieses Zulässigkeitskriteriums kann sich das Gericht im Falle einer eine eGbR oder Personenhandelsgesellschaft betreffenden Gesellschafterklage dem neuen Gesellschaftsregister oder dem Handelsregister bedienen. Auch für die eGbR gilt, dass das Gesellschaftsregister gemäß der §§ 707a Abs. 3 BGB, 15 Abs. 1 HGB öffentlichen Glauben genießt. Für den Gesellschafter einer GbR bietet sich die Darlegung seiner Gesellschafterstellung mittels des Gesellschaftsvertrags an.

---

604 BT-Dr. 19/27635, S. 154; MüKo-BGB 9. Aufl./*Schäfer*, BGB § 715b, Rn. 1; Röhricht/Graf von Westphalen/Haas HGB/*Haas/Wöstmann*, § 105 HGB, Rn. 132; *Servatius*, GbR, BGB § 715b, Rn. 10.

605 Siehe Abschnitt C. I. 3. a).

606 Siehe Fn. 604.

607 *Berger*, ZZP 135 (2022), 407 (413).

bb) Stille Gesellschafter

Fraglich ist, ob auch stille Gesellschafter Kläger einer *actio pro socio* sein können. Im Ausgangspunkt ist jede stille Gesellschaft gemäß der §§ 230 ff. HGB rechtlich eine Sonderform der nicht rechtsfähigen Gesellschaft gemäß § 705 Abs. 2 Var. 2 BGB.[608] Sie soll, teils vergleichbar mit der Situation in einer KG, die rein kapitalmäßige Beteiligung an einem Handelsgewerbe ermöglichen.[609] Die tatsächlichen Erscheinungsformen stiller Gesellschaften sind in der Praxis jedoch extrem vielfältig und komplex.[610] Abweichend von dem Regelungsgedanken der §§ 230 ff. HGB mit einer typischen zweigliedrigen Ausgestaltung,[611] sind heute insbesondere komplizierte mehrgliedrige gesellschaftsrechtliche Konstruktionen vorherrschend,[612] für die, ähnlich zu einer Publikums-KG, der Organisationsrahmen stiller Publikumsgesellschaften einschlägig ist.[613] Diese die stillen Gesellschafter und das Handelsgewerbe umspannende Konstruktion wird auch als Innen-KG bezeichnet,[614] da sie einen der KG ähnlichen Verbandscharakter aufweist.[615] Dabei ist auch weiter in Bezug auf unterschiedlich ausgestaltbare und ebenfalls atypische Einwirkungsmöglichkeiten der stillen Gesellschaft auf die Geschäftsführung der unternehmenstragenden Personenhandelsgesellschaft abzugrenzen.[616]

Für die Anwendbarkeit der *actio pro socio* für einen stillen Gesellschafter ergibt sich nun ein differenziertes Bild. Sofern es sich um eine typisch stille

---

608 MHdB GesR II/*Keul/Meißner/Gebauer*, § 72, Rn. 16 ff.; *Schmidt*, BWNotZ 2024, 233 (242).

609 MHdB GesR II/*Keul/Meißner/Gebauer*, § 72, Rn. 1; *Schlitt*, FS Grunewald 2021, S. 984.

610 *Schmidt*, BWNotZ 2024, 233 (242); ausführlich *Schlitt*, FS Grunewald 2021, S. 988 ff.

611 *Schlitt*, FS Grunewald 2021, S. 985.

612 MHdB GesR II/*Keul/Meißner/Gebauer*, § 72, Rn. 8; *Mock/Cöster*, GmbHR 2018, 67 (67).

613 MHdB GesR II/*Fest*, § 74, Rn. 4.

614 MüKo-HGB/*Schmidt*, HGB § 230, Rn. 81; *Mock/Cöster*, GmbHR 2018, 67 (69).

615 MHdB GesR II/*Fest*, § 74, Rn. 13.

616 MHdB GesR II/*Keul/Meißner/Gebauer*, § 73, Rn. 37.

Gesellschaft nach dem Vorbild der §§ 230 ff. HGB handelt, besteht für die Gesellschafterklage auch nach dem MoPeG weiterhin kein Raum.[617] Dies ist sachgerecht, denn der typisch stille Gesellschafter soll sich auf seine Rolle als rein passiv beteiligter Investor beschränken.[618] Überdies ist die stille Gesellschaft in diesem Fall strukturell eine reine Innen-GbR, die weder rechts- noch parteifähig ist. Daher überzeugt auch das Argument nicht, dass eine *actio pro socio* jedenfalls dann in Betracht kommen soll, wenn der stille Gesellschafter mit entsprechenden Einflussmöglichkeiten auf die Geschäftsführung des Handelsgewerbes ausgestattet wurde, da er in praktischer Hinsicht dann einem klassischen Gesellschafter gleichgestellt sei.[619] Zwar mag das Argument in der Sache richtig sein, jedoch ist der Klagebefugnis im Lichte der nun in § 715b Abs. 1 S. 1 BGB kodifizierten gesetzlichen Prozessstandschaft der Boden entzogen. Es gelten daher die in Bezug auf die Gesellschafterklage bei der nicht rechtsfähigen Gesellschaft getroffenen Ausführungen.[620]

Anders ist dies aber dann zu beurteilen, wenn es sich bei der stillen Gesellschaft um eine atypische Konstruktion dergestalt handelt, dass eine Innen-KG vorliegt. Die stillen Gesellschafter sind hier *de facto* als Kommanditisten verbunden, während das Handelsgewerbe die Stellung des Komplementärs einnimmt. Mithin ist in dem für die *actio pro socio* maßgeblichen Innenverhältnis der Gesellschafter untereinander grundsätzlich das Recht der KG ausschlaggebend.[621] § 715b BGB findet auf diese über die §§ 105 Abs. 3, 161 Abs. 2 HGB Anwendung. Daher ist es nur sachgerecht, dem so atypisch stillen Gesellschafter analog einem normalen Kommandi-

---

617 BGH, NJW 1995, 1353 (1355); MüKo-HGB/*Schmidt*, HGB § 230, Rn. 157; MHdB GesR II/*Keul/Meißner/Gebauer*, § 72, Rn. 18; Ebenroth/Boujong HGB 5. Aufl./*Gehrlein*, § 230 Rn. 4; *Grunewald*, Die Gesellschafterklage in der Personengesellschaft und der GmbH, S. 61 ff.; *Clotten/Arens*, GmbHR 2024, 256 (260); *Mock/Cöster*, GmbHR 2018, 67 (69); *Mock*, JuS 2015, 590 (592).

618 *Mock/Cöster*, GmbHR 2018, 67 (70 f.).

619 *Mock/Cöster*, GmbHR 2018, 67 (69); *Mock*, JuS 2015, 590 (593).

620 Siehe Abschnitt C. II. 2. b).

621 MHdB GesR II/*Fest*, § 74, Rn. 13.

tisten die Erhebung der Gesellschafterklage zu gestatten,[622] da gerade keine typisch oder atypisch stille Gesellschaft als schuldrechtlicher Spezialfall des § 705 Abs. 2 Var. 2 BGB vorliegt.[623]

cc) Ausscheiden des Gesellschafters

Der Gesetzgeber stellt ausdrücklich klar, dass die *actio pro socio* dem Gesellschafter nur für die Dauer seiner Mitgliedschaft zur Gesellschaft zur Verfügung steht.[624] Denn nur so lange besteht sein schutzwürdiges Interesse daran, die Durchsetzung von Sozial- und Drittansprüchen für die Gesellschaft zu verfolgen.[625] Gleichsam fügt sich diese Wertung in das schon lange währende Dogma von Rechtsprechung und Wissenschaft bezüglich der Auslegung der *actio pro socio* als ausdrückliches Mitgliedschaftsrecht.

Stimmen aus der Rechtsprechung und der Literatur, die vor dem MoPeG nach der Art des Ausscheidens des Gesellschafters[626] differenzieren wollten und für eine direkte oder analoge Anwendung des § 265 Abs. 2 S. 1 ZPO, also im Ergebnis für die Fortführung der *actio pro socio* durch den ausgeschiedenen Gesellschafter plädierten,[627] ist damit der Boden entzogen. Insbesondere folgte der BGH in seiner den ausgeschiedenen Gesellschafter die *actio pro socio* fortführenden und § 265 Abs. 2 S. 1 ZPO direkt anwendenden Entscheidung aus dem Jahr 1960 gerade nicht der zuzustimmenden Theorie einer Prozessstandschaft, die schon nach eigener Ansicht des Gerichts möglicherweise mit dem Ausscheiden aus der Gesellschaft endet, sondern ging noch von einem parallelen Sozialanspruch des Gesellschafters selbst aus.[628] Vor und nach dem MoPeG gilt prozessrechtlich jedoch unverändert,

---

[622] MüKo-HGB/*Schmidt*, HGB § 230, Rn. 186; irreführend MHdB GesR II/*Fest*, § 74, Rn. 26; ausführlich *Mock/Cöster*, GmbHR 2018, 67 (72 ff.).
[623] Ähnlich *Schmidt*, BWNotZ 2024, 233 (242).
[624] BT-Dr. 19/27635, S. 155.
[625] BT-Dr. 19/27635, S. 155.
[626] Durch Kündigung oder durch Übertragung der Gesellschaftsanteile an einen Nachfolger.
[627] Siehe Fn. 368.
[628] BGH, NJW 1960, 964 (964); *Berger*, ZZP 135 (2022), 407 (414).

dass ein bloßer Wechsel der Prozessführungsbefugnis gerade keinen direkten Fall des § 265 Abs. 2 S. 1 ZPO darstellt.[629] Denn scheidet der Gesellschafter aus der Gesellschaft unter Abtretung seines Gesellschaftsanteils aus, so überträgt er sein Mitgliedschaftsrecht und nicht den streitgegenständlichen Sozialanspruch an den Nachfolger.[630] Insofern war die Auffassung schon nach altem Recht zu kritisieren. Gleichwohl wird auch im Lichte des § 715b BGB für eine Fortführung der Gesellschafterklage durch den ausgeschiedenen Gesellschafter analog § 265 Abs. 2 S. 1 ZPO argumentiert.[631]

Es fehlt aufgrund der umfassenden gesetzgeberischen Befassung zwar bereits an einer planwidrigen Regelungslücke.[632] Jedoch darf auch das für eine Analogie ins Feld geführte berechtigte Interesse des ausscheidenden Gesellschafters an der Fortführung der *actio pro socio* bezweifelt werden. Denn mit teils rechtsformübergreifenden Argumenten für das GmbH-Recht[633] wird im Kern geltend gemacht, dass der ausgeschiedene Gesellschafter nach wie vor ein Interesse am Fortgang der Gesellschafterklage habe.[634] Schließlich würde ein Wegfall der Prozessführungsbefugnis zu einem klageabweisenden Prozessurteil führen und hätte damit denknotwendig zur Folge, dass die Gesellschafterklage nicht mehr zu gewinnen ist.[635] Damit würde das Gesellschaftsvermögen und somit gleichzeitig der Abfindungsanspruch des scheidenden Gesellschafters geschmälert.[636] Dies mag, sofern die *actio pro socio* erfolgsversprechend war, sicherlich nicht ganz unrichtig sein, jedoch

---

629 Musielak/Voit ZPO/*Foerste*, ZPO § 265, Rn. 7.

630 *Berger*, ZZP 135 (2022), 407 (415); *Bork/Oepen*, ZGR 2001, 515 (529).

631 Koch PersGesR/*Könen*, § 715b BGB, Rn. 17; HK-GbR/*Heidel*, § 715b BGB, Rn. 17; *Noack*, GmbHR 2024, 71 (72); *Berger*, ZZP 135 (2022), 407 (413 ff.).

632 BT-Dr. 19/27635, S. 155.

633 Für die *actio pro socio* in der GmbH erkannte das OLG Düsseldorf eine fortdauernde Prozessführungsbefugnis bei einem berechtigten Interesse für Recht, OLG Düsseldorf, BeckRS 2016, 9117.

634 *Berger*, ZZP 135 (2022), 407 (413 f.); *Bayer*, GmbHR 2016, 505 (513).

635 Allenfalls könnte der Gesellschafterkläger noch einseitig für erledigt erklären, was auch dann statthaft wäre, wenn das erledigende Ereignis durch ihn selbst ausgelöst wurde (z.B. durch Kündigung), BeckOK ZPO/*Jaspersen*, ZPO § 91a, Rn. 55.

636 *Bayer*, GmbHR 2016, 505 (513).

ist dem zu Recht entgegenzuhalten, dass der Gesellschafterkläger seine Ansicht, dass der Gesellschaft der streitgegenständliche Sozial- oder Drittanspruch zusteht, im Rahmen der Auseinandersetzung über die Höhe seines Abfindungsanspruchs gegenüber der Gesellschaft werterhöhend geltend machen kann.[637] Damit ist dem berechtigten Interesse des Klägers abgeholfen und eine Analogie zu § 265 Abs. 2 S. 1 ZPO ist nicht geboten.[638]

Dabei muss beachtet werden, dass diesem im Kern nicht zu verleugnenden berechtigten Interesse des Gesellschafterklägers in der vorliegenden Abwägung kein allzu hohes Gewicht beigemessen werden darf. Denn mit der Gesellschafterklage sollen gerade keine Partikularinteressen, sondern jene der Gesellschaft als solche verfolgt werden. In Rede darf also weniger der nachgelagerte Abfindungsanspruch des ausscheidenden Gesellschafters, als der vorgelagerte Sozial- oder Drittanspruch der Gesellschaft stehen. Sofern daneben geltend gemacht wird, dass mit einer zwingenden Klageabweisung bei Ausscheiden des Klägers aus der Gesellschaft auch die Interessen der Gesellschaft und des Beklagten tangiert seien,[639] so überzeugt dies in dieser Pauschalität nicht. Dies bemisst sich nämlich stark einzelfallbezogen danach, in welcher Lage sich die Gesellschafterklage materiell befindet und für welche Partei ein klageabweisendes Prozessurteil gerade günstiger wirkt.[640] Zudem hat die Gesellschaft die Möglichkeit, die Gesellschafterklage zu übernehmen,[641] was richtigerweise von der Entscheidung der möglicherweise dysfunktionalen Geschäftsführung abhängig ist.[642] Im Falle wei-

637 BT-Dr. 19/27635, S. 155; BeckOK BGB 75. Ed./*Schöne*, BGB § 715b, Rn. 10; Koch PersGesR/*Könen*, § 715b BGB, Rn. 17.

638 Musielak/Voit ZPO/*Foerste*, ZPO § 265, Rn. 7; MüKo-BGB 9. Aufl./*Schäfer*, BGB § 715b, Rn. 8; Erman BGB/*Lieder*, § 715b BGB, Rn. 5.

639 *Berger*, ZZP 135 (2022), 407 (414).

640 Ähnlich *Berger*, ZZP 135 (2022), 407 (413).

641 Der Begriff „Übernahme" ist hier untechnisch zu verstehen, denn mangels einer Grundlage für einen gesetzlichen Parteiwechsel im Sinne des § 148 Abs. 3 S. 2 AktG muss die Gesellschaft *de lege data* eine neue Klage erheben, MüKo-BGB 9. Aufl./*Schäfer*, BGB § 715b, Rn. 23 (Fn. 80); siehe aber Abschnitt C. II. 7. b).

642 *Berger*, ZZP 135 (2022), 407 (414).

terer nicht geschäftsführungsbefugter Mitgesellschafter bestünde hier jedoch die Möglichkeit der Anstrengung einer von dem Verfahrensstand der alten *actio pro socio* profitierenden zweiten Gesellschafterklage oder die Ausübung anderweitiger Druckmittel auf die Geschäftsführung.

Letztlich vermag das Argument, es seien vor allem auch die Interessen der Gesellschaft von einer die Klageabweisung bedingenden zwingenden Kopplung des Klagerechts an die Mitgliedschaft betroffen, nicht zu überzeugen. Vielmehr scheint es so, als solle es jenes in Bezug auf ein berechtigtes Interesse des Gesellschafterklägers selbst abmildern. Dieses zwar anzuerkennende, jedoch dabei nicht überzubewertende berechtigte Interesse kann nur solange Berücksichtigung finden, wie es dem die *actio pro socio* betreibenden Gesellschafter als minderheitenschützendes Mitgliedschaftsrecht zum Zwecke der Durchbrechung der verfassungsgemäßen Organisationsstruktur für die Dauer seiner Zugehörigkeit zu der Gesellschaft auch rechtmäßig zur Verfügung steht. Schließlich sei jedenfalls in Bezug auf ein freiwilliges Ausscheiden des Gesellschafters, beispielsweise bei einer Kündigung gemäß § 723 Abs. 1 Nr. 2 BGB, die wertungsmäßige Frage gestattet, warum dieser einen solchen Schritt vollzieht, wenn er an dem Verfahrensausgang einer anhängigen *actio pro socio* ein entsprechendes Interesse aufweist?

b) Sachlicher Anwendungsbereich gemäß § 715b Abs. 1 BGB

Der Gesetzgeber führt die *actio pro socio* und die Einzelklagebefugnis des Gesellschafters für Drittansprüche der Gesellschaft nach altem Recht in § 715b Abs. 1 BGB zusammen.[643] § 715b Abs. 1 S. 1 BGB widmet sich der Geltendmachung von Sozialansprüchen, während § 715b Abs. 1 S. 2 BGB die Klagebefugnis für Sozialansprüche auf Drittansprüche der Gesellschaft erstreckt. Die folgenden Absätze des § 715b BGB gelten für beide Anspruchsarten. Mithin steht auch gesetzessystematisch fest, dass sowohl unter der Einzelklagebefugnis für Sozialansprüche, als auch unter jener für

[643] BT-Dr. 19/27635, S. 154; Röhricht/Graf von Westphalen/Haas HGB/*Haas/Wöstmann*, § 105 HGB, Rn. 132; Koch PersGesR/*Könen*, § 715b BGB, Rn. 1.

Drittansprüche, eine einheitliche Gesellschafterklage oder *actio pro socio* zu verstehen ist.

aa) Ansprüche aus dem Gesellschaftsverhältnis (Sozialansprüche)

Auch im neuen Recht nach dem MoPeG liegt der Kernbereich der Gesellschafterklage unverändert[644] bei den verschiedenen Sozialansprüchen der Gesellschaft, die aus dem Gesellschaftsverhältnis herrühren.[645]

Abgrenzungsbedarf ergibt sich insbesondere hinsichtlich der richtigen Verortung des Sozialanspruchs im Gesellschaftsverhältnis, also der Notwendigkeit, dass der durch die *actio pro socio* geltend gemachte Anspruch einen engen Bezug zu der Mitgliedschaft des Gesellschafters in der Personengesellschaft aufweisen muss.[646] Bei den klassischerweise angeführten Beispielen für einen Sozialanspruch, also der Anspruch auf Erfüllung von Beitragspflichten oder Schadensersatz wegen schädigender Geschäftsführung, fällt dies nicht weiter schwer. Sie stammen aus der Sphäre zwischen Gesellschaft und Gesellschafter und der jeweilige Anspruch steht der Gesellschaft zu.[647] Komplizierter ist es jedoch, wenn es sich bei dem vermeintlichen Sozialanspruch in Wirklichkeit um einen solchen des Gesellschafters selbst handelt. Dies kann beispielsweise bei Verletzung der Grundsätze von Treu und Glauben innerhalb des Gesellschafterkreises dann der Fall sein, wenn der dahingehende Schadensersatzanspruch gar nicht der Gesellschaft zusteht.[648] Die Abgrenzung hat im Einzelfall zu erfolgen und ist insbesondere wichtig, da die Prozessführungsbefugnis für die *actio pro socio* aus gesetzlicher Prozessstandschaft nur insoweit besteht, wie die Gesellschaft über den Anspruch auch verfügen kann.

---

644 MüKo-BGB 9. Aufl./*Schäfer*, BGB § 715b, Rn. 7.

645 *Schäfer*, ZHR 187 (2023), 78 (88); *Berger*, ZZP 135 (2022), 407 (410); *Lieder*, ZGR Sonderheft 23, S. 179 (200).

646 MüKo-BGB 9. Aufl./*Schäfer*, BGB § 715b, Rn. 7.

647 Aus dem Gesellschaftsvertrag oder aus § 280 BGB.

648 *Servatius*, GbR, BGB § 715b, Rn. 12.

Darüber hinaus muss nach der Art des Anspruchs differenziert werden. Hier stehen mit Informations-, Handlungs- und Unterlassungsansprüchen insbesondere drei Fallgruppen in der aktuellen Diskussion im Lichte von § 715b Abs. 1 S. 1 BGB.

§ 717 BGB regelt das Informationsrecht zwischen der Personengesellschaft und ihren Gesellschaftern neu und soll insbesondere jenes Informationsniveau der Gesellschafter sicherstellen, das für die mitgliedschaftliche Mitwirkung erforderlich ist.[649] Während § 717 Abs. 1 BGB das individuelle Informationsrecht des Gesellschafters ausformt, ist in § 717 Abs. 2 BGB das kollektive Informationsrecht niedergelegt,[650] also jenes der Gesellschaft gegenüber den geschäftsführenden Gesellschaftern über die Angelegenheiten der Gesellschaft Auskunft zu erteilen. Es handelt sich also zweifelsohne um einen Sozialanspruch der Gesellschaft, der organisationsrechtlich dem Gesellschaftsverhältnis entspringt. Die Auffassung, dass ein solcher Informationsanspruch der Gesellschaft nicht im Wege der *actio pro socio* geltend gemacht werden könne, wenn dies die Geschäftsführung pflichtwidrig unterlässt, da der einzelne Gesellschafter über das Individualrecht aus § 717 Abs. 1 BGB geschützt sei,[651] überzeugt nicht. Zwar kann die Möglichkeit der Geltendmachung eines Sozialanspruchs durch die Grundsätze von Treu und Glauben derart eingeschränkt werden, dass die Durchsetzung im Wege der Gesellschafterklage unter Umständen unmöglich wird, jedoch ist dies hier nicht ersichtlich. Vielmehr stellt der Informationsanspruch nach § 717 Abs. 2 BGB einen Sozialanspruch dar, der von den informationsrechtlichen Ansprüchen der Gesellschafter klar abzugrenzen ist. Er ist nach den allgemeinen Voraussetzungen der *actio pro socio* einklagbar, sofern die Grundsätze von Treu und Glauben dergestalt beachtet werden, dass die Ge-

---

649 BT-Dr. 19/27635, S. 159 ff.; ausführlich *Greine*, RFamU 2023, 550 (550 ff.).

650 BT-Dr. 19/27635, S. 160; *Greine*, RFamU 2023, 550 (551); *Lieder*, ZGR Sonderheft 23, S. 179 (207 f.).

651 *Servatius*, GbR, BGB § 715b, Rn. 11.

sellschafterklage nicht zur Umgehung der Schranken des individuellen Informationsrechts aus § 717 Abs. 1 BGB erfolgt.[652]

Ansprüche, die auf ein bestimmtes Handeln oder Unterlassen der Geschäftsführung gerichtet sind, waren jedenfalls vor dem MoPeG nicht im Wege der *actio pro socio* einklagbar.[653] Dieser Umstand erfuhr Kritik,[654] jedoch auch Zustimmung.[655] Zuletzt hatte das OLG Frankfurt am Main im Jahr 2023, mithin kurz vor dem Inkrafttreten des MoPeG, als Berufungsinstanz über die Gesellschafterklage eines Kommanditisten einer im Metallbau tätigen KG zu entscheiden.[656] Dieser begehrte unter anderem, dem Komplementär der KG bestimmte Geschäfte und Geschäftsführungsmaßnahmen im Hinblick auf eine im Wettbewerb zu der KG stehenden Gesellschaft zu untersagen.[657] Das Gericht entschied auf Linie der dahingehenden Rechtsprechung des BGH,[658] dass die *actio pro socio* nicht darauf abzielen dürfe, Geschäftsführungsmaßnahmen zu unterbinden, da dies einen funktionswidrigen Eingriff in die gesellschaftsrechtliche Zuständigkeitsordnung bedeuten würde.[659] Diese Argumentation ist auch auf den gleichgelagerten Fall, nämlich den Versuch der klageweisen Erzwingung eines bestimmten Handelns der Geschäftsführung übertragbar.[660] Denn auch dies würde zweifellos in die Organisationsverfassung der Gesellschaft eingreifen.

Die Argumente der hier wohl herrschenden Meinung sind eingängig. Denn wird eine aus Minderheitensicht unliebsame Geschäftsführungsmaßnahme vorgenommen oder ein gewünschtes Handeln eben gerade nicht durch die

---

652 BT-Dr. 19/27635, S. 160; *Lutz*, Gesellschafterstreit, Rn. 789a; *Heidel/Beneke*, ZPG 2025, 50 (55); *Greine*, RFamU 2023, 550 (551).
653 Siehe Fn. 422.
654 Siehe Fn. 423.
655 MüKo-BGB 8. Aufl./*Schäfer*, BGB § 705, Rn. 210; BeckOK BGB 68. Ed./*Schöne*, BGB § 705, Rn. 120; wohl auch Koch PersGesR/*Könen*, § 715b BGB, Rn. 12.
656 OLG Frankfurt am Main, ZPG 2024, 107 (107 ff.).
657 OLG Frankfurt am Main, ZPG 2024, 107 (108 f.)
658 BGH, NJW 1980, 1463 (1465).
659 OLG Frankfurt am Main, ZPG 2024, 107 (114).
660 *Servatius*, GbR, BGB § 715b, Rn. 11.

geschäftsführenden Gesellschafter ausgeführt, so ist dies Ausdruck jenes Risikos, dem sich die nicht geschäftsführungsbefugten Gesellschafter in der gesetzlich oder gesellschaftsvertraglich bestimmten Struktur bewusst unterworfen haben.[661] Anders und einschränkend könnte dies jedoch zu werten sein, wenn die Geschäftsführung ihre Kompetenzen überschreitet[662] oder wenn, entsprechend zu der Notgeschäftsführungsbefugnis gemäß § 715a BGB, eine unmittelbare Gefahr für die Gesellschaft oder ihr Vermögen durch das Handeln oder Unterlassen der Geschäftsführung zu erwarten ist.[663]

All diese Erwägungen sind dem Wortlaut des § 715b BGB und der Gesetzesbegründung jedoch nicht zu entnehmen und es sprechen daher gute Gründe dafür, im Ausgangspunkt auch Handlungs- und Unterlassungsansprüche, insbesondere unter Zuhilfenahme der Mittel des vorläufigen Rechtsschutzes,[664] grundsätzlich in den Anwendungsbereich der Sozialansprüche einzubeziehen.[665] Zum einen wird es der minderheitenschützenden Funktion der Gesellschafterklage nicht gerecht, wenn erst der Eintritt eines Schadens auf Ebene der Gesellschaft abgewartet werden muss, bis die *actio pro socio* statthaft wird.[666] Zum anderen kann dem Kriterium der Wahrung der Zuständigkeitsordnung der Gesellschaft auf anderer Ebene der Gesellschafterklage abgeholfen werden. Es ist nämlich vielmehr eine Frage der Subsidiarität der *actio pro socio*, genauer eine solche des Merkmals des pflichtwidrigen Unterlassens,[667] an der das Handeln oder Unterlassen der

---

661 Koch PersGesR/*Könen*, § 715b BGB, Rn. 12.

662 OLG Koblenz, NJW-RR 1991, 487 (489); Hopt/*Roth*, HGB § 116, Rn. 22.

663 *Servatius*, GbR, BGB § 715b, Rn. 11; vor dem MoPeG unter Heranziehung von § 744 Abs. 2 BGB, BGH, NJW 1980, 1463 (1465).

664 HK-GbR/*Heidel*, § 715b BGB, Rn. 81.

665 BeckOK BGB 75. Ed./*Schöne*, BGB § 715b, Rn. 11; HK-GbR/*Heidel*, § 715b BGB, Rn. 35; BeckOK HGB/*Beyer*, HGB § 161, Rn. 37; *Henssler*, ZPG 2024, 258 (260); *Clotten/Arens*, GmbHR 2024, 256 (261).

666 HK-GbR/*Heidel*, § 715b BGB, Rn. 35.

667 Und eine Frage der Begründetheit, siehe Abschnitt C. II. 4. c) cc).

Geschäftsführung zu messen ist.[668] Mithin hat das Gericht im Einzelfall zu überprüfen, ob die Geschäftsführung ihre Befugnisse in Bezug auf die Vornahme oder Verweigerung einer bestimmten Maßnahme überschreitet. Um der Autonomie der geschäftsführenden Gesellschafter gemäß der §§ 715 Abs. 2 S. 1 BGB, 116 Abs. 2 S. 1 Hs. 1 HGB Rechnung zu tragen, bieten sich dabei durchaus die angesprochenen Kriterien analog § 715a BGB oder sonstige Fallgestaltungen zur Grenzziehung bei einer Kompetenzüberschreitung an.[669] So hat es der Gesetzgeber auch vorgesehen, indem er die Ausformung der Subsidiaritätsgesichtspunkte der Gesellschafterklage explizit der Rechtsprechung überlassen hat.[670] Für eine kategorische Herausnahme von Handlungs- und Unterlassungsansprüchen aus dem sachlichen Anwendungsbereich der *actio pro socio* besteht daher keine Notwendigkeit.[671]

Im Gegenteil wird abseits der Geschäftsführerautonomie durch die in dieser Arbeit bereits angesprochene Situation, in der nicht sämtliche Gesellschafter einer GbR an einer Anmeldung zum Gesellschaftsregister gemäß § 707 Abs. 4 S. 1 BGB mitwirken, deutlich, dass es Mechanismen wie jener gemäß § 715b BGB bedarf,[672] eine pflichtwidrige Blockade einzelner Gesellschafter zum Wohle der Gesellschaft zu durchbrechen, bevor ein zu großer Schaden entsteht. Sieht sich die nicht eingetragene GbR beispielsweise genötigt, ein überlebenswichtiges Darlehen aufzunehmen[673] oder ein Immobiliengeschäft zu tätigen, so kann sich der Schaden einer fortdauernden Blockade als irreparabel erweisen. Diese Konstellation ist jedoch auch auf einfache Maßnahmen der Geschäftsführung im Sinne der §§ 715 Abs. 2 S. 1 BGB, 116 Abs. 2 S. 1 Hs. 1 HGB übertragbar, denn zumindest bei der unternehmenstragenden GbR ist im Grenzfall davon auszu-

---

668 BeckOK HGB/*Beyer*, HGB § 164, Rn. 22 f.; ähnlich Hopt/*Roth*, HGB § 116, Rn. 22.

669 BeckOK HGB/*Beyer*, HGB § 164, Rn. 23.

670 BT-Dr. 19/27635, S. 155; ähnlich *Henssler*, ZPG 2024, 258 (261).

671 So schon *Bork/Oepen*, ZGR 2001, 515 (538).

672 Skeptisch *Servatius*, GbR, BGB § 707, Rn. 24.

673 Siehe Fn. 158.

gehen, dass es sich um eine Geschäftsführungsmaßnahme handelt, die dem gewöhnlichen Geschäftsbetrieb zuzurechnen ist.[674]

bb) Ansprüche außerhalb des Gesellschaftsverhältnisses (Drittansprüche)

Wie bereits dargelegt, erstreckt § 715b Abs. 1 S. 2 BGB die Klagebefugnis des nicht geschäftsführungsbefugten Gesellschafters auch auf einen Anspruch der Gesellschaft gegen einen Dritten. Zur Natur dieses Anspruchs kann auf die Ausführungen zum alten Recht verwiesen werden.[675] Diese Erstreckung bewirkt, dass die wesentlichen Voraussetzungen für die Gesellschafterklagen beider Anspruchsarten, also für Sozial- und Drittansprüche, im Ausgangspunkt identisch sind.[676] § 715b Abs. 1 S. 2 BGB gilt insbesondere auch, wie § 715b BGB insgesamt, zweifelsohne für die Verfolgung von Drittansprüchen in Personenhandelsgesellschaften. Zwei Unterschiede treten jedoch hervor: Zum einen kann, was auf der Hand liegt, gemäß § 715b Abs. 1 S. 2 BGB im Unterschied zu der Situation bei der Verfolgung eines Sozialanspruchs auch ein gesellschaftsfremder Dritter Beklagter der *actio pro socio* sein. Zweitens kann die Gesellschafterklage nur dann erfolgreich sein, wenn der Dritte an dem identisch zu § 715b Abs. 1 S. 1 BGB begrifflich definierten pflichtwidrigen Unterlassen der Geschäftsführung mitwirkte oder es zumindest kannte.[677]

Nach dem MoPeG ist mithin fraglich, wie die Merkmale der Mitwirkung und Kenntnis auszulegen sind. Zweifelsohne umfasst eine Mitwirkung jede Art von kollusivem Verhalten des Dritten an dem pflichtwidrigen Unterlassen der Geschäftsführung.[678] Schon nach altem Recht war jedoch ausreichend, dass der Dritte lediglich auf eine gewisse Art an dem Vorgang des

674 *Lieder*, ZGR Sonderheft 23, S. 179 (183).
675 Siehe Abschnitt C. I. 3. b) bb).
676 *Risthaus*, WM 2024 Heft 27, 1249 (1252); *Schäfer*, ZHR 187 (2023), 78 (91).
677 BT-Dr. 19/27635, S. 155.
678 Siehe auch *Servatius*, GbR, BGB § 715b, Rn. 18 und *Schäfer*, ZHR 187 (2023), 78 (88), die von einer Konkretisierung anhand von § 830 BGB (Mittäter) sprechen.

Unterlassens beteiligt war,[679] so dass unterstellt werden konnte, dass dieser die erforderliche Kenntnis von dem gesellschaftswidrigem Verhalten der Geschäftsführung aufwies, um sich gegen die Gesellschafterklage sachgerecht verteidigen zu können.[680] Wenn der Gesetzgeber in § 715b Abs. 1 S. 2 BGB nun ausdrücklich den Begriff der Kenntnis erwähnt, also rein sprachlich einem Weniger gegenüber einer Mitwirkung, so kann dies nur so verstanden werden, dass die positive Kenntnis des Dritten, nicht jedoch dessen rein fahrlässige Unkenntnis,[681] als kleinster gemeinsamer Nenner dessen gesehen werden muss, was bereits vor dem MoPeG unter einer Beteiligung des Dritten an dem pflichtwidrigen Unterlassen der geschäftsführungsbefugten Gesellschafter verstanden wurde.[682]

Unzutreffend ist es daher, wenn manche Stimmen das Merkmal der Kenntnis gemäß § 715b Abs. 1 S. 2 BGB als Erweiterung der bisherigen Rechtslage begreifen,[683] denn tatsächlich liegt eine solche gar nicht vor.[684] Wenn sogar vertreten wird, die reine Kenntnis sei als Kriterium zu weitgehend und daher lediglich als Beweiserleichterung für den Gesellschafterkläger während des Prozesses zu verstehen,[685] so ist dem zu widersprechen.[686] Zwar ist eine Beweiserleichterung durchaus gegeben, das Kriterium erschöpft sich darin aber nicht. Denn es kommt darauf an, dass dem gesellschaftsfremden Dritten diejenigen Tatsachen bekannt sind, die ihm eine Verteidigung gegen das Vorbringen des die *actio pro socio* betreibenden Klägers, der Drittan-

---

679 *Berger*, ZZP 135 (2022), 407 (417).

680 Siehe Fn. 395.

681 BT-Dr. 19/27635, S. 155.

682 So schon BGH NJW 1963, 641 (643).

683 So aber wohl MüKo-BGB 9. Aufl./*Schäfer*, BGB § 715b, Rn. 17; Koch PersGesR/*Könen*, § 715b BGB, Rn. 16; Erman BGB/*Lieder*, § 715b BGB, Rn. 7.

684 *Noack*, GmbHR 2024, 71 (72).

685 MüKo-BGB 9. Aufl./*Schäfer*, BGB § 715b, Rn. 17; *Noack*, GmbHR 2024, 71 (72); ausführlicher und möglicherweise relativierend zu verstehen *Schäfer*, ZHR 187 (2023), 78 (91 ff.).

686 Erman BGB/*Lieder*, § 715b BGB, Rn. 8.

spruch sei pflichtwidrig nicht verfolgt worden, ermöglichen.[687] Anderenfalls ist er vor einer Klage eines eigentlich unzuständigen Gesellschafters in Schutz zu nehmen.[688]

Sofern dagegen geltend gemacht wird, der Dritte sei ausreichend durch die in § 715b Abs. 4 BGB angeordnete Erstreckung der Rechtskraft auf die Gesellschaft[689] geschützt und stehe insofern einem Gesellschafter gleich,[690] geht dies fehl. Zwar ist es richtig, dass ein gesellschaftsfremder Dritter nicht mehr befürchten muss, sich möglicherweise im Wege der Feststellungswiderklage gegen eine erneute Klage der Gesellschaft wehren zu müssen. Deswegen steht er einem Gesellschafter aber nicht gleich. Es wird verkannt, dass außerhalb der Gesellschaft stehende Dritte nach den allgemein gültigen und über Jahrzehnte gewachsenen Grundsätzen von einer die gesellschaftsrechtliche Zuständigkeit durchbrechenden *actio pro socio* zu verschonen sind, wenn nicht besondere Gründe, wie mindestens die Kenntnis des gesellschaftswidrigen Verhaltens der Geschäftsführung, diese Schutzwürdigkeit entfallen lassen. Der Gesetzgeber hatte bei der Schöpfung von § 715b Abs. 1 S. 2 BGB genau jene durch die Rechtsprechung des BGH[691] in Bezug auf die Geltendmachung von Drittansprüchen geformten Grundsätze vor Augen.[692] Die Forderung, § 715b Abs. 1 S. 2 BGB um das zusätzli-

---

687 Koch PersGesR/*Könen*, § 715b BGB, Rn. 16; ähnlich *Noack*, GmbHR 2024, 71 (72).

688 Andere Ansicht Grüneberg/*Retzlaff*, BGB § 715b, Rn. 6, der argumentiert, der Dritte müsse sowieso mit einer Klage der Gesellschaft rechnen; ebenso kritisch *Grunewald/Otte*, ZIP 2017, 1737 (1739), die der Auffassung sind, der Dritte sei in keinem Fall schutzwürdig, da er notfalls mit Nichtwissen bestreiten könne; wohl auch einschränkend *Berger*, ZZP 135 (2022), 407 (418), der impliziert, der Beklagte sei ausreichend durch die von Amts wegen durchzuführende Prüfung der Sachentscheidungsvoraussetzungen der Gesellschafterklage geschützt.

689 Siehe Abschnitt C. II. 8. a) aa).

690 *Fehrenbach/Schikorra*, AD 2/2024, 145 (148).

691 BGH NJW 1963, 641 (641 ff.); BGH, NJW 1988, 558 (558 ff.); BGH, NJW-RR 2008, 1484 (1484 ff.).

692 BT-Dr. 19/27635, S. 155; ohne weitere Begründung von einer Ausdehnung der *actio pro socio* für Drittansprüche ausgehend BeckOK BGB 75. Ed./*Schöne*, BGB § 715b, Rn. 14.1.

che Erfordernis der Mitwirkung oder Kenntnis des Dritten teleologisch zu reduzieren,[693] ist daher abzulehnen.

Letztlich bleibt in diesem Zusammenhang fraglich, wie und wann der Dritte Kenntnis von dem pflichtwidrigen Unterlassen erlangt haben muss. Richtigerweise kann es zur Verhinderung einer Aushöhlung des Kenntnismerkmals nicht ausreichend sein, dass dies einseitig durch den Gesellschafterkläger oder erst durch die Erhebung der *actio pro socio* selbst geschieht.[694] Vielmehr muss der beklagte Dritte über eigenes Wissen verfügen,[695] das eine Beteiligung am pflichtwidrigen Unterlassen im Sinne der durch die Rechtsprechung aufgestellten Grundsätze rechtfertigt.[696] Ausschlaggebender Zeitpunkt für das Vorhandensein dieses Wissens muss die Erhebung der Gesellschafterklage sein.[697]

Im Kontext des § 715b Abs. 1 S. 2 BGB ist weiter fraglich, wie mit einem Drittanspruch gegen einen Gesellschafter zu verfahren ist. Die *actio pro socio* gegen einen Gesellschafter in Bezug auf einen außerhalb des Gesellschaftsverhältnisses wurzelnden Drittanspruch wird weder von § 715b BGB, noch von der Gesetzesbegründung ausdrücklich erwähnt. Daraus ist jedoch nicht zu schließen, dass ein solches Vorgehen nicht mehr statthaft ist, denn dafür gibt es in einer Gesamtschau des nun einheitlichen Instituts der Gesellschafterklage keinerlei Veranlassung. Dies insbesondere, da die Interessenlage bei der Geltendmachung eines gesellschaftseigenen Anspruchs gegen Mitglieder der Gesellschaft unabhängig von der exakten Natur des Anspruchs vergleichbar ist.[698] Vielmehr wird die Möglichkeit der Geltendma-

693 *Fehrenbach/Schikorra*, AD 2/2024, 145 (148).
694 *Berger*, ZZP 135 (2022), 407 (418).
695 *Berger*, ZZP 135 (2022), 407 (418).
696 Regelmäßig Kenntnis des Dritten annehmend HK-GbR/*Heidel*, § 715b BGB, Rn. 44.
697 *Servatius*, GbR, BGB § 715b, Rn. 19; andere Ansicht Grüneberg/*Retzlaff*, BGB § 715b, Rn. 7; *Grunewald/Otte*, ZIP 2017, 1737 (1739), die Kenntniserlangung erst im Prozess genügen lassen wollen.
698 *Osterloh-Konrad*, Gesellschaftsrecht in der Diskussion 2021, S. 79; ähnlich *Kumkar*, ZGR 2021, 123 (142).

chung eines Drittanspruchs gegen Gesellschafter korrekterweise weiterhin gesehen.[699]

Sofern jedoch argumentiert wird, dass ein Drittanspruch gegen einen Gesellschafter nur nach Maßgabe von § 715b Abs. 1 S. 1 BGB, das heißt ohne die Notwendigkeit der Mitwirkung oder Kenntnis des Gesellschafters, geltend zu machen sei,[700] ist dem nicht zu folgen. Dagegen spricht zum einen, dass § 715b Abs. 1 S. 1 BGB explizit einen Anspruch voraussetzt, der auf dem Gesellschaftsverhältnis beruht.[701] Zwar dürfte ein Drittanspruch der Gesellschaft gegen einen Gesellschafter näher am Gesellschaftsverhältnis zu verorten sein, als es ein Drittanspruch gegen einen außenstehenden Dritten wäre.[702] Dies macht den Drittanspruch gegen den Gesellschafter jedoch noch nicht zum Sozialanspruch. Zweitens kann der Drittanspruch gegen den Gesellschafter problemlos unter Beachtung der zwei zusätzlichen Voraussetzungen des § 715b Abs. 1 S. 2 BGB gegen den Gesellschafter geltend gemacht werden. Denn der Gesellschafter nimmt in Bezug auf einen Drittanspruch eine vergleichbare Stellung wie ein außenstehender Dritter ein,[703] da der Drittanspruch im Unterschied zum Sozialanspruch auch von gesellschaftsfremden Personen geschuldet werden kann. Überdies rechtfertigt die Differenzierung zwischen Sozial- und Drittansprüchen die Beachtung des Merkmals der Kenntnis oder Mitwirkung in Bezug auf das pflichtwidrige Unterlassen der Geschäftsführung auch bei Drittansprüchen gegen Gesellschafter. Erneut ist daher auf die Intention des Gesetzgebers zu verweisen, sich bezüglich § 715b Abs. 1 S. 2 BGB von der Rechtsprechung im Kontext der Drittansprüche[704] leiten zu lassen. Dafür, dass diese Kriterien in Bezug

---

699 MüKo-BGB 9. Aufl./*Schäfer*, BGB § 715b, Rn. 17; *Servatius*, GbR, BGB § 715b, Rn. 13; Erman BGB/*Lieder*, § 715b BGB, Rn. 6; *Schäfer*, ZHR 187 (2023), 78 (94); *Berger*, ZZP 135 (2022), 407 (417).

700 *Berger*, ZZP 135 (2022), 407 (417).

701 *Schäfer*, ZHR 187 (2023), 78 (94).

702 Ähnlich *Schäfer*, ZHR 187 (2023), 78 (89), der selbst bei Drittansprüchen gegen außenstehende Dritte eine lediglich gelockerte Bindung des Anspruchs an das Gesellschaftsverhältnis attestiert; kritisch HK-GbR/*Heidel*, § 715b BGB, Rn. 41.

703 *Servatius*, GbR, BGB § 715b, Rn. 13; *Schäfer*, ZHR 187 (2023), 78 (94).

704 Siehe Fn. 691.

auf Drittansprüche gegen Gesellschafter anders anzuwenden wären, besteht keinerlei Indiz.

Im Übrigen dürfte sich für viele Drittansprüche der Gesellschaft gegen ihre Gesellschafter regelmäßig eine Situation offenbaren, in welcher der beklagte Gesellschafter an dem pflichtwidrigen Unterlassen der Geschäftsführung mitwirkte oder den Sachverhalt zumindest kannte.[705] Denn der mitgliedschaftlich verbundene Gesellschafter ist naturgemäß näher mit den geschäftsführungsbezogenen Interna der Gesellschaft vertraut, als es der gesellschaftsfremde Dritte ist. Beispielsweise bei einer Publikums-KG mit einer Vielzahl von Kommanditisten, die weit von den gesellschaftsinternen Themen entfernt sind, könnte diese Einschätzung jedoch unzutreffend sein. Daher muss der Gesellschafter in Bezug auf Drittansprüche der Gesellschaft im Ausgangspunkt genauso wie ein Dritter geschützt werden und es ist stets im Einzelfall zu bewerten, ob auch Gesellschafter wegen Drittansprüchen der Gesellschaft durch die *actio pro socio* in Anspruch genommen werden können.[706] Den Maßstab gibt dabei richtigerweise § 715b Abs. 1 S. 2 BGB und nicht § 715b Abs. 1 S. 1 BGB vor.

Schließlich ist im Lichte von § 715b Abs. 1 S. 2 BGB noch auf die bereits angesprochene Entscheidung des BGH aus dem Jahr 2017 über die *actio pro socio* eines Kommanditisten gegen den Fremdgeschäftsführer der Komplementär-GmbH der KG einzugehen.[707] Danach ist der Stand der höchstrichterlichen Rechtsprechung, dass es dem Kommanditisten einer GmbH & Co. KG grundsätzlich verwehrt bleibt, Ansprüche der KG gegen den Fremdgeschäftsführer der Komplementär-GmbH geltend zu machen, da dieser außerhalb des für die Gesellschafterklage notwendigen Gesellschaftsverhältnisses steht. Nach der Wertung des § 715b Abs. 1 S. 1 BGB ist diese Argumentation weiter korrekt.

---

[705] Ähnlich *Servatius*, GbR, BGB § 715b, Rn. 13.

[706] Andere Ansicht (Rechtslage vor MoPeG) *Grunewald/Otte*, ZIP 2017, 1737 (1739 f.).

[707] BGH, NJW-RR 2018, 288 (288 ff.).

Jedoch handelt es sich bei dem Schadensersatzanspruch der KG gegen den Fremdgeschäftsführer der Komplementär-GmbH um einen Drittanspruch, der nur im Verhältnis zwischen Fremdgeschäftsführer und Komplementär-GmbH ein Sozialanspruch ist. Um letzteres Verhältnis geht es jedoch nicht.[708] Insofern ist auf Ebene der KG § 715b Abs. 1 S. 2 BGB maßgeblich. Danach müsste für die Zulässigkeit der Gesellschafterklage des Kommanditisten der KG gegen den Fremdgeschäftsführer der Komplementär-GmbH als Mindestvoraussetzung dessen Kenntnis an dem pflichtwidrigen Unterlassen der Komplementär-GmbH vorliegen. In dem vorliegenden Fall verfügte der Fremdgeschäftsführer denknotwendig über alle streitgegenständlich relevanten Tatsachen bezüglich des die Pflichtverletzung begründenden Immobiliengeschäfts und der nicht erfolgten Geltendmachung des korrespondierenden Schadensersatzanspruchs *quasi* gegen sich selbst.[709] Für einen Fall, in dem die Komplementär-GmbH nur einen einzigen Geschäftsführer hat, ist stets davon auszugehen, dass auf Geschäftsführungsebene und auf Ebene der Komplementär-GmbH der gleiche Wissensstand herrscht.[710] Mithin dürfte in einer solchen Gemengelage die zusätzliche Kenntnisvoraussetzung des § 715b Abs. 1 S. 2 BGB stets vorliegen. Die Entscheidung des BGH erweist sich im Lichte des § 715b Abs. 1 S. 2 BGB mithin als falsch.[711] Die Inanspruchnahme des Fremdgeschäftsführers der Komplementär-GmbH durch einen Kommanditisten der KG kann daher nicht mehr *per se* ausgeschlossen sein.

---

708 Dies erkannte auch der BGH, prüfte die gewachsenen Rechtsprechungsgrundsätze der Klagebefugnis für Drittansprüche jedoch nicht, *Schäfer*, ZHR 187 (2023), 78 (95 f.).

709 BGH, NJW-RR 2018, 288 (288 f.); *Schäfer*, ZHR 187 (2023), 78 (94).

710 *Schäfer*, ZHR 187 (2023), 78 (94).

711 HK-GbR/*Heidel*, § 715b BGB, Rn. 19 (Fn. 55); *Schäfer*, ZHR 187 (2023), 78 (105); *Otte*, Bericht über die Diskussion des Referats Osterloh-Konrad, S. 87 f; *Osterloh-Konrad*, Bericht über die Diskussion des Referats Osterloh-Konrad, S. 90; wohl auch *Lutz*, Gesellschafterstreit, Rn. 788 (Fn. 390).

c) Pflichtwidriges Unterlassen der Geschäftsführung gemäß § 715b Abs. 1 S. 1 BGB als Subsidiaritätsmerkmal

Unabhängig davon, ob im Wege der Gesellschafterklage ein Sozial- oder Drittanspruch verfolgt werden soll, ordnet der Gesetzgeber diese klar als gegenüber der Organisationsstruktur der Gesellschaft subsidiäres Institut ein.[712] Ausdruck dessen ist der Begriff des pflichtwidrigen Unterlassens in § 715b Abs. 1 S. 1 BGB.[713] Überdies wird in Bezug auf die in dieser Arbeit bereits dargestellte und vor allem für die Darlegungs- und Beweislast relevante Differenzierung zwischen Subsidiarität und Treuwidrigkeit der *actio pro socio* deutlich, dass die Gesellschafterklage gemäß § 715b BGB nicht bereits dann zulässig ist, wenn der Kläger nicht ausnahmsweise gegen die Grundsätze von Treu und Glauben verstößt.[714] Vielmehr ist sie als Hilfskompetenz[715] grundsätzlich dann zulässig, wenn die eigentlich zur regulären Klageerhebung der Gesellschaft befugten[716] Gesellschafter versagen.[717]

Fraglich ist, wie die Reichweite dieses Versagens der gesellschaftsrechtlichen Organisationsstruktur zu verstehen ist. Der Gesetzgeber wollte es bewusst der Rechtsprechung überlassen, die Ausformung des Begriffs des

---

712 BT-Dr. 19/27635, S. 155.

713 MüKo-BGB 9. Aufl./*Schäfer*, BGB § 715b, Rn. 9; *Schwarz*, ZGR 2025, 112 (115); *Fehrenbach/Schikorra*, AD 2/2024, 145 (147); *Risthaus*, WM 2024 Heft 27, 1249 (1250); *Berger*, ZZP 135 (2022), 407 (417); *Lieder*, ZGR Sonderheft 23, S. 179 (200).

714 MüKo-BGB 9. Aufl./*Schäfer*, BGB § 715b, Rn. 9; BeckOK BGB 75. Ed./*Schöne*, BGB § 715b, Rn. 15; HK-GbR/*Heidel*, § 715b BGB, Rn. 21.

715 BGH, NJW 1974, 1555 (1556); *Servatius*, GbR, BGB § 715b, Rn. 9; *Berger*, ZZP 135 (2022), 407 (412).

716 Der geschäftsführende Gesellschafter muss richtigerweise auch vertretungsbefugt sein, damit ihm ein pflichtwidriges Unterlassen überhaupt zum Vorwurf gemacht werden kann, BeckOK BGB 75. Ed./*Schöne*, BGB § 715b, Rn. 16; *Fehrenbach/Schikorra*, AD 2/2024, 145 (147); *Lieder*, ZGR Sonderheft 23, S. 199; andere Ansicht HK-GbR/*Heidel*, § 715b BGB, Rn. 23.

717 BT-Dr. 19/27635, S. 155; *Schäfer*, ZHR 187 (2023), 78 (97).

pflichtwidrigen Unterlassens der Geschäftsführung vorzunehmen.[718] Umgekehrt trifft § 715b BGB keine Aussage dazu, welche Pflichten den die *actio pro socio* betreibenden Gesellschafter zur Wahrung der gesetzlichen oder gesellschaftsvertraglichen Organisationsstruktur treffen.[719] Mithin soll sich folgend aus beiden Richtungen im Sinne einer Gesamtabwägung[720] der Frage genähert werden, wann sich ein Unterlassen der Geschäftsführung im Lichte von § 715b BGB als pflichtwidrig erweist. Für die Zwecke der Prüfung der Sachentscheidungsvoraussetzungen der Gesellschafterklage muss es sich dabei zwingend um objektive Kriterien handeln.[721] Um die minderheitenschützende Funktion der *actio pro socio* nicht zu beeinträchtigen, kann es auf die subjektive Komponente des pflichtwidrigen Unterlassens, mithin auf das durch die Geschäftsführung ausgeübte Ermessen hinsichtlich des Unterlassens,[722] erst bei der Prüfung der Begründetheit der Gesellschafterklage ankommen.[723]

aa) Aufforderung zur Klageerhebung an die Geschäftsführung

Als erstes objektives Kriterium für die bessere Handhabbarkeit des unbestimmten Rechtsbegriffs[724] des pflichtwidrigen Unterlassens sollte die Aufforderung des nicht geschäftsführungsbefugten Gesellschafters an die Geschäftsführung, den zugrundeliegenden Anspruch zu verfolgen, verstanden

---

718 BT-Dr. 19/27635, S. 155; beispielhaft nennt der Gesetzgeber die bereits nach altem Recht diskutierten Kriterien, wie die Aufforderung zur Gesellschaftsklage und das Erfordernis eines Gesellschafterbeschlusses.

719 Koch PersGesR/*Könen*, § 715b BGB, Rn. 9.

720 *Servatius*, GbR, BGB § 715b, Rn. 15.

721 MüKo-BGB 9. Aufl./*Schäfer*, BGB § 715b, Rn. 9; HK-GbR/*Heidel*, § 715b BGB, Rn. 22; *Schäfer*, ZHR 187 (2023), 78 (94); *Schwarz*, ZGR 2025, 112 (116); ähnlich *Berger*, ZZP 135 (2022), 407 (412).

722 Ähnlich bereits *Bork/Oepen*, ZGR 2001, 515 (534), die das subjektive Ermessen jedoch in die Zulässigkeitsprüfung einbeziehen wollen.

723 *Berger*, ZZP 135 (2022), 407 (420); ähnlich MüKo-BGB 9. Aufl./*Schäfer*, BGB § 715b, Rn. 18, der an die Zulässigkeit der *actio pro socio* keine überhöhten Anforderungen stellen will; genauso Koch PersGesR/*Könen*, § 715b BGB, Rn. 14; so bereits *Fleischer/Harzmeier*, ZGR 2017, 239 (268).

724 BeckOK BGB 75. Ed./*Schöne*, BGB § 715b, Rn. 19.

werden.[725] Denn der nicht geschäftsführungsbefugte Gesellschafter muss sich nach den Grundsätzen von Treu und Glauben davon überzeugen, dass sich die gesellschaftswidrige Vorgehensweise der Geschäftsführung, welche in der pflichtwidrigen Nichtgeltendmachung eines Gesellschaftsanspruchs grundsätzlich zu sehen ist,[726] manifestiert hat.[727] Schließlich ist es gemäß der §§ 715 Abs. 1 BGB, 116 Abs. 1 HGB die Pflicht der geschäftsführenden Gesellschafter, durch ihre Handlungen den Gesellschaftszweck zu verwirklichen.[728] Dazu gehört zweifelsohne die Verfolgung von werthaltigen Sozial- und Drittansprüchen der Gesellschaft, die sodann, sofern sie nicht wirksam gestundet wurden oder auf sie verzichtet wurde,[729] dem Gesellschaftsvermögen zufließen würden.

Kommt die Geschäftsführung der Aufforderung nach, so ist die Zulässigkeit der *actio pro socio* evident nicht gegeben. Der Anspruch wird pflichtgemäß auf die durch sämtliche Gesellschafter organisationsrechtlich bestimmte Weise verfolgt. Da es passieren kann, dass die Geschäftsführung auf die Aufforderung nicht reagiert, ist diese mit einer angemessenen Frist zu versehen.[730] Genannt werden hier insbesondere zwei Wochen[731] oder zwei Mo-

---

725 MüKo-BGB 9. Aufl./*Schäfer*, BGB § 715b, Rn. 11; BeckOK BGB 75. Ed./*Schöne*, BGB § 715b, Rn. 20; Koch PersGesR/*Könen*, § 715b BGB, Rn. 27; Erman BGB/*Lieder*, § 715b BGB, Rn. 10; *Schwarz*, ZGR 2025, 112 (117); *Fehrenbach/Schikorra*, AD 2/2024, 145 (147); *Schäfer*, ZHR 187 (2023), 78 (101); *Berger*, ZZP 135 (2022), 407 (418); andere Ansicht HK-GbR/*Heidel*, § 715b BGB, Rn. 24.

726 BeckOK BGB 75. Ed./*Schöne*, BGB § 715b, Rn. 19.1; Koch PersGesR/*Könen*, § 715b BGB, Rn. 9; *Servatius*, GbR, BGB § 715b, Rn. 14; Erman BGB/*Lieder*, § 715b BGB, Rn. 9.

727 BeckOK BGB 75. Ed./*Schöne*, BGB § 715b, Rn. 20.

728 Hopt/*Roth*, HGB § 116, Rn. 2.

729 BeckOK BGB 75. Ed./*Schöne*, BGB § 715b, Rn. 19.1.

730 MüKo-BGB 9. Aufl./*Schäfer*, BGB § 715b, Rn. 11; BeckOK BGB 75. Ed./*Schöne*, BGB § 715b, Rn. 19.3; Erman BGB/*Lieder*, § 715b BGB, Rn. 10; *Berger*, ZZP 135 (2022), 407 (418).

731 MüKo-BGB 9. Aufl./*Schäfer*, BGB § 715b, Rn. 11; *Clotten/Arens*, GmbHR 2024, 256 (261).

nate.[732] Eine starre Frist verbietet sich hier allerdings.[733] Vielmehr ist im Einzelfall zu bewerten, wie lange die Frist bemessen sein muss. Beispielsweise in einer Situation, in der Verjährung droht oder die mit dem Gefahrbegriff des § 715a BGB vergleichbar ist, mag bereits eine Frist von wenigen Tagen angemessen sein,[734] während bei nicht eilbedürftigen oder komplexen Sachverhalten eine Frist von mehreren Wochen angezeigt sein kann.

An dem Erfordernis einer vorherigen Aufforderung zur Klageerhebung der Gesellschaft wird man indes richtigerweise dann nicht festhalten können, wenn die Geschäftsführung die klageweise Verfolgung des Sozial- oder Drittanspruchs ausdrücklich oder konkludent ernstlich und endgültig verweigert hat.[735] Die Geschäftsführung lässt damit erkennen, sofern sie ihrerseits für die Weigerung keine validen Gesellschaftsinteressen geltend gemacht hat,[736] die gesellschaftsrechtliche Kompetenzordnung schlicht nicht befolgen zu wollen.[737] Der Rechtsgedanke ist aus § 323 Abs. 2 Nr. 1, Abs. 4 BGB bekannt.[738]

Der Gesetzgeber hätte das objektiv gut greifbare Subsidiaritätserfordernis der vorherigen Aufforderung zur Klageerhebung unmissverständlich in § 715b BGB aufnehmen können. Die offene Fassung des Gesetzes erweckt den Eindruck der Rechtsunsicherheit,[739] was schwerlich mit dem übergeordneten Interesse des MoPeG vereinbar ist. Die klare Regelung in

[732] BeckOK BGB 75. Ed./*Schöne*, BGB § 715b, Rn. 20; die Gesetzesbegründung für das UMAG erachtet mit Blick auf die Frist in § 148 Abs. 1 S. 2 Nr. 2 AktG zwei Monate für sachgerecht, BT-Dr. 15/5092, S. 22.

[733] Ähnlich Erman BGB/*Lieder*, § 715b BGB, Rn. 10.

[734] *Berger*, ZZP 135 (2022), 407 (419) plädiert in einem solchen Fall gar für einen Entfall des Erfordernisses der Aufforderung zur Erhebung der Gesellschafterklage.

[735] MüKo-BGB 9. Aufl./*Schäfer*, BGB § 715b, Rn. 11; BeckOK BGB 75. Ed./*Schöne*, BGB § 715b, Rn. 19.3; *Berger*, ZZP 135 (2022), 407 (419).

[736] Beispielsweise weil außergerichtliche Vergleichsverhandlungen zum Streitgegenstand geführt werden, BeckOK BGB 75. Ed./*Schöne*, BGB § 715b, Rn. 19.2.

[737] BeckOK BGB 75. Ed./*Schöne*, BGB § 715b, Rn. 20.

[738] MüKo-BGB 9. Aufl./*Schäfer*, BGB § 715b, Rn. 11; BeckOK BGB 75. Ed./*Schöne*, BGB § 715b, Rn. 19.3; Erman BGB/*Lieder*, § 715b BGB, Rn. 10.

[739] BeckOK BGB 75. Ed./*Schöne*, BGB § 715b, Rn. 19.

§ 148 Abs. 1 S. 2 Nr. 2 AktG, nach welcher die Aktionäre die AG innerhalb einer angemessenen Frist aufgefordert haben müssen, selbst Klage zu erheben, hätte hier als Vorbild dienen können.[740] Relativierend ist dagegen anzuführen, dass sich jedenfalls die aktuelle Rechtsprechung nicht beirren lässt und in der bisherigen Linie der Wissenschaft und Gerichte formuliert, dass als Mindestsubsidiaritätsanforderung eine vorherige Aufforderung an die Geschäftsführung zur Erhebung der *actio pro socio* zu verlangen ist.[741]

Schließlich ist in diesem Zusammenhang zu konstatieren, dass die Gesellschafterklage mit oder ohne vorherige Aufforderung an die Geschäftsführung nach den bisherigen Grundsätzen der Rechtsprechung[742] auch dann im Einzelfall ausgeschlossen sein kann, wenn der nicht geschäftsführungsbefugte Gesellschafter mit Erhebung der *actio pro socio* seinerseits gegen die Grundsätze von Treu und Glauben verstoßen würde.[743] Insofern fungiert ein etwaiger Verstoß gegen die Treuepflicht des Gesellschafterklägers auch nach dem MoPeG stets als weiteres Korrektiv, welches jedoch durch den Beklagten vorzubringen ist.[744] Da sich vor dem Hintergrund der mannigfaltigen Konstellationen, in denen im Einzelfall ein Verstoß gegen die Grundsätze von Treu und Glauben vorstellbar ist, eine Objektivierung im Gesetz nicht aufdrängt, ist dem Gesetzgeber an dieser Stelle nicht der gleiche Vorwurf wie eben zu machen. Gleichwohl wäre es denkbar gewesen, wie § 148 Abs. 1 S. 2 Nr. 4 AktG es vorsieht, das Korrektiv der überwiegenden Gründe des Gesellschaftswohls, welche einer Erhebung der *actio pro socio*

---

740 Ähnlich bereits *Fleischer/Harzmeier*, ZGR 2017, 239 (268); *Anonyme Diskutanten*, Bericht über die Diskussion des Vortrags Lieder, S. 217; *Verse*, FS Schneider 2011, S. 1337 f.

741 OLG Frankfurt am Main, ZPG 2024, 107 (114).

742 BGH, NJW 1957, 1358 (1358 f.); BGH, NJW 1985, 2830 (2830 f.); BGH, NJW-RR 2008, 1252 (1252 f.); BGH, NJW-RR 2010, 1123 (1123); BGH, NJW-RR 2019, 742 (742 f.).

743 *Noack*, GmbHR 2024, 71 (72).

744 MüKo-BGB 9. Aufl./*Schäfer*, BGB § 715b, Rn. 15.

entgegenstehen können, in das Gesetz aufzunehmen.[745] Nach der gesetzgeberischen Wertung für das UMAG sollen diese Gründe die einer Abwägung zu unterziehenden Sonderfälle einer ausnahmsweisen Unzulässigkeit der *actio pro socio* umfassen.[746] Diese Wertung ist absolut vergleichbar zu der hier gegenständlichen Frage einer ausnahmsweisen Treuwidrigkeit der Gesellschafterklage gemäß § 715b BGB in der Personengesellschaft.

bb) Notwendigkeit eines Gesellschafterbeschlusses und Verhältnis zum Beschlussmängelrecht

Als zweites objektives Subsidiaritätskriterium, welches bereits vor dem MoPeG verschiedentlich diskutiert wurde, kommt die Pflicht des nicht geschäftsführungsbefugten Gesellschafters in Betracht, vor Erhebung der Gesellschafterklage die Gesamtheit der Gesellschafter über das weitere Vorgehen in Bezug auf den Sozial- oder Drittanspruch beschließen lassen zu müssen. Wegweisend für die Darstellung der Gesichtspunkte *pro* und *contra* eines solchen Erfordernisses sind die folgenden zwei Grundannahmen: Man kann die *actio pro socio* als der gesellschaftsrechtlichen Organisationsstruktur nachgeordnetes Hilfsrecht[747] begreifen, welches in seinen Zulässigkeitsvoraussetzungen jedoch nicht allzu stark beschränkt werden sollte, damit die minderheitenschützende Funktion des Rechtsinstituts ihre Wirkung entfalten kann.[748] Demgegenüber kann die Gesellschafterklage jedoch auch als absolute *ultima ratio* verstanden werden, was zu der Notwendigkeit führt, dass der Gesellschafterkläger zunächst sämtliche Hebel der organisationsrechtlichen Struktur der Gesellschaft in Bewegung gesetzt haben muss, um

[745] *Osterloh-Konrad*, Gesellschaftsrecht in der Diskussion 2021, S. 82; ähnlich *Fleischer/Harzmeier*, ZGR 2017, 239 (268); *Verse*, FS Schneider 2011, S. 1337 f.; andere Ansicht *Schäfer*, ZHR 187 (2023), 78 (103 f., Fn. 83).

[746] BT-Dr. 15/5092, S. 22.

[747] Siehe Fn. 715.

[748] BeckOK BGB 75. Ed./*Schöne*, BGB § 715b, Rn. 20; HK-GbR/*Heidel*, § 715b BGB, Rn. 25 ff.; so wohl missverständlich auch MüKo-BGB 9. Aufl./*Schäfer*, BGB § 715b, Rn. 12; konkreter Staub HGB/*Schäfer*, § 105 HGB, Rn. 303; ähnlich *Lieder*, ZGR Sonderheft 23, S. 200 f; so bereits *Fleischer/Harzmeier*, ZGR 2017, 239 (270).

zulässigerweise im eigenen Namen ein Recht der Gesellschaft einklagen zu dürfen.[749]

Überzeugend ist die erste Ansicht, soweit sie sich im Detail tatsächlich differenziert zu dem Erfordernis eines Gesellschafterbeschlusses verhält.[750] Zunächst ist die Gesellschafterklage richtigerweise nicht *ultima ratio*.[751] Sie ist ein subsidiäres Hilfsrecht, das jedoch nicht durch überhöhte[752] Zulässigkeitsanforderungen ausgehöhlt werden darf. Insbesondere ist beispielsweise vorstellbar, dass aufgrund des Einstimmigkeitsprinzips gemäß § 714 BGB bereits die Blockadehaltung nur eines Gesellschafters genügen würde, die Gesellschafterklage zumindest unbillig zu verzögern.[753] Zwar besteht natürlich die Möglichkeit, dass sich in einer Gesellschafterversammlung der gordische Knoten allein durch die etwaig fruchtbare Konversation zwischen den Gesellschaftern über den streitgegenständlichen Anspruch löst.[754] Das Risiko einer fortdauernden Blockade wiegt diese Chance jedoch nicht auf. Daher ist die grundsätzliche Befassung aller Gesellschafter mit dem Für oder Wider einer *actio pro socio* nicht zu verlangen.[755] Differenzieren muss man allerdings, soweit auch die Geltendmachung des streitgegenständlichen Sozial- oder Drittanspruchs durch die geschäftsführenden Gesellschafter selbst einen Gesellschafterbeschluss erfordern würde.[756] Dann darf der Gesell-

---

[749] Grüneberg/*Retzlaff*, BGB § 715b, Rn. 5; Koch PersGesR/*Könen*, § 715b BGB, Rn. 9; *Clotten/Arens*, GmbHR 2024, 256 (261); *Risthaus*, WM 2024 Heft 27, 1249 (1251 f.).

[750] So ist *Berger*, ZZP 135 (2022), 407 (419) nicht in der Absolutheit zuzustimmen, dass in keinem Fall ein Gesellschafterbeschluss notwendig ist.

[751] BeckOK BGB 75. Ed./*Schöne*, BGB § 715b, Rn. 21; Erman BGB/*Lieder*, § 715b BGB, Rn. 11.

[752] Kritisch *Berger*, ZZP 135 (2022), 407 (420 f.).

[753] BeckOK BGB 75. Ed./*Schöne*, BGB § 715b, Rn. 21.

[754] Ähnlich *Clotten/Arens*, GmbHR 2024, 256 (261).

[755] HK-GbR/*Heidel*, § 715b BGB, Rn. 28 würde dies mit einer Beschränkung zuwider § 715b Abs. 2 BGB gleichsetzen.

[756] MüKo-BGB 9. Aufl./*Schäfer*, BGB § 715b, Rn. 12; BeckOK BGB 75. Ed./*Schöne*, BGB § 715b, Rn. 21; Erman BGB/*Lieder*, § 715b BGB, Rn. 11; *Schwarz*, ZGR 2025, 112 (117); *Noack*, GmbHR 2024, 71 (72); *Schäfer*, ZHR 187 (2023), 78 (98 f.); wohl auch HK-GbR/*Heidel*, § 715b BGB, Rn. 28.

schafterkläger, der stets einen Anspruch der Gesellschaft geltend macht, nicht besser gestellt sein, als die für die Gesellschaft handelnde und eigentlich zuständige Geschäftsführung.

Mithin muss der Gesellschafterkläger in den Fällen, auf welche sich die Geschäftsführungsbefugnis der geschäftsführenden Gesellschafter gemäß der §§ 715 Abs. 2 S. 2 BGB, 116 Abs. 2 S. 1 Hs. 2 HGB schon gar nicht erstreckt, einen Beschluss der Gesellschafterversammlung herbeiführen. Dies ist in Bezug auf die *actio pro socio* aufgrund der angelegten Interessenskollision[757] zumindest dann anzunehmen, wenn ein geschäftsführungsbefugter Gesellschafter auf Schadensersatz in Anspruch genommen werden soll.[758] In Bezug auf alle anderen Sozialansprüche[759] und insbesondere bezüglich Drittansprüchen,[760] liegt die Zuständigkeit gemäß der §§ 715 Abs. 2 S. 1 BGB, 116 Abs. 2 S. 1 Hs. 1 HGB im Umkehrschluss originär bei der Geschäftsführung. Etwas anderes kann natürlich dann gelten, wenn es ausdrückliche gesellschaftsvertragliche Abreden in Bezug auf die Einbeziehung der Gesellschafterversammlung gibt.[761] Diese müssen in jedem Fall vorgehen.

Der die *actio pro socio* betreiben wollende Gesellschafter wäre, sofern eine Zuständigkeit aller Gesellschafter gegeben ist, verpflichtet, einen Gesellschafterbeschluss herbeizuführen. Dies liegt entweder in der Aufgabensphäre der Geschäftsführung, oder, sofern sich diese auch hierzu verweigert, in jener des nicht geschäftsführungsbefugten Gesellschafters analog

---

757 BGH, BeckRS 1972, 31123006; OLG Frankfurt am Main, ZPG 2024, 107 (113); *Schwarz*, ZGR 2025, 112 (118).

758 Siehe Fn. 443.

759 Insbesondere Beitragsansprüche, MüKo-BGB 9. Aufl./*Schäfer*, BGB § 715b, Rn. 12; beispielhafter Katalog außergewöhnlicher Geschäfte zur Abgrenzung, *Lieder*, ZGR Sonderheft 23, S. 183.

760 Eine Interessenkollision ist hier weniger denkbar, jedoch auch nicht ausgeschlossen, beispielsweise bei einem möglichen Schadensersatzanspruch gegen einen Fremdgeschäftsführer gemäß § 715b Abs. 1 S. 2 BGB.

761 So bereits *Grunewald*, Die Gesellschafterklage in der Personengesellschaft und der GmbH, S. 18.

§ 50 GmbHG.[762] Fällt der Beschluss, entweder nach Einstimmigkeits- oder Mehrheitsprinzip, *pro* Anspruchsdurchsetzung aus und bleibt die Geschäftsführung weiter untätig, so ist die Gesellschafterklage zweifellos statthaft. Das Gleiche muss für eine Untätigkeit der Gesellschafterversammlung hinsichtlich der Beschlussfassung gelten. Entscheiden sich die Gesellschafter *contra* Anspruchsdurchsetzung, so steht mittelbar ein die *actio pro socio* ablehnender Gesellschafterbeschluss im Raum. Genau zu diesem solitären Fall äußert sich auch der Gesetzgeber im Kontext des etwaigen Erfordernisses eines Beschlusses der Gesellschafter und führt aus, dass insoweit das Beschlussmängelrecht der Gesellschafterklage vorgehe.[763] Dadurch solle die Beschlussmängelklage geschützt und ferner vermieden werden, dass das Gericht sich mit einer inzidenten Prüfung von Beschlussmängeln im Rahmen der *actio pro socio* auseinandersetzen müsse.[764] Gleichwohl könnten die Feststellungs- oder Anfechtungsklage einerseits und die Gesellschafterklage andererseits prozessökonomisch gemäß § 147 ZPO verbunden werden.[765]

Dies erscheint sachgerecht und muss richtigerweise auch dann gelten, wenn bei einer Streitigkeit in der GbR[766] die gesetzliche Grundkonzeption greift und für die Behandlung von Beschlussmängeln das traditionelle Feststellungsmodell zur Anwendung kommt. Zwar ist es richtig, dass ein formell oder materiell fehlerhafter Gesellschafterbeschluss danach *ipso iure* stets nichtig ist.[767] Dennoch hat dies nicht zur Folge, dass ein Vorrang des an-

---

[762] MüKo-BGB 9. Aufl./*Schäfer*, BGB § 715b, Rn. 12.

[763] BT-Dr. 19/27635, S. 155.

[764] BT-Dr. 19/27635, S. 155.

[765] BT-Dr. 19/27635, S. 155; Koch PersGesR/*Könen*, § 715b BGB, Rn. 9; Erman BGB/*Lieder*, § 715b BGB, Rn. 11; *Risthaus*, WM 2024 Heft 27, 1249 (1252); *Schäfer*, ZHR 187 (2023), 78 (98); *Lieder*, ZGR Sonderheft 23, S. 201; kritisch HK-GbR/*Heidel*, § 715b BGB, Rn. 26; Erman BGB/*Lieder*, § 715b BGB, Rn. 11; *Schmidt*, ZPG 2023, 81 (82); *Guntermann*, ZfPW 2023, 405 (418, Fn. 96).

[766] Oder bei einer Personenhandelsgesellschaft, die per Opt-out zum Feststellungsmodell optiert hat.

[767] HK-GbR/*Heidel*, § 715b BGB, Rn. 26; *Schwarz*, ZGR 2025, 112 (120); *Liebscher/Rickelt*, ZPG 2023, 441 (441); *Schmidt*, ZHR 187 (2023), 107 (110).

wendbaren Beschlussmängelrechts ausscheidet.[768] Vielmehr muss diese Nichtigkeit, die sich in der Regel auf den Beschlussinhalt, also zum Beispiel auf einen Verstoß gegen die Treuepflicht der beschließenden Gesellschafter beziehen wird,[769] überhaupt erst geltend gemacht werden. Dies kann auf jede Weise, also durch außergerichtliche Verständigung, dass der Beschluss nichtig ist, oder aber auf dem Klageweg des § 256 ZPO, erfolgen.[770] Dazu kann der Gesellschaftsvertrag der GbR mannigfaltige Ausgestaltungen des gesellschaftsinternen Beschlussmängelrechts vorsehen,[771] welche nicht unbedingt gleich einem Opt-in bezüglich des personenhandelsgesellschaftsrechtlichen Beschlussanfechtungsrechts gemäß der §§ 110 ff. HGB gleichkommen müssen. Kommt es dazu, dass die Nichtigkeit des Beschlusses im Wege der Feststellungsklage geltend gemacht werden muss, so ist diese Klage nach dem gesetzgeberischen Willen eben spätestens parallel mit der *actio pro socio* zu erheben. Dass eine inzidente Prüfung eines materiellen Beschlussmangels auf Ebene der Begründetheit der Gesellschafterklage naheliegend erscheint, mag richtig sein,[772] entspricht jedoch nicht der gesetzgeberischen Wertung. Insofern wird abzuwarten sein, wie sich die Rechtsprechung im Einzelfall dazu verhalten wird.[773] Das Gesagte gilt entsprechend für die im Wesentlichen identische Gemengelage bei ebenfalls *ipso iure* nichtigen Gesellschafterbeschlüssen im Sinne des § 110 Abs. 2 HGB,[774] die gegebenenfalls per Nichtigkeitsklage gemäß § 114 HGB geltend zu machen sind.

Gleiches muss jedoch auch für das Beschlussmängelanfechtungsrecht gemäß der §§ 110 ff. HGB gelten.[775] Denn sofern der Beschluss der Gesell-

---

768 So aber HK-GbR/*Heidel*, § 715b BGB, Rn. 26; *Schwarz*, ZGR 2025, 112 (120).
769 *Servatius*, GbR, BGB § 714, Rn. 42.
770 *Schmidt*, ZHR 187 (2023), 107 (110).
771 BeckOK BGB 75. Ed./*Schöne*, BGB § 714, Rn. 36.
772 *Schwarz*, ZGR 2025, 112 (120).
773 Dem Gesetzgeber bereits beipflichtend OLG Frankfurt am Main, ZPG 2024, 107 (113 f.).
774 Hopt/*Roth*, HGB § 110, Rn. 17.
775 Andere Ansicht HK-GbR/*Heidel*, § 715b BGB, Rn. 27.

schafterversammlung nicht ausnahmsweise nichtig ist, muss dieser gemäß § 112 Abs. 1 S. 1 HGB innerhalb von drei Monaten nach seiner Bekanntgabe im Wege der Anfechtungsklage gemäß § 113 HGB angefochten werden. Ansonsten erwächst der Beschluss in Bestandskraft.[776] Mithin muss der Beschluss zwingend vor oder mit Erhebung der *actio pro socio* in einem formalisierten Verfahren beseitigt werden,[777] da dessen Bestandskraft jedenfalls die behauptete Pflichtwidrigkeit des Unterlassens der geschäftsführenden Gesellschafter oder der Gesellschaftergesamtheit unangreifbar machen würde und damit auch die Zulässigkeit der *actio pro socio* entfallen ließe.[778] Dass damit mannigfaltige prozessuale Probleme, wie die durchaus lange Verfahrensdauer von Beschlussmängelklagen,[779] Fragen der Prozessverbindung gemäß § 147 ZPO[780] in Verbindung mit der Verjährungshemmung gemäß § 204 Abs. 1 Nr. 1 BGB[781] sowie einer möglicherweise doppelten Kostenfolge für den nicht geschäftsführungsbefugten Gesellschafter verknüpft sind,[782] ist absolut richtig. Letztlich wird man indes konstatieren müssen, dass der Gesellschafterkläger, sofern er vor oder mit Erhebung der *actio pro socio* zunächst gegen einen Gesellschafterbeschluss vorzugehen hat, eben erhöhten Anforderungen unterworfen und insbesondere einem erhöhten Prozesskostenrisiko ausgesetzt ist. Dies mag als gerechtfertigter Preis dafür zu sehen sein, der dafür zu zahlen ist, dass mit der Gesellschafterversammlung das wichtigste organisationsrechtliche Gremium der Personengesellschaft aktiv über die Nichtgeltendmachung oder den Verzicht auf den Sozial- oder Drittanspruch entschieden hat.

---

776 *Liebscher/Rickelt*, ZPG 2023, 441 (446 f.).

777 So letztlich auch *Schwarz*, ZGR 2025, 112 (126).

778 *Schäfer*, ZHR 187 (2023), 78 (101).

779 Erman BGB/*Lieder*, § 715b BGB, Rn. 11; HK-GbR/*Heidel*, § 715b BGB, Rn. 26; *Guntermann*, ZfPW 2023, 405 (418); *Lieder*, ZGR Sonderheft 23, S. 201.

780 *Schmidt*, ZPG 2023, 81 (82).

781 HK-GbR/*Heidel*, § 715b BGB, Rn. 26; Erman BGB/*Lieder*, § 715b BGB, Rn. 11; *Schwarz*, ZGR 2025, 112 (123).

782 *Guntermann*, ZfPW 2023, 405 (418).

cc) Subjektiver Maßstab anhand der Grundsätze von Treu und Glauben und analoger Einbeziehung der aktienrechtlichen *Business Judgement Rule*

Mit den hier genannten objektiven Subsidiaritätskriterien der Aufforderung der Geschäftsführung zur Gesellschafterklage oder, sofern erforderlich, der Herbeiführung eines Gesellschafterbeschlusses, muss es auf der Ebene der Zulässigkeit der *actio pro socio* sein Bewenden haben.[783] Um die minderheitenschützende Funktion der Gesellschafterklage zu wahren, sind höhere Anforderungen an das pflichtwidrige Unterlassen der geschäftsführenden Gesellschafter nicht zu stellen. Überdies ist naturgemäß zu konstatieren, dass die bloße Zulässigkeit der *actio pro socio* noch keine Präjudizwirkung auf den tatsächlichen Erfolg der Gesellschafterklage, mithin mittelbar auf die Verantwortlichkeit und Haftung der Geschäftsführung im Sinne des § 276 BGB,[784] entfaltet. Diese subjektive Seite des pflichtwidrigen Unterlassens mit Blick auf die Nichtgeltendmachung eines Sozial- oder Drittanspruchs ist durch das Gericht erst in der Begründetheit zu prüfen, weswegen es sich bei dem Merkmal insoweit um eine doppelrelevante Tatsache handelt.[785]

Fraglich ist jedoch, wann sich das Unterlassen der Geschäftsführung sowie die Ermessensausübung im Einzelfall als materiell[786] pflichtwidrig erweisen kann. Hilfreiche Leitplanken können dabei sowohl aus den Grundsätzen von Treu und Glauben, wie auch aus einer analogen Anwendung der *Business Judgement Rule* gemäß § 93 Abs. 1 S. 2 AktG gewonnen werden.[787] Daneben können sich etwaige Verfehlungen der geschäftsführenden Gesellschaf-

---

783 MüKo-BGB 9. Aufl./*Schäfer*, BGB § 715b, Rn. 14; *Schäfer*, ZHR 187 (2023), 78 (101 f.); *Berger*, ZZP 135 (2022), 407 (420).

784 MüKo-BGB 9. Aufl./*Schäfer*, BGB § 715b, Rn. 14.

785 Koch PersGesR/*Könen*, § 715b BGB, Rn. 14; *Schwarz*, ZGR 2025, 112 (116, Fn. 16); *Berger*, ZZP 135 (2022), 407 (419 f.); *Reiss/Manolakis*, NZG 2024, 330 (337).

786 Treffend nach „prozeduraler" und „materieller" Pflichtwidrigkeit unterscheidend *Reiss/Manolakis*, NZG 2024, 330 (337).

787 BeckOK HGB/*Klimke*, HGB § 116, Rn. 72.

ter auch direkt aus der in § 705 Abs. 1 BGB niedergelegten Förderpflicht zur Verwirklichung des Gesellschaftszwecks ergeben, was negativ abgegrenzt bedeutet, dass sämtliche Entscheidungen zu unterlassen ist, die dem Gesellschaftszweck zuwiderlaufen könnten.[788] Die Erhaltung und Mehrung des Gesellschaftsvermögens wird bei der Gesellschafterklage regelmäßig in Rede stehen, da Sozial- und Drittansprüche der Gesellschaft in der Regel werthaltig und nicht rein ideeller Natur sind. Die Nichtgeltendmachung eines solchen Anspruchs ist bereits aus sich heraus grundsätzlich als pflichtwidrig anzusehen.[789]

Gleichwohl ist anzuerkennen, dass sich Entscheidungen im Wirtschaftsleben und Rechtsverkehr nicht immer nur zwischen einem richtigen und einem falschen Pol bewegen, sondern komplexe Sachverhalte es vielmehr erfordern, sachgerechte Ermessenserwägungen zwischen jenen Polen zu treffen. Insoweit ist der Geschäftsführung richtigerweise ein entsprechender unternehmerischer Spielraum zuzugestehen.[790] Daher muss auch bei objektivem Vorliegen eines im Ausgangspunkt pflichtwidrigen Unterlassens *ex post* zwischen den Fällen von schlicht mangelhafter, jedoch wohl noch vertretbarer Unternehmensführung und einer tatsächlichen Überschreitung des im Einzelfall zu ermittelnden Ermessensspielraums unterschieden werden.[791]

Zieht man in diesem Kontext die Grundsätze von Treu und Glauben heran, so helfen diese jene Fälle abzugrenzen, in welchen sich der geschäftsführende Gesellschafter evident illoyal und rücksichtslos gegenüber der Gesellschaft oder den anderen Gesellschaftern verhält.[792] Denn § 242 BGB greift erst dort ein, wo Billigkeitsentscheidungen offensichtlich die Grenzen von

---

788 BeckOK BGB 75. Ed./*Schöne*, BGB § 705, Rn. 39.

789 Erman BGB/*Lieder*, § 715b BGB, Rn. 9; *Berger*, ZZP 135 (2022), 407 (419).

790 BeckOK HGB/*Beyer*, HGB § 164, Rn. 22; MüKo-AktG/*Spindler*, AktG § 93, Rn. 91.

791 *Koch*, AktG § 93, Rn. 26; ähnlich *Fleischer*, NJW 2009, 2337 (2338 f.), der auf sog. *hindsight bias*, also Rückschaufehler hinweist; dazu auch *Koch*, AktG § 93, Rn. 27.

792 *Reif/Walter*, JuS 2021, 630 (631).

Recht und Gerechtigkeit überschreiten.[793] Jedoch sind auch jene Grenzen stets im Einzelfall zu ziehen und hängen insbesondere von den konkreten gesellschaftsrechtlichen Verhältnissen ab. Sie mögen beispielsweise in einer Personengesellschaft oder GmbH mit engem Gesellschafterkreis anders zu bewerten sein, als in einer Publikums-KG oder AG mit hunderten von Kommanditisten oder Aktionären.[794] Verallgemeinernd kann jedoch von einer Treuepflichtverletzung ausgegangen werden, wenn die Entscheidung der Geschäftsführung von sachfremden Erwägungen, wie etwa von Eigeninteressen oder der Begünstigung Dritter, geprägt ist.[795] Der für die Geltendmachung von Schadensersatzansprüchen im Rahmen der *actio pro socio* erforderliche Gesellschafterbeschluss verdeutlicht gerade den hier aufgezeigten Interessenkonflikt.[796] Als weiteres grundsätzliches Beispiel für die Nichtbeachtung der Grundsätze von Treu und Glauben können Situationen herangezogen werden, in denen Verjährung droht,[797] das Ermessen gar auf Null reduziert ist[798] oder ganz offensichtlich begründete Sozial- oder Drittansprüche ohne ersichtliche Rechtfertigung nicht verfolgt werden.

Übt der geschäftsführende Gesellschafter im Zuge der Nichtgeltendmachung des für die Gesellschafterklage streitgegenständlichen Anspruchs jedoch aus seiner subjektiven Perspektive sachgerechtes Ermessen aus, ist zweierlei festzustellen: Zum einen darf die Geschäftsführung innerhalb des anwendbaren Ermessensspielraums analog § 93 Abs. 1 S. 2 AktG und der in der Entscheidung des BGH zu *ARAG/Garmenbeck*[799] im Jahr 1997 entwickelten Grundsätze auch unternehmerische Risiken eingehen, die mit der Gefahr einer Falschbeurteilung einhergehen.[800] Dieser im Zweifel weite

793 BeckOK BGB 75. Ed./*Sutschet*, BGB § 242, Rn. 2.
794 Ähnlich BeckOK HGB/*Beyer*, HGB § 164, Rn. 22; *Reif/Walter*, JuS 2021, 630 (631).
795 *Goette/Goette*, DStR 2016, 815 (817).
796 Siehe Fn. 757.
797 *Berger*, ZZP 135 (2022), 407 (419).
798 Wie bei gesellschaftsvertraglichen Beitragspflichten, *Reiss/Manolakis*, NZG 2024, 330 (337).
799 BGH, NJW 1997, 1926 (1926 ff.).
800 BGH, NJW 1997, 1926 (1927); BeckOK HGB/*Klimke*, HGB § 116, Rn. 73.

Handlungsspielraum[801] der Geschäftsführung soll jedoch durch die Gesellschafterklage einer gerichtlichen Überprüfung im Einzelfall zugänglich sein.[802] Zum anderen ist der Geschäftsführung zu raten, objektive Kriterien in die subjektive Abwägung einfließen zu lassen. Als Mindestanforderung an die pflichtgemäße Ermessensausübung ist hier eine sorgfältige Befassung mit allen den Sozial- oder Drittanspruch betreffenden Umständen und Informationen sowie eine dahingehende Plausibilitätsprüfung zu verlangen.[803] Der geschäftsführende Gesellschafter sollte sich zudem, was sich bei komplexen Sachverhalten im Sinne eines Rechtsirrtums[804] haftungserleichternd auswirken dürfte, sachkundig extern beraten lassen.[805]

Beispiele für eine einstweilige oder endgültige pflichtgemäße Unterlassung der Anspruchsverfolgung durch die Geschäftsführung im Einzelfall können die fehlende Solvenz des Beklagten, vorgerichtlicher Nachforschungsbedarf oder überwiegende Zweifel an Bestand oder Beweisbarkeit des Sozial- oder Drittanspruchs sein.[806] Letztlich muss eine gewissenhafte Geschäftsführung, ebenfalls als Ausfluss der Grundsätze von Treu und Glauben, auch stets das Prozesskostenrisiko für die Gesellschaft sowie das Kosten-Nutzen-Verhältnis der gerichtlichen Anspruchsdurchsetzung insgesamt bedenken. Jedoch, das sei hier nochmals betont, muss es sich bei all diesen im Einzelfall anhand der Grundsätze von Treu und Glauben sowie der *Business Judgement Rule* vorzunehmenden Erwägungen um solche handeln, die in der Begründetheit der Gesellschafterklage Bedeutung erlangen. Die Subsidiarität der *actio pro socio* ist hiervon klar abzugrenzen.[807] Letztlich ist damit natürlich vorstellbar, dass eine Gesellschafterklage über einen nicht verfolgten Sozial- oder

801 BGH, NJW 1997, 1926 (1926).
802 *Schäfer*, ZHR 187 (2023), 78 (101 f.).
803 BGH, NJW-RR 2011, 1670 (1670); BeckOK HGB/*Klimke*, HGB § 116, Rn. 73; *Goette/Goette*, DStR 2016, 815 (818).
804 *Schäfer*, ZHR 187 (2023), 78 (102).
805 BGH, NJW-RR 2011, 1670 (1671); MüKo-BGB 9. Aufl./*Schäfer*, BGB § 715b, Rn. 14 (Fn. 49); *Fleischer*, NJW 2009, 2337 (2339).
806 *Berger*, ZZP 135 (2022), 407 (419).
807 HK-GbR/*Heidel*, § 715b BGB, Rn. 22; *Schäfer*, ZHR 187 (2023), 78 (102).

Drittanspruch insgesamt Erfolg hat, obwohl die ursprüngliche Nichtverfolgungsentscheidung der Geschäftsführung subjektiv von deren Ermessensspielraum gedeckt war. Denn die pflichtwidrige Ermessensausübung der Geschäftsführung muss nicht zwingend deckungsgleich mit dem Pflichtwidrigkeitsbegriff gemäß § 715b Abs. 1 BGB sein.[808] Gleichwohl wäre die Ausübung subjektiv pflichtgemäßen Ermessens mit Blick auf die Prüfung des Vertretenmüssens gemäß § 276 BGB in einem etwaigen Schadensersatzprozess gegen den geschäftsführenden Gesellschafter zu berücksichtigen.

5. Rolle des Gesellschafterklägers im Prozess

Im Folgenden sollen die prozessualen Besonderheiten der Gesellschafterklage gemäß § 715b BGB dargestellt werden. Um Doppelungen zu vermeiden, sei auch hier auf die verfahrensrechtlichen Ausführungen im Kontext des alten Rechts verwiesen.[809] Gleichwohl beinhaltet § 715b BGB schon aus sich heraus prozessuale Neuerungen, die einer Darstellung bedürfen. Daneben müssen jene prozessrechtlichen Fragen, die auch nach der Kodifizierung der *actio pro socio* durch den Gesetzgeber unbeantwortet blieben, einer Bewertung im Lichte des MoPeG zugeführt werden. Die Darstellung soll anhand der jeweilig am Prozess beteiligten oder von diesem betroffenen Personen und Rechtssubjekten erfolgen, wobei mit der prozessualen Rolle des die *actio pro socio* betreibenden Gesellschafters begonnen werden soll.

a) Antrag im eigenen Namen auf Leistung an die Gesellschaft

§ 715b Abs. 1 S. 1 BGB normiert in Ausgestaltung der gesetzlichen Prozessstandschaft eindeutig, dass die *actio pro socio* durch den Gesellschafterkläger im eigenen Namen über einen Anspruch der Gesellschaft erhoben werden muss. Nicht explizit im Gesetz geregelt ist das schon bisher geltende Erfordernis,[810] dass die Gesellschafterklage stets auf Leistung des Beklagten

[808] *Reiss/Manolakis*, NZG 2024, 330 (336).
[809] Siehe Abschnitt C. I. 4.
[810] Siehe Fn. 447.

an die Gesellschaft lauten muss. Grundsätzlich gilt diese Maßgabe zweifelsohne auch nach dem MoPeG fort.[811]

Vereinzelt wird vertreten, dass die fehlende Kodifizierung des Erfordernisses zur Leistung an die Gesellschaft unglücklich sei,[812] da die reine Subsumtion des Gesetzes den Schluss auf die geltende Rechtslage nicht zulasse.[813] Daher wird der Vorschlag unterbreitet, der Gesetzgeber möge § 715b BGB Abs. 1 S. 1 BGB darum ergänzen, dass der Klageantrag grundsätzlich nur auf Leistung an die Gesellschaft und nur im Falle der Liquidation ausnahmsweise auf Leistung an den Gesellschafterkläger selbst gestellt werden darf.[814]

Obgleich dies aus Gründen der Klarheit durchaus zu begrüßen wäre, besteht jedoch keine akute Veranlassung für ein redaktionelle Nachbesserung des Gesetzgebers. Die klare Einordnung der *actio pro socio* als Fall der gesetzlichen Prozessstandschaft sowie die absolut herrschende Meinung in Rechtsprechung und Wissenschaft geben hier ausreichend Sicherheit für den Rechtsanwender, indem der Sozial- oder Drittanspruch klar der Gesellschaft zugewiesen wird. Sofern jedoch weiter vorgebracht wird, dass auch die Gesetzesbegründung für das MoPeG das Erfordernis der Beantragung der Leistung an die Gesellschaft überhaupt nicht erwähne,[815] ist dem entgegenzutreten. In den Ausführungen zu Aspekten der Rechtskraftwirkung in § 715b Abs. 4 BGB heißt es wörtlich *„[...] und kommt es dadurch zu einer*

---

811 Anstatt vieler MüKo-BGB 9. Aufl./*Schäfer*, BGB § 715b, Rn. 1; MHdB GesR II/*Scheel*, § 7, Rn. 95a; Röhricht/Graf von Westphalen/Haas HGB/*Haas/Wöstmann*, § 105 HGB, Rn. 133; *Servatius*, GbR, BGB § 715b, Rn. 21; Grüneberg/*Retzlaff*, BGB § 715b, Rn. 7; Erman BGB/*Lieder*, § 715b BGB, Rn. 13; *Fehrenbach/Schikorra*, AD 2/2024, 145 (146); *Noack*, GmbHR 2024, 71 (73); *Keller*, ZJS 4/2022, 469 (471); offener HK-GbR/*Heidel*, § 715b BGB, Rn. 33 (quotaler Schaden); *Berger*, ZZP 135 (2022), 407 (422) (Annahmeverweigerung durch Gesellschaft).

812 BeckOK BGB 75. Ed./*Schöne*, BGB § 715b, Rn. 24.

813 BeckOK BGB 75. Ed./*Schöne*, BGB § 715b, Rn. 25.

814 BeckOK BGB 75. Ed./*Schöne*, BGB § 715b, Rn. 25.1.

815 BeckOK BGB 75. Ed./*Schöne*, BGB § 715b, Rn. 24; HK-GbR/*Heidel*, § 715b BGB, Rn. 33.

entsprechenden Leistung des beklagten Gesellschafters beziehungsweise Dritten an die Gesellschaft, [...]".[816] Mithin steht ohne Zweifel fest, dass auch der Gesetzgeber an der schon bisher geltenden Rechtslage festhalten möchte. Daher reduziert sich die hier angerissene Diskussion rein auf den weniger entscheidenden Punkt, dass eine redaktionelle Klarstellung in § 715b BGB wohl wünschenswert wäre.

b) Verfügungen über den Sozial- oder Drittanspruch

Da es sich für den die *actio pro socio* betreibenden Gesellschafter um einen fremden Anspruch handelt, welcher ausschließlich der Gesellschaft zusteht, bestätigte der Gesetzgeber die bereits bisher geltende Linie,[817] dass der Gesellschafterkläger nicht befugt ist, über den Sozial- oder Drittanspruch Verfügungen zu treffen.[818]

Soweit mit einer solchen Verfügung ein Prozessvergleich gemeint ist, wird im Lichte des MoPeG jedoch auch vertreten, dass ein solcher für den Gesellschafterkläger möglich sein sollte.[819] Dafür wird angeführt, dass der Vergleich ein zentrales Mittel der Streitbeilegung gemäß § 278 Abs. 1 ZPO sei und überdies bei der aktienrechtlichen *actio pro socio* in § 148 Abs. 5 S. 2 AktG Berücksichtigung findet.[820] Das Risiko eines für die Klägerseite unvorteilhaften Prozessvergleichs liege richtigerweise bei der Gesellschaft, die durch das pflichtwidrige Unterlassen ihrer Geschäftsführung immerhin den Grundstein für die Gesellschafterklage legte.[821] Zudem müsse diese sich ohnehin gemäß § 715b Abs. 4 BGB der Rechtskraft eines Urteils über den Sozial- oder Drittanspruch fügen.[822]

---

816 BT-Dr. 19/27635, S. 156.

817 Siehe Fn. 451.

818 BT-Dr. 19/27635, S. 155.

819 *Berger*, ZZP 135 (2022), 407 (423 f.); so bereits *Grunewald*, Die Gesellschafterklage in der Personengesellschaft und der GmbH, S. 58 ff.

820 *Berger*, ZZP 135 (2022), 407 (423).

821 *Berger*, ZZP 135 (2022), 407 (423).

822 *Berger*, ZZP 135 (2022), 407 (423).

Die vorgebrachten Argumente sind durchaus stichhaltig und verdienen gehört zu werden. Sie verkennen jedoch den Charakter der *actio pro socio* im Personengesellschaftsrecht als Minderheiten- und Kontrollbefugnis[823] sowie als Hilfsrecht.[824] Eine entsprechende Vergleichsmöglichkeit für den die *actio pro socio* betreibenden Gesellschafter, wie man sie bereits aus § 148 Abs. 5 S. 2 AktG kennt, hat der Gesetzgeber in § 715b BGB explizit nicht vorgesehen. Im Aktienrecht ist die klagende Aktionärsminderheit befugt, sofern die Aktionärsklage zugelassen wurde, in gewissen Grenzen über den Anspruch der AG im Wege des Prozessvergleichs zu disponieren.[825]

Der Seitenblick auf die aktienrechtliche *actio pro socio* hält hier jedoch einer genaueren Untersuchung nicht stand. Das Klagezulassungsverfahren und damit auch die spätere Aktionärsklage beziehen sich gemäß § 148 Abs. 1 S. 1 AktG nur auf den engen Anwendungsbereich von Ersatzansprüchen der AG,[826] vor allem gegen Vorstand und Aufsichtsrat, gemäß § 147 Abs. 1 S. 1 AktG. Die Vergleichsbefugnis der die *actio pro socio* betreibenden Aktionärsminderheit gemäß § 148 Abs. 5 S. 2 AktG darf dabei nicht über jene der AG selbst hinausgehen.[827] Der AG selbst ist es nämlich grundsätzlich nur dann erlaubt, sich über einen Ersatzanspruch im Sinne des § 147 Abs. 1 S. 1 AktG zu vergleichen, wenn gemäß § 93 Abs. 4 S. 3 AktG unter anderem die Hauptversammlung dem Prozessvergleich zugestimmt und eine gewisse Hauptversammlungsminderheit diesem nicht widersprochen hat. Entsprechende spezialgesetzliche Zustimmungsvorbehalte für die Geschäftsführung sind dem Personengesellschaftsrecht jedoch fremd und die Befugnis zum Prozessvergleich wird allenfalls durch die Grenzen der Zuständigkeit der Gesellschafterversammlung gemäß der §§ 715 Abs. 2 S. 2 BGB, 116 Abs. 2 S. 1 Hs. 2 HGB beschränkt.[828] Überdies

823 Siehe Fn. 416.
824 Siehe Fn. 417.
825 Grigoleit/*Grigoleit/Rachlitz*, AktG § 148, Rn. 29.
826 *Koch*, AktG § 147, Rn. 3 ff.
827 Grigoleit/*Grigoleit/Rachlitz*, AktG § 148, Rn. 29.
828 Ähnlich *Berger*, ZZP 135 (2022), 407 (423 f.); ähnlich bereits *Bork/Oepen*, ZGR 2001, 515 (542).

ist der Anwendungsbereich der Gesellschafterklage in Bezug auf die Verfolgung von Drittansprüchen gemäß § 715b Abs. 1 S. 2 BGB verglichen mit dem aktienrechtlichen Pendant derart weit gelagert, dass dies schlechterdings auch gar nicht anders denkbar wäre.[829] § 148 Abs. 5 S. 2 AktG fehlt damit der verbandsübergreifende Charakter.

Insoweit überzeugt die Wertung des Gesetzgebers, dem Gesellschafterkläger in der Personengesellschaft die Möglichkeit des Prozessvergleichs nicht zu eröffnen. Wird die gesellschaftsrechtliche Zuständigkeitsordnung durch die *actio pro socio* zulässigerweise durchbrochen, so hat insbesondere angesichts der mannigfaltigen Drittansprüche ein Gericht als unabhängiger Spruchkörper über den Anspruch und damit über die vollständige oder teilweise Begründetheit der Klage zu befinden. Dies ist der enge Korridor der ausnahmsweisen Anspruchsverfolgung durch den nicht geschäftsführungsbefugten Gesellschafter, den die Gesellschafterklage gemäß § 715b BGB eröffnet. Der Gesellschafterkläger führt das Verfahren als Prozessstandschaftler eigenverantwortlich.[830] Materiell-rechtlich soll der Gesellschafterkläger jedoch nicht über den im Wege der gesetzlichen Prozessstandschaft verfolgten Anspruch der Gesellschaft verfügen dürfen,[831] daher kann aufgrund der Doppelnatur[832] des Prozessvergleichs für die Prozesshandlung im Zivilprozess nichts anderes gelten.[833]

---

829 Schon im Zuge des UMAG erachtete der Gesetzgeber einen Vergleich nur „in extrem engen Grenzen" für denkbar, BT-Dr. 15/5092, S. 23.

830 Musielak/Voit ZPO/*Weth*, ZPO § 51, Rn. 24.

831 Ausdrücklich BT-Dr. 19/27635, S. 155; so sogar *Berger*, ZZP 135 (2022), 407 (422).

832 Der Prozessvergleich bildet eine Einheit aus materiell-rechtlicher Verfügung und Prozesshandlung, BGH, NJW 1981, 823 (823); Musielak/Voit ZPO/*Lackmann*, ZPO § 794, Rn. 3; die Einheit unter Annahme gewillkürter Prozessstandschaft bejahend *Grunewald*, Die Gesellschafterklage in der Personengesellschaft und der GmbH, S. 59; unter Annahme gewillkürter Prozessstandschaft ablehnend *Bork/Oepen*, ZGR 2001, 515 (542).

833 MüKo-BGB 9. Aufl./*Schäfer*, BGB § 715b, Rn. 19; Koch PersGesR/*Könen*, § 715b BGB, Rn. 19; Röhricht/Graf von Westphalen/Haas HGB/*Haas/Wöstmann*, § 105 HGB, Rn. 133; *Servatius*, GbR, BGB § 715b, Rn. 21; *Fehrenbach/Schikorra*,

c) Verpflichtung zur sorgfältigen Prozessführung

Dass der Gesellschafterkläger gehalten ist, die *actio pro socio* nach bestem Wissen und Gewissen zu führen, versteht sich eigentlich von selbst. Eine derartige Verpflichtung gegenüber der Gesellschaft wird man regelmäßig aus seiner mitgliedschaftlichen Verbundenheit zur Gesellschaft sowie aus den Grundsätzen von Treu und Glauben herleiten dürfen. In der Regel wird der nicht geschäftsführungsbefugte Gesellschafter für gegenteiliges Verhalten auch keine Veranlassung haben, da er zum einen die Anstrengung der Gesellschafterklage explizit forcierte und zum anderen das volle Prozesskostenrisiko trägt.[834] Zudem könnte sich der Gesellschafterkläger durch eine unbillige Prozessführung gegenüber der Gesellschaft umgekehrt schadensersatzpflichtig machen.[835] Dies erscheint nach dem MoPeG wegen der in § 715b Abs. 1 S. 1 BGB angeordneten gesetzlichen Prozessstandschaft sowie aufgrund von § 715b Abs. 4 BGB, wo die Rechtskrafterstreckung eines im Zuge der Gesellschafterklage ergangenen Sachurteils auf die Gesellschaft ausdrücklich niedergelegt ist, umso zwingender. Gleichwohl wird es Situationen geben, in denen die Gesellschafterklage nach objektiven Maßstäben von der Klägerseite vorsätzlich oder unwissentlich nachlässig geführt wird. Davor ist die Gesellschaft im Ausgangspunkt nicht geschützt, so war es doch die wiederum nachlässige Geschäftsführung, die Anlass zu der zulässigen *actio pro socio* gab. Darüber hinaus ist die Gesellschaft nicht Partei des Verfahrens. Dennoch darf sie nach dem Willen des Gesetzgebers über den Stand der Gesellschafterklage und damit über ihren Sozial- oder Drittanspruch nicht im Unklaren gelassen werden.

AD 2/2024, 145 (149); *Noack*, GmbHR 2024, 71 (73); *Lieder*, ZGR Sonderheft 23, S. 202.

834 Siehe Abschnitt C. II. 8. b) aa).

835 Ähnlich bereits *Grunewald*, Die Gesellschafterklage in der Personengesellschaft und der GmbH, S. 59.

d) Informationspflichten gemäß § 715b Abs. 3 BGB

Hier sieht der Gesetzgeber zuvorderst den Gesellschafterkläger in der Verantwortung und statuiert in § 715b Abs. 3 BGB eine ausdrückliche Unterrichtungspflicht des nicht geschäftsführungsbefugten Gesellschafters an die Gesellschaft. Dies erscheint im Ausgangspunkt vor dem Hintergrund der den Gesellschafterkläger treffenden Treuepflicht[836] durchaus sachgerecht, da man sich stets vor Augen führen muss, dass dieser prozessual ein fremdes Recht geltend macht, über dessen Bestand oder Nichtbestand durch Sachurteil auch für und gegen die Gesellschaft entschieden wird. Durch § 715b Abs. 3 BGB wird für die Gesellschaft erst die Grundlage geschaffen, angemessene prozessuale Handlungsmöglichkeiten in Bezug auf die anhängige *actio pro socio* in Erwägung zu ziehen.[837] Nicht zuletzt aufgrund des an dieser Stelle recht spärlich gefassten Gesetzes ist jedoch fraglich, wie den Informationspflichten im Detail gerecht zu werden ist.

aa) Adressat und Inhalt der Information

Gemäß § 715b Abs. 3 S. 1 BGB hat der Gesellschafterkläger die Gesellschaft über die Erhebung der *actio pro socio* und deren Verfahrensstand zu unterrichten. Richtiger Adressat für die Information ist dementsprechend die in Vertretung der Gesellschaft handelnde Geschäftsführung[838] und nicht notwendigerweise sämtliche Mitgesellschafter. Unterlässt es die Geschäftsführung wiederum pflichtwidrig, die Information im Gesellschaftsinteresse zur Kenntnis zu nehmen und gegebenenfalls an die Gesellschaftergesamtheit zur allseitigen Entscheidungsfindung zu übermitteln, so kann dies dem Gesellschafterkläger nicht zum Nachteil gereichen.

§ 715b Abs. 3 BGB schweigt zu den inhaltlichen Anforderungen an die Information. Gleichwohl führt der Gesetzgeber zu der Implementierung der

---

836 *Servatius*, GbR, BGB § 715b, Rn. 24.

837 BT-Dr. 19/27635, S. 156.

838 BeckOK BGB 75. Ed./*Schöne*, BGB § 715b, Rn. 41; Koch PersGesR/*Könen*, § 715b BGB, Rn. 20.

Informationspflichten des Gesellschafterklägers aus, dass die Gesellschaft dergestalt informiert werden müsse, dass diese ihrerseits die angesprochenen prozessualen Schritte einleiten könne.[839] Dies kann nicht anders verstanden werden, als dass die Gesellschaft inhaltlich umfassend über die wesentlichen Inhalte der *actio pro socio* in Kenntnis zu setzen ist.[840] Wie sollte sich die Gesellschaft sonst ein ausreichendes Bild über die ein letztlich sie betreffendes Verfahren machen, an dem sie aber gar nicht beteiligt ist? Daher ist mindestens zu fordern, dass insbesondere wesentliche Schriftsätze der Parteien sowie substantielle Verfügungen des Gerichts an die Gesellschaft übermittelt werden,[841] um sie jedenfalls informatorisch in eine *quasi* Parteistellung zu versetzen. Tatsächlich ist dem die *actio pro socio* betreibenden Gesellschafter vielmehr schon um seiner eigenen Interessen willen zu raten, die Gesellschaft allumfassend mit sämtlichen Informationen zu versorgen. Da sich Heimlichtuerei aufgrund von § 715b Abs. 3 BGB in jedem Fall verbietet, sollte der Gesellschafterkläger darauf bedacht sein, die Gesellschaft von den Erfolgsaussichten der *actio pro socio* mittels der bereitgestellten Informationen zu überzeugen, um die Gesellschaft im Falle einer etwaigen Beteiligung dieser am Prozess,[842] vor allem während der Begründetheitsprüfung des Gerichts, an seiner Seite zu wissen.[843]

bb) Zeitpunkt der Information

Der Wortlaut des § 715b Abs. 3 S. 1 BGB hilft in Bezug auf die zeitliche Komponente der Information in doppelter Hinsicht weiter. Zum einen bestimmt das Gesetz, dass die Information unverzüglich zu übermitteln ist.

---

839 BT-Dr. 19/27635, S. 156.

840 MüKo-BGB 9. Aufl./*Schäfer*, BGB § 715b, Rn. 21; BeckOK BGB 75. Ed./*Schöne*, BGB § 715b, Rn. 42; *Noack*, GmbHR 2024, 71 (73); wohl andere Ansicht HK-GbR/*Heidel*, § 715b BGB, Rn. 67.

841 BeckOK BGB 75. Ed./*Schöne*, BGB § 715b, Rn. 42.

842 Siehe Abschnitt C. II. 6. b).

843 Ähnlich *Noack*, GmbHR 2024, 71 (73); *Berger*, ZZP 135 (2022), 407 (422).

Nach der Legaldefinition[844] des § 121 Abs. 1 S. 1 BGB bedeutet unverzüglich, dass ohne schuldhaftes Zögern gehandelt werden muss. Diese Definition gilt auch im Bereich prozessrechtlicher Vorschriften,[845] als welche die Informationspflichten gemäß § 715b Abs. 3 BGB wohl zumindest überwiegend verstanden werden müssen. Für die Information an die Gesellschaft, dass die *actio pro socio* erhoben wurde, muss mithin gelten, dass diese mehr oder minder zeitgleich mit einer Kopie der Klageschrift zu versorgen oder zumindest formlos über die Klageerhebung und deren Inhalte zu informieren ist. Es sind wenige Konstellationen denkbar, in denen es dem Gesellschafterkläger logistisch nicht möglich sein wird, neben dem Gericht die Gesellschaft als zusätzlichen Empfänger des Klageschriftsatzes zu berücksichtigen. Daneben ist denkbar, dass bereits in der Klageschrift der *actio pro socio* analog zu einem Streitverkündungsschriftsatz gemäß § 73 ZPO beantragt wird, das Gericht möge die Klage auch der Gesellschaft zustellen.[846]

Daneben bestimmt § 715b Abs. 3 S. 1 BGB, dass die Gesellschaft über die Lage des Rechtsstreits zu informieren ist. Um dieser Anforderung gerecht zu werden, attestiert eine überwiegende Meinung den Unterrichtungspflichten in zeitlicher Hinsicht einen fortlaufenden Dauercharakter.[847] Anders könne wohl nicht sichergestellt werden, dass die Gesellschaft zu jedem Zeitpunkt über die notwendigen Informationen für ihre internen Überlegungen zum Fortgang des Prozesses und den damit verbundenen Beteiligungsmöglichkeiten verfügt. Dieses in der Wissenschaft postulierte Verständnis von § 715b Abs. 3 S. 1 BGB als in jedem Fall fortlaufende Verpflichtung wird hier nicht uneingeschränkt geteilt. Wie bereits angesprochen, ist der Gesell-

---

844 Diese zog auch der Bundesrat in seiner Stellungnahme zu BT-Dr. 19/27635 heran, BT-Dr. 19/27635, S. 304.

845 BGH, NJW-RR 2022, 429 (429).

846 Grüneberg/*Retzlaff*, BGB § 715b, Rn. 7; *Schneider*, JuS 2025, 648 (650); ähnlich *Noack*, GmbHR 2024, 71 (73).

847 MüKo-BGB 9. Aufl./*Schäfer*, BGB § 715b, Rn. 21; *Servatius*, GbR, BGB § 715b, Rn. 24; Erman BGB/*Lieder*, § 715b BGB, Rn. 16; MHdB GesR I 6. Aufl./*von Ditfurth*, § 14, Rn. 75; *Noack*, GmbHR 2024, 71 (73); *Fehrenbach/Schikorra*, AD 2/2024, 145 (148); *Risthaus*, WM 2024 Heft 27, 1249 (1253); *Berger*, ZZP 135 (2022), 407 (421).

schafterkläger zwar gut beraten, aus eigenem Interesse fortlaufend über wesentliche Meilensteine des Prozesses an die Gesellschaft zu berichten. Gleichwohl kann § 715b Abs. 3 S. 1 BGB nicht so verstanden werden, dass die Gesellschaft über ausnahmslos jede Prozesshandlung in einer Art Dauerberichterstattung zu informieren ist.[848]

Für die Beschlussmängelanfechtungsklage im Recht der Personenhandelsgesellschaften gemäß § 113 HGB hat der Gesetzgeber in § 113 Abs. 3 HGB eine mit § 715b Abs. 3 BGB wesentlich gleichlautende Regelung eingeführt. Dort freilich mit dem Unterschied, dass die Informationsberechtigten nach § 113 Abs. 3 HGB die Mitgesellschafter sind, da die Gesellschaft bereits zwingend Beklagte der Anfechtungsklage ist.[849] Die Gesetzesbegründung zu § 113 Abs. 3 HGB verhält sich im Unterschied zu § 715b Abs. 3 BGB ausführlicher. Insbesondere wird in zeitlicher Hinsicht ausgeführt, dass § 113 Abs. 3 S. 1 HGB, sofern die Gesellschafter initial über den Streitgegenstand unterrichtet wurden und die Beschlussmängelklage nicht erweitert wird, gerade keine fortlaufende Informationspflicht begründe.[850] Den weiteren Sach- und Streitstand der Klage könnten die Gesellschafter selbst eruieren.[851] Diese Wertung sollte im Ausgangspunkt auch für § 715b Abs. 3 BGB gelten.

Jedoch ist einschränkend festzustellen, dass gemäß § 715b Abs. 1 S. 1 BGB im Wege der gesetzlichen Prozessstandschaft stets ein Recht der Gesellschaft geltend gemacht wird, während die Anfechtungsbefugnis des § 111 Abs. 1 HGB nicht nur als bloße Prozessführungsbefugnis, sondern vielmehr als ein eigenes materielles Recht des Gesellschafters auf Beschlusskontrolle zu verstehen ist.[852] Dies kann durchaus ein gesteigertes In-

---

848 Ähnlich HK-GbR/*Heidel*, § 715b BGB, Rn. 67.

849 Das Informationsinteresse der Gesellschafter besteht, da § 113 Abs. 6 HGB die Rechtskrafterstreckung des Urteils auf diese anordnet.

850 BT-Dr. 19/27635, S. 233.

851 BT-Dr. 19/27635, S. 233; auf die Akteneinsicht gemäß § 299 Abs. 2 ZPO verweisend, HK-GbR/*Heidel*, § 715b BGB, Rn. 67.

852 Ebenroth/Boujong HGB 5. Aufl./*Drescher*, § 111 Rn. 1.

formationsinteresse der Gesellschaft im Rahmen von § 715b Abs. 3 BGB dergestalt rechtfertigen, dass regelmäßig über die Gesellschafterklage zu berichten ist. Hier muss dem Gesellschafterkläger jedoch ein Ermessenspielraum zukommen, welches Prozessereignis für die Abwägung des Beteiligungsinteresses der Gesellschaft an der *actio pro socio* relevant ist und somit eine Unterrichtungspflicht begründet. Flankiert wird diese strengere Auslegung der Informationspflicht im Rahmen von § 715b Abs. 3 BGB im Vergleich zu § 113 Abs. 3 HGB von praktischen und logistischen Erwägungen. Denn an eine fortdauernde Unterrichtung womöglich einer Vielzahl von Gesellschaftern einer Publikumsgesellschaft gemäß § 113 Abs. 3 S. 1 HGB mögen geringere Anforderungen zu stellen sein,[853] als an eine fortdauernde Unterrichtung der Gesellschaft als solitär Informationsberechtigte.[854]

Sämtliche Informationspflichten des Gesellschafterklägers müssen in jedem Fall spätestens dann enden, wenn sich die Gesellschaft aus eigener Kraft fortdauerndes rechtliches Gehör, beispielsweise im Wege der Streithilfe,[855] verschaffen konnte.[856] Gleiches muss gelten, wenn die Gesellschaft evident auf andere Weise über das Verfahren informiert ist oder gar ausdrücklich erkennen lässt, dass kein Interesse oder Bedarf an einer klägerischen Unterrichtung besteht. Daher ist es zwingend geboten, § 715b Abs. 3 BGB in Bezug auf diese Lebenssachverhalte teleologisch zu reduzieren.

cc) Funktion des Gerichts

§ 715b Abs. 3 S. 2 BGB trägt dem Gesellschafterkläger ferner auf, das Gericht über die erfolgte Unterrichtung der Gesellschaft in Kenntnis zu setzen.

---

[853] Auf diese Problematik weist der Bundesrat in seiner Stellungnahme zu BT-Dr. 19/27635 hin, BT-Dr. 19/27635, S. 304.

[854] Wenngleich der Gesetzgeber zu § 113 Abs. 3 S. 3 HGB ausführt, dass sich das Gericht grundsätzlich auf die Aussage der Gesellschaft verlassen könne, die übrigen Gesellschafter informiert zu haben, BT-Dr. 19/27635, S. 234.

[855] Musielak/Voit ZPO/*Weth*, ZPO § 66, Rn. 1; BeckOK ZPO/*von Selle*, ZPO § 69, Rn. 14.

[856] MüKo-BGB 9. Aufl./*Schäfer*, BGB § 715b, Rn. 21.

Dies soll ermöglichen, dass wiederum das Gericht seinem in § 715b Abs. 3 S. 3 BGB normierten Auftrag nachkommen kann, ebenfalls auf eine unverzügliche Unterrichtung der Gesellschaft hinzuwirken.[857] Mithin hat der Gesellschafterkläger das Gericht mindestens über die erstmalige Unterrichtung der Gesellschaft zu informieren. Darüber hinaus zu vertreten, dass der nicht geschäftsführungsbefugte Gesellschafter verpflichtet wäre, das Gericht über jede fortlaufende Unterrichtung der Gesellschaft in Kenntnis zu setzen, erscheint indes überhöht.

Vielmehr bedarf es einer Klärung, welche exakte Funktion dem Gericht gemäß § 715b Abs. 3 S. 3 BGB zukommt. Zunächst ist zu erwähnen, dass der Bundesrat im Gesetzgebungsverfahren sowohl für § 715b Abs. 3 S. 3 BGB, wie auch für die Parallelnorm in § 113 Abs. 3 S. 3 HGB, die Streichung forderte.[858] Die Zuweisung einer Mitwirkungspflicht des Gerichts stünde im Widerspruch zur gesellschaftsrechtlichen Rollenverteilung, wonach die Verantwortung für die Unterrichtung im Rahmen der *actio pro socio* beim Gesellschafterkläger und im Rahmen der Anfechtungsklage bei der Gesellschaft liege.[859] Die Verortung einer Mitwirkungspflicht in der Sphäre des Gerichts sei falsch[860] und fördere überdies die Gefahr von Verfahrensfehlern.[861] Zwar versprach der Gesetzgeber die Einwände des Bundesrats zu prüfen,[862] eine Streichung oder Anpassung von § 715b Abs. 3 S. 3 BGB und § 113 Abs. 3 S. 3 HGB erfolgte jedoch erkennbar nicht.

Die rechtspolitischen und praktischen Argumente des Bundesrats sind einleuchtend, gleichwohl hängt die Frage ihrer Relevanz maßgeblich davon ab, wie die gesetzgeberische Anforderung an das Gericht gemäß § 715b Abs. 3 S. 3 BGB tatsächlich zu verstehen ist. Dem Wortlaut der

---

857 MüKo-BGB 9. Aufl./*Schäfer*, BGB § 715b, Rn. 21; *Fehrenbach/Schikorra*, AD 2/2024, 145 (149).
858 BT-Dr. 19/27635, S. 304.
859 BT-Dr. 19/27635, S. 304.
860 BT-Dr. 19/27635, S. 304.
861 BT-Dr. 19/27635, S. 304; *Servatius*, GbR, BGB § 715b, Rn. 24.
862 BT-Dr. 19/27635, S. 310.

Norm entsprechend, soll das Gericht auf eine unverzügliche Unterrichtung der Gesellschaft hinwirken. Einige Stimmen wollen, auch im Lichte der eben genannten Argumente des Bundesrats, die Anforderungen an diese Hinwirkung nicht überspannen. So sollen einfache richterliche Hinweise an den Gesellschafterkläger, seiner Unterrichtungspflicht nachzukommen, bereits ausreichend sein.[863] Weiter wird vorgebracht, das Gericht wäre schon gar nicht berechtigt, die außenstehende Gesellschaft zu informieren und könne daher ausschließlich Hinweise an den die *actio pro socio* betreibenden Gesellschafter erteilen.[864] Schließlich wird überdies vertreten, es obläge dem Gericht zur Erfüllung seiner Hinwirkungspflicht, dem Gesellschafterkläger fortlaufend Kopien aller Schriftsätze und richterlichen Verfügungen bereitzustellen.[865]

Letztere Ansicht überzeugt schon deshalb nicht, da der Kläger als Prozesspartei notwendigerweise selbst über diese Unterlagen verfügt. Inwieweit eine zusätzliche Übersendung von Kopien der Prozessdokumente vom Gericht an den Kläger für die Hinwirkung auf die Unterrichtung der Gesellschaft dienlich sein soll, erschließt sich nicht. Falsch ist auch, dass das Gericht überhaupt nicht berechtigt sei, die Gesellschaft direkt zu informieren. Der Wortlaut des Gesetzes ist offen gefasst und lässt insoweit auch den Spielraum für eine direkte Information des Gerichts an die Gesellschaft.

Vielmehr ist richtig, dass schon aus Gründen der Prozessökonomie zunächst ein richterlicher Hinweis an den Gesellschafterkläger für die Erfüllung der Hinwirkungspflicht des Gerichts ausreichend sein dürfte. Die Reaktion des nicht geschäftsführungsbefugten Gesellschafters, wie er mit dem Hinweis umgegangen ist und ob die Gesellschaft informiert wurde, mag das Gericht in eigener Anschauung würdigen. Hat das Gericht die Klageschrift der *actio pro socio* auf Antrag des Gesellschafterklägers bereits anfänglich neben dem

---

[863] HK-GbR/*Heidel*, § 715b BGB, Rn. 69; *Servatius*, GbR, BGB § 715b, Rn. 24; *Risthaus*, WM 2024 Heft 27, 1249 (1253); *Noack*, GmbHR 2024, 71 (74).

[864] *Schmidt*, ZPG 2023, 81 (83).

[865] BeckOK BGB 75. Ed./*Schöne*, BGB § 715b, Rn. 42.

Beklagten auch der Gesellschaft zugestellt, so dürfte die Mitwirkungspflicht ohnehin erfüllt sein. Bleibt eine Unterrichtung der Gesellschaft durch den die *actio pro socio* betreibenden Gesellschafter nach der Überzeugung des Gerichts jedoch final aus, so hat das Gericht die Gesellschaft als *ultima ratio* auch ohne klägerischen Antrag selbst zu informieren.[866] Dafür spricht auch die explizite Wertung des Gesetzgebers im Kontext von § 113 Abs. 3 S. 3 HGB, der ein dahingehendes Tätigwerden des Gerichts im Einzelfall fordert.[867]

Es mag als unbefriedigend erscheinen, dass der Gesetzgeber die Informationspflicht nach § 715b Abs. 3 BGB nicht ansatzweise mit derselben inhaltlichen Tiefe begründet hat wie jene gemäß § 113 Abs. 3 HGB. Bessere Leitplanken wären hier sicher hilfreich gewesen. Dennoch spricht der fast identische Wortlaut und Anwendungsbereich sowie die vergleichbare Interessenlage für eine entsprechend parallel gelagerte Auslegung der einzelnen Informationspflichten bei der Gesellschafterklage einerseits und der Anfechtungsklage andererseits. Daran wird sich auch das Gericht bei der Auslegung und Anwendung der Verpflichtung gemäß § 715b Abs. 3 S. 3 BGB zu orientieren haben.

dd) Rechtsfolgen einer Verletzung der Informationspflichten

Bestimmte Rechtsfolgen für eine unterlassene oder mangelhafte Unterrichtung der Gesellschaft durch den Gesellschafterkläger oder das Gericht lässt das Gesetz in § 715b Abs. 3 BGB vermissen. Genauso verhält es sich mit der Gesetzesbegründung. Jedoch lassen auch hier die gesetzgeberischen Ausführungen zu § 113 Abs. 3 HGB einen Parallelitätsschluss zu. Danach ist die unterbliebene Unterrichtung der Gesellschaft auch im Rahmen von

---

866 *Schwarz*, ZGR 2025, 112 (139); *Berger*, ZZP 135 (2022), 407 (421).

867 BT-Dr. 19/27635, S. 234; diese Wertung sehen auch HK-GbR/*Heidel*, § 715b BGB, Rn. 69 (Fn. 158) und *Schmidt*, ZPG 2023, 81 (86), ziehen daraus für § 715b Abs. 3 S. 3 BGB jedoch keinerlei Rückschlüsse.

§ 715b Abs. 3 BGB instanzübergreifend nachzuholen.[868] Weist die Gesellschaft dem Gericht nach, dass sie infolge der nicht erfolgten Unterrichtung keine Kenntnis von der *actio pro socio* hatte, kann eine Wiedereinsetzung in den vorigen Stand erfolgen.[869] Daneben stehen Schadensersatzansprüche der Gesellschaft gegen den Gesellschafterkläger im Raum.[870] Schließlich wird richtigerweise zum Schutz der Gesellschaft vertreten, die Rechtskrafterstreckung auf diese im Sinne einer teleologischen Reduktion des § 715b Abs. 4 BGB entfallen zu lassen, wenn eine Unterrichtung dieser überhaupt nicht erfolgt ist.[871]

6. Rolle der Mitgesellschafter und Gesellschaft neben dem Prozess

Nachdem die verfahrensrechtliche Rolle des Gesellschafterklägers beleuchtet wurde, stellt sich in einem nächsten Schritt die Frage, wie es sich mit der prozessualen Stellung der nicht beklagten Mitgesellschafter und der Gesellschaft als von der *actio pro socio* mittelbar betroffene Akteure verhält.

a) Mitgesellschafter

Auch die Mitgesellschafter mögen ein Interesse an der *actio pro socio* des nicht geschäftsführungsbefugten Gesellschafters haben. Entweder halten sie es mit der Geschäftsführung und sind der Ansicht, dass die Verfolgung des Sozial- oder Drittanspruchs nicht pflichtwidrig unterlassen wurde. Oder sie stimmen mit dem Gesellschafterkläger darin überein, dass es notwendig war, die gesellschaftsrechtliche Kompetenzordnung mit der *actio pro socio* durchbrochen zu haben. In jedem Fall dürfte die Verfolgung eines werthal-

868 BT-Dr. 19/27635, S. 234.

869 BGH, NJW 2008, 1889 (1890); BT-Dr. 19/27635, S. 234.

870 BT-Dr. 19/27635, S. 234; *Noack*, GmbHR 2024, 71 (74); *Schmidt*, ZPG 2023, 81 (83).

871 Erman BGB/*Lieder*, § 715b BGB, Rn. 16; *Schneider*, JuS 2025, 648 (650); *Schwarz*, ZGR 2025, 112 (139); *Fehrenbach/Schikorra*, AD 2/2024, 145 (149); *Noack*, GmbHR 2024, 71 (74); *Berger*, ZZP 135 (2022), 407 (421); so wohl auch BeckOK BGB 75. Ed./*Schöne*, BGB § 715b, Rn. 40; *Lieder*, ZGR Sonderheft 23, S. 203.

tigen Sozial- oder Drittanspruchs zum Wohle des Gesellschaftsvermögens im Interesse aller Gesellschafter einer GbR und OHG liegen, da diese für die Verbindlichkeiten der Gesellschaft im Falle der §§ 721 S. 1 BGB, 126 S. 1 HGB unbeschränkt, persönlich, gesamtschuldnerisch und akzessorisch haften. Jedoch hat auch der Kommanditist einer KG, der nach § 172 Abs. 1 HGB nur bis zu der eingetragenen Haftsumme haftet, ein Interesse an dem Erhalt und der Mehrung des Gesellschaftsvermögens. Denn ferner gilt für alle Gesellschafter einer Personengesellschaft, dass sie gemäß der §§ 709 Abs. 3 BGB, 120 Abs. 2 HGB an Gewinn und Verlust der Gesellschaft beteiligt sind.

Aus diesen Überlegungen folgt, dass die Mitgesellschafter eine Prozesspartei der Gesellschafterklage als Streithelfer unterstützen wollen könnten, um rechtliches Gehör zu finden und zu einem aus ihrer Sicht günstigen Prozessverlauf beizutragen. Dieses tatsächliche oder wirtschaftliche Interesse der Mitgesellschafter an der *actio pro socio* müsste jedoch zugleich ein rechtliches Interesse im Sinne des § 66 Abs. 1 ZPO sein, damit ein Eingriff in den Prozess als Nebenintervenient in Frage käme. Dieses rechtliche Interesse ist als Interventionsgrund gerade von einem rein tatsächlichen oder wirtschaftlichen Interesse abzugrenzen.[872] Jedenfalls anerkannt ist, dass Gesellschafter einer Personengesellschaft einem Prozess, in welchem die Gesellschaft beklagt ist, aufgrund der direkten Haftungsbeziehung beitreten dürfen.[873] Es bleibt ihnen jedoch versagt, einem Aktivprozess der Gesellschaft beizutreten, der auf Zahlung gerichtet ist und damit zu einer Erhöhung des Gesellschaftsvermögens führen könnte, da der nur mittelbare Profit der Gesellschafter daran nicht schon als rechtliches Interesse gemäß § 66 Abs. 1 ZPO zu qualifizieren ist.[874]

---

872 Musielak/Voit ZPO/*Weth*, ZPO § 66, Rn. 6.

873 BGH, NJW 2018, 3016 (3017); Musielak/Voit ZPO/*Weth*, ZPO § 66, Rn. 8.

874 BGH, NJW 2018, 3016 (3017); BeckOK ZPO/*von Selle*, ZPO § 66, Rn. 8.1; Musielak/Voit ZPO/*Weth*, ZPO § 66, Rn. 8; andere Ansicht MHdB GesR I 6. Aufl./*Gummert*, § 33, Rn. 37.

Übertragen auf den Fall der Gesellschafterklage ergibt sich, dass der die *actio pro socio* betreibende Gesellschafter einen Anspruch der Gesellschaft im Aktivprozess gegen einen Gesellschafter oder Dritten einklagt. Die Ausgangslage zwischen Gesellschafterklage einerseits und Klage der Gesellschaft andererseits ist für die Bestimmung des rechtlichen Interesses eines Dritten im Sinne des § 66 Abs. 1 ZPO also absolut vergleichbar, da die Parteistellung auf Klägerseite keinen Einfluss auf den geltend gemachten Sozial- oder Drittanspruch hat. Mithin können die Mitgesellschafter an der *actio pro socio* in der Regel lediglich ein tatsächliches oder wirtschaftliches Interesse haben, welches sie nicht zur Nebenintervention berechtigt. Dafür spricht ferner, dass die Gesellschafter der Personengesellschaft nicht unmittelbar von der Rechtskraftwirkung des § 715b Abs. 4 BGB erfasst sind,[875] was wiederum zwingend ein rechtliches Interesse begründen würde.[876]

Nachdem festgestellt wurde, dass die Mitgesellschafter nicht zur Beteiligung an der Gesellschafterklage befugt sind, steht noch die Frage im Raum, ob ihnen auch das Recht versagt bleibt, hinsichtlich desselben Sozial- oder Drittanspruchs eine weitere *actio pro socio* anzustrengen. Rein zivilprozessual betrachtet stünde einer solchen Klage der Mitgesellschafter die Rechtskraftsperre gemäß § 261 Abs. 3 Nr. 1 ZPO mangels Rechtskrafterstreckung und damit Parteiidentität nicht entgegen.[877] Zwar dürfte hierfür schon aus Gründen des Prozesskostenrisikos sowieso nur in besonders gelagerten Ausnahmefällen entsprechende Motivation bestehen, dennoch sprechen schließlich die Grundsätze von Treu und Glauben und damit die Subsidiarität der *actio pro socio* gegen die Erhebung einer zweiten Gesellschafterklage durch die Mitgesellschafter.[878] Für eine solche besteht trotz verwehrter Beteiligungsmöglichkeit auch keine Veranlassung. Denn beabsichtigen die Mitgesellschafter Einfluss auf die *actio pro socio* nehmen, können

---

875 BT-Dr. 19/27635, S. 156; siehe Abschnitt C. II. 8. a) bb).

876 Musielak/Voit ZPO/*Weth*, ZPO § 66, Rn. 7.

877 Musielak/Voit ZPO/*Foerste*, ZPO § 261, Rn. 10a; BeckOK ZPO/*Bacher*, ZPO § 261, Rn. 17.

878 Ähnlich BGH, NJW-RR 2019, 742 (743).

sie dies gegebenenfalls mittelbar erreichen, indem sie auf eine Beteiligung der Gesellschaft durch die Geschäftsführung hinwirken.

b) Gesellschaft

Da mit der *actio pro socio* stets ein Recht der Gesellschaft geltend gemacht wird und gemäß § 715b Abs. 4 BGB die Rechtskraft des Sachurteils über die Gesellschafterklage auf die Gesellschaft ausstrahlt, weist diese ein rechtliches Interesse für die Nebenintervention gemäß § 66 Abs. 1 ZPO auf.[879] Mithin kann sich die Gesellschaft entweder auf Kläger- oder Beklagtenseite an der Gesellschafterklage beteiligen.[880] In der Zulässigkeitsprüfung wird die Gesellschaft den Beklagten unterstützen wollen, in der Begründetheitsprüfung den Gesellschafterkläger. Die Gesellschaft kann hierbei nach Feststellung der Zulässigkeit der *actio pro socio* durch das Gericht auch die Seiten wechseln.[881] Aufgrund der Rechtskrafterstreckung würde die Gesellschaft gemäß § 69 ZPO auch zum Streitgenossen der Hauptpartei.[882] Dem streitgenössischen Nebenintervenienten gemäß der §§ 66, 69 ZPO steht ein eigenes, vom Einfluss der Hauptpartei unabhängiges Recht zur Prozessführung zu.[883] Damit kann die Gesellschaft Angriffs- und Verteidigungsmittel vorbringen,[884] Rechtsmittel einlegen[885] sowie insbesondere entgegen den allgemeinen Grundsätzen[886] aufgrund ihrer materiellen Inhaberschaft des Sozial- oder Drittanspruchs[887] einen Prozessvergleich erwirken.[888]

---

879 Siehe Fn. 876.

880 BT-Dr. 19/27635, S. 156; MüKo-BGB 9. Aufl./*Schäfer*, BGB § 715b, Rn. 21; BeckOK BGB 75. Ed./*Schöne*, BGB § 715b, Rn. 40; Röhricht/Graf von Westphalen/Haas HGB/*Haas/Wöstmann*, § 105 HGB, Rn. 133; Grüneberg/*Retzlaff*, BGB § 715b, Rn. 7; *Schwarz*, ZGR 2025, 112 (139); *Noack*, GmbHR 2024, 71 (73); *Fehrenbach/Schikorra*, AD 2/2024, 145 (150); *Lieder*, ZGR Sonderheft 23, S. 203.

881 *Schwarz*, ZGR 2025, 112 (140); *Berger*, ZZP 135 (2022), 407 (421, Fn. 55).

882 Musielak/Voit ZPO/*Weth*, ZPO § 69, Rn. 4.

883 Musielak/Voit ZPO/*Weth*, ZPO § 69, Rn. 8.

884 BeckOK ZPO/*von Selle*, ZPO § 69, Rn. 11.

885 BGH, NJW-RR 1997, 919 (919).

886 OLG Köln, NZG 2004, 46 (47).

887 Siehe Fn. 832.

888 *Schwarz*, ZGR 2025, 112 (140); *Lieder*, ZGR Sonderheft 23, S. 202.

7. Verzögertes Tätigwerden der Gesellschaft in Bezug auf den Streitgegenstand

Fraglich ist jedoch, ob diese Wertung uneingeschränkte Geltung genießt. Denn hinsichtlich eines Prozessvergleichs oder sonstiger Verfügungen der Gesellschaft über den streitgegenständlichen Anspruch könnte vorgebracht werden, dass die rechtshängige Gesellschafterklage die Verfügungsbefugnis der Gesellschaft über den Sozial- oder Drittanspruch sperrt.[889] Während dies sicher dem minderheitenschützenden Charakter der *actio pro socio* entspräche, stünde es jedoch im Widerspruch zu der wohl geltenden Rechtslage, nach welcher die Gesellschafterversammlung über den Sozial- oder Drittanspruch per Einstimmigkeits- oder Mehrheitsbeschluss jederzeit disponieren und sogar auf ihn verzichten darf.[890]

a) Verfügung der Gesellschaft nach Rechtshängigkeit der Gesellschafterklage

Ausschlaggebend für die Beantwortung der Frage, ob der Gesellschaft eine Verfügung über den der rechtshängigen Gesellschafterklage zugrundeliegenden Anspruch verwehrt sein soll, ist, ob sich die Organisationsverfassung der Gesellschaft in Bezug auf den Sozial- oder Drittanspruch geändert hat. Je nach gesetzlicher oder gesellschaftsvertraglicher Notwendigkeit, ist für die Gesellschaft deren Geschäftsführung oder Gesellschafterversammlung für Verfügungen über den Anspruch zuständig.[891] Einige Stimmen vertreten jedoch, dies gelte nicht mehr nach Erhebung der *actio pro socio*.[892]

---

[889] BeckOK BGB 75. Ed./*Schöne*, BGB § 715b, Rn. 29; *Servatius*, GbR, BGB § 715b, Rn. 27; wohl auch Grüneberg/*Retzlaff*, BGB § 715b, Rn. 7.

[890] BGH, NJW 1985, 2830 (2831); MüKo-BGB 9. Aufl./*Schäfer*, BGB § 715b, Rn. 12; MHdB GesR I 6. Aufl./*von Ditfurth*, § 14, Rn. 72; MHdB GesR II/*Scheel*, § 7, Rn. 101; Hopt/*Roth*, HGB § 108, Rn. 35; *Schäfer*, ZHR 187 (2023), 78 (99); *Berger*, ZZP 135 (2022), 407 (422 f.); *Lieder*, ZGR Sonderheft 23, S. 202.

[891] Erman BGB/*Lieder*, § 715b BGB, Rn. 15.

[892] HK-GbR/*Heidel*, § 715b BGB, Rn. 30 f.; BeckOK BGB 75. Ed./*Schöne*, BGB § 715b, Rn. 29; ohne den Versuch einer dogmatischen Herleitung *Servatius*, GbR, BGB § 715b, Rn. 27.

Denn sofern der nicht geschäftsführungsbefugte Gesellschafter die Geschäftsführung fruchtlos zur Klage aufgefordert habe und diese dennoch passiv bliebe, gehe die Kompetenz zur Geltendmachung des Anspruchs und zur Verfügung über diesen konkludent auf den Gesellschafterkläger über.[893]

Die Argumentation ist im Ausgangspunkt nicht von der Hand zu weisen. Die *actio pro socio* soll nach einhelliger Ansicht eine minderheitenschützende Funktion erfüllen.[894] Daher liegt es wertungsmäßig nahe, den nicht geschäftsführungsbefugten Gesellschafter dann vor einer Verfügung der Gesellschaft über den Anspruch zu schützen, wenn dieser den Subsidiaritätsanforderungen der *actio pro socio* gerecht geworden ist. Spätestens würde dies einleuchten, wenn die Zulässigkeit der Gesellschafterklage und damit das Vorliegen eines pflichtwidrigen Unterlassens der Geschäftsführung feststünde. Insbesondere sind hier Konstellationen denkbar, in denen die Gesellschaft über den Sozial- oder Drittanspruch zum Beispiel durch einen Verzicht verfügt, um dem nicht geschäftsführungsbefugten Gesellschafter mutwillig und schließlich wohl treuwidrig den Boden für die *actio pro socio* zu entziehen.[895]

Gegen ein solches Verfügungsverbot der Gesellschaft sprechen jedoch wiederum wertungsmäßige Aspekte, welchen in diesem Zusammenhang nicht das nötige Gewicht beigemessen wird. Zum einen stellt die Gesellschafterklage gemäß § 715b BGB ein Instrument dar, das nur unter sehr engen Voraussetzungen eine Umgehung der gesellschaftsrechtlichen Organisationsstruktur erlaubt. Der Gesetzgeber spricht daher von einem subsidiären Institut, insoweit es die Geschäftsführungs- und Vertretungsordnung der Gesell-

893 BeckOK BGB 75. Ed./*Schöne*, BGB § 715b, Rn. 29.

894 BT-Dr. 19/27635, S. 156.

895 Ähnlich BeckOK BGB 75. Ed./*Schöne*, BGB § 715b, Rn. 29; in diesem Kontext plädiert *Servatius*, GbR, BGB § 715b, Rn. 27 dafür, dass die Gesellschaft jedenfalls nicht ohne angemessene Gegenleistung des Beklagten auf den streitgegenständlichen Anspruch verzichten dürfe.

schaft durchbricht.[896] Es handelt sich ferner um ein Einzelklagerecht[897] und nicht um eine *quasi* Geschäftsführungsbefugnis.[898] Untermauert wird dies dadurch, dass der Gesetzgeber in den Ausführungen zu Fragen der Abdingbarkeit der Gesellschafterklage gemäß § 715b Abs. 2 BGB das Klagerecht aktiv von beispielsweise Geschäftsführungsabberufungsrechten oder Rechten auf Bestellung von Sondergeschäftsführern abgrenzt.[899] Dies nämlich sind Vorgänge, die tatsächlich eine Neuordnung der Organisationsverfassung der Gesellschaft bewirken.

Zum anderen wird im Lichte der ausdrücklichen Kodifizierung der gesetzlichen Prozessstandschaft für die *actio pro socio* sowie auch der durch das MoPeG insgesamt fortgeschrittenen Emanzipation der Personengesellschaften von ihren Gesellschaftern verkannt,[900] dass es sich beim Streitgegenstand der Gesellschafterklage stets um ein Recht handelt, das ausschließlich dem Gesellschaftsvermögen der rechtsfähigen Personengesellschaft zuzuordnen ist.[901] Richtigerweise wird vor diesem Hintergrund soweit ersichtlich auch nicht gefordert, dass der nicht geschäftsführungsbefugte Gesellschafter vorprozessual oder nach Rechtshängigkeit der *actio pro socio* über den Anspruch verfügen können soll. Soweit jedoch gefordert wird, die Gesellschaft dürfe es ihrerseits auch nicht, verbleibt zu klären, wie dieses Verbot über die Verfügung eines eigenen Rechts überhaupt dogmatisch begründet werden soll.[902]

Insofern wird vor allem vorgebracht, die Geschäftsführung hätte konkludent auf die Anspruchsverfolgung und die Verfügung über diesen verzichtet.[903] Dabei wird jedoch übersehen, dass selbst wenn man eine solche konkludente

896 BT-Dr. 19/27635, S. 155.
897 BT-Dr. 19/27635, S. 155.
898 HK-GbR/*Heidel*, § 715b BGB, Rn. 78; *Schwarz*, ZGR 2025, 112 (130 f.).
899 BT-Dr. 19/27635, S. 156; ähnlich *Schwarz*, ZGR 2025, 112 (131).
900 Ähnlich *Schwarz*, ZGR 2025, 112 (133).
901 Ähnlich Erman BGB/*Lieder*, § 715b BGB, Rn. 15.
902 Diese Komplexität bekennend *Servatius*, GbR, BGB § 715b, Rn. 27.
903 Siehe Fn. 893.

Erklärung der Gesellschaft unterstellt, ein Ausschluss der Verfügungsbefugnis mit dinglicher Wirkung[904] aufgrund von § 137 BGB nicht erreicht werden kann.[905] Soweit eine angenommene Verfügungsbeschränkung also nur im Innenverhältnis zwischen Gesellschaft und Gesellschafterkläger Wirkung entfalten kann und der nicht geschäftsführungsbefugte Gesellschafter bei einer dann unbilligen Verfügung der Gesellschaft über den Anspruch allenfalls Schadenersatz von dieser fordern könnte,[906] hilft das dem eigentlichen Ansinnen der Stimmen für ein Verfügungsverbot der Gesellschaft nicht ab. Denn verzichtet die Gesellschaft auf den Sozial- oder Drittanspruch mangels dinglicher Wirkung im Außenverhältnis wirksam gegenüber dem Beklagten, wird der Gesellschafterklage die Grundlage entzogen und der die *actio pro socio* betreibende Gesellschafter muss entweder das wegen Unbegründetheit ergehende Urteil hinnehmen oder einseitig für erledigt erklären.

Zusammenfassend ist damit zu konstatieren, dass ein Verfügungsverbot der Gesellschaft über den Sozial- oder Drittanspruch nach Rechtshängigkeit der Gesellschafterklage weder wertungsmäßig überwiegend geboten, noch dogmatisch ausreichend überzeugend herleitbar ist.[907] Abgesehen von einer einmaligen Zuständigkeitsdurchbrechung bleibt die Organisationsverfassung der Gesellschaft von der *actio pro socio* unberührt. Die Gesellschaftergesamtheit kann jederzeit über den Anspruch der Gesellschaft verfügen.[908]

Schließlich wird der folgenden grundlegenden Erwägung zu wenig Beachtung geschenkt: Die Gesellschafterklage erfüllt bereits dann ihre minderheitenschützende Funktion, wenn sie wirksam erhoben werden konnte, weil die Geschäftsführung pflichtwidrig untätig blieb. Verfügt die Gesellschaft jedoch zu einem späteren Zeitpunkt über den Anspruch, endet diese Untätigkeit und eine Sachurteilsvoraussetzung der *actio pro socio* fällt weg. Mithin

---

904 BGH, NJW 1956, 463 (464); BeckOK BGB 75. Ed./*Wendtland*, BGB § 137, Rn. 1.

905 So selbst *Servatius*, GbR, BGB § 715b, Rn. 27; Erman BGB/*Lieder*, § 715b BGB, Rn. 15; *Schwarz*, ZGR 2025, 112 (132).

906 *Servatius*, GbR, BGB § 715b, Rn. 27.

907 Erman BGB/*Lieder*, § 715b BGB, Rn. 15; *Schwarz*, ZGR 2025, 112 (134).

908 Siehe Fn. 905.

wurde grundsätzlich dem schutzwürdigen Ansinnen des nicht geschäftsführungsbefugten Gesellschafters entsprochen, dass in Bezug auf den Sozial- oder Drittanspruch gehandelt wird. Die Kostenfolgen durch das verspätete Tätigwerden der Gesellschaft müssen freilich sachgerechte Berücksichtigung finden.[909]

Sofern den Befürwortern eines Verfügungsverbots der Gesellschaft Konstellationen vorschweben, in denen die Gesellschaft evident rein treuwidrig oder nicht ermessensfehlerfrei über den Anspruch verfügt, so steht der ehemalige Gesellschafterkläger nicht schutzlos da. Je nachdem, ob die Verfügung der Gesellschaft durch die Geschäftsführung oder die Gesellschaftergesamtheit erfolgt ist, ist ihm entweder eine neuerliche *actio pro socio* zur Geltendmachung eines etwaigen Schadensersatzanspruchs oder das Beschlussmängelrecht eröffnet. Der nicht geschäftsführungsbefugte Gesellschafter sollte dabei jedoch bedenken, dass beispielsweise der Gesellschafterversammlung hinsichtlich eines Verzichtsbeschlusses über den Sozial- oder Drittanspruch im Zweifel der für unternehmerische Entscheidungen anerkannte weite Ermessenspielraum zukommt. Zur negativen Abgrenzung kann hier auf die Ausführungen zu den Grundsätzen von Treu und Glauben sowie zur *Business Judgement Rule* im Rahmen der Entscheidung über das Unterlassen der Geltendmachung des der *actio pro socio* zugrundeliegenden Anspruchs verwiesen werden.[910]

b) Klage der Gesellschaft nach Rechtshängigkeit der Gesellschafterklage

Eine weitere denkbare Handlungsmöglichkeit der Gesellschaft wäre es, sich nach Rechtshängigkeit der Gesellschafterklage weder an dieser zu beteiligen, noch über den Anspruch materiell zu verfügen, jedoch eine eigene Klage hinsichtlich des Sozial- oder Drittanspruchs anzustrengen. Damit würde die Geschäftsführung letztlich verspätet so handeln, wie es der nicht geschäftsführungsbefugte Gesellschafter ursprünglich von der Gesellschaft

[909] Siehe Abschnitt C. II. 8. b).
[910] Siehe Abschnitt C. II. 4. c) cc).

verlangt hat. Dennoch stoßen an dieser Stelle die zwei folgenden Pole aufeinander: Zum einen wird vorgebracht, durch die Klage der Gesellschaft würde das pflichtwidrige Unterlassen der Geschäftsführung entfallen und in der Folge müsse die *actio pro socio* als unzulässig abgewiesen werden.[911] Andererseits wird ebenso prominent vertreten, dass der verspäteten Klage der Gesellschaft die Wirkung des § 261 Abs. 3 Nr. 1 ZPO, also die anderweitige Rechtshängigkeit der Gesellschafterklage, entgegenstünde.[912] Die Beantwortung der Frage, ob dieses verspätete Vorgehen der Gesellschaft zulässig ist, mithin eine Positionierung auf einer der beiden genannten Pole, ist der Gesetzgeber in § 715b BGB mit Absicht schuldig geblieben. Er verweist darauf, dass Parallelprozesse eine Vielzahl von prozessualen und kostenrechtlichen Problemen verursachen können und regt daher an, dass sich die Rechtsprechung mit diesen auseinandersetzen möge.[913]

Die Vertreter in der Wissenschaft, die die Rechtshängigkeitssperre des § 261 Abs. 3 Nr. 1 ZPO ins Feld führen, haben zuvorderst ein dogmatisches Argument. Denn ganz offensichtlich dränge sich auf, dass nach den allgemeinen zivilprozessualen Regelungen sowohl der Streitgegenstand, als

---

911 MüKo-BGB 9. Aufl./*Schäfer*, BGB § 715b, Rn. 23; *Schneider*, JuS 2025, 648 (651); *Reiss*, NZG 2024, 574 (575 f.); *Noack*, GmbHR 2024, 71 (73); *Risthaus*, WM 2024 Heft 27, 1249 (1254 f.); *Schmidt*, ZPG 2023, 81 (83); *Lieder*, ZGR Sonderheft 23, S. 203; *Kumkar*, ZGR 2021, 123 (151 f.); *Osterloh-Konrad*, Gesellschaftsrecht in der Diskussion 2021, S. 82 f.; *Verse*, Bericht über die Diskussion des Referats Osterloh-Konrad, S. 86; *Wertenbruch*, Bericht über die Diskussion des Referats Osterloh-Konrad, S. 91; *Fleischer/Harzmeier*, ZGR 2017, 239 (265 f.); *Bayer*, GmbHR 2016, 505 (510); *Verse*, FS Schneider 2011, S. 1331 f.; wohl auch *Neumayer/Zeyher*, NZG 2022, 1707 (1709 f.); variierend hingegen HK-GbR/*Heidel*, § 715b BGB, Rn. 78, der die Klage der Gesellschaft zwar zulassen, die *actio pro socio* jedoch nur gemäß § 148 ZPO aussetzen und nicht unzulässig werden lassen will.

912 BeckOK BGB 75. Ed./*Schöne*, BGB § 715b, Rn. 30; Koch PersGesR/*Könen*, § 715b BGB, Rn. 20; Grüneberg/*Retzlaff*, BGB § 715b, Rn. 7; *Servatius*, GbR, BGB § 715b, Rn. 27; Röhricht/Graf von Westphalen/Haas HGB/*Haas/Wöstmann*, § 105 HGB, Rn. 138; *Schwarz*, ZGR 2025, 112 (135 ff.); *Fehrenbach/Schikorra*, AD 2/2024, 145 (150); *Berger*, ZZP 135 (2022), 407 (420); so bereits *Bork/Oepen*, ZGR 2001, 515 (540 ff.); *Grunewald*, Die Gesellschafterklage in der Personengesellschaft und der GmbH, S. 57; *Hadding*, actio pro socio, S. 101 f.

913 BT-Dr. 19/27635, S. 157.

auch, aufgrund der Rechtskrafterstreckung in § 715b Abs. 4 BGB, die Parteien beider Klagen identisch seien,[914] so dass die Rechtshängigkeit der *actio pro socio* eine Sperrwirkung für die Klage der Gesellschaft entfalte.[915] Dem tritt die Gegenansicht jedoch damit entgegen, dass der Gesetzgeber mit § 148 Abs. 3 AktG eine auf die Gesellschafterklage gemäß § 715b BGB analog anwendbare *lex specialis* zu § 261 Abs. 3 Nr. 1 ZPO geschaffen habe.[916] Denn gemäß § 148 Abs. 3 AktG ist die AG auch nach Rechtshängigkeit der *actio pro socio* weiterhin berechtigt, das Verfahren zu übernehmen oder eine neue Klage über den Anspruch anzustrengen. Die aktienrechtliche *actio pro socio* wird im letzteren Fall sodann unzulässig.

Fraglich ist jedoch, ob die Anwendung von § 148 Abs. 3 AktG analog auf § 715b BGB rechtstechnisch überhaupt möglich ist. Eine Regelungslücke besteht nach der Untätigkeit des Gesetzgebers zweifelsohne. Sie ist jedoch nicht planwidrig, sondern vielmehr durch den Gesetzgeber bewusst in Kauf genommen.[917] Anders als man gemeinhin annehmen möchte, erfordert die analoge Anwendung von Normen jedoch nicht zwangsläufig eine ungeplante Regelungslücke.[918] Zwar mögen die meisten Lücken im Gesetz planwidrige Versehen sein, die Tatsache, dass eine Regelungslücke gegebenenfalls einer Ausfüllung bedarf, steht jedoch unabhängig von der Entstehung der Gesetzeslücke fest. Anders kann dies nur dann zu werten sein, wenn eine Vermutung dafür besteht, dass eine planmäßige Lücke ebenso planmäßig unausgefüllt bleiben soll.[919] Dies ist im vorliegenden Fall zu den Fragen der Rechtshängigkeit der Gesellschafterklage eindeutig widerlegt. Denn der Ge-

---

914 Siehe Fn. 471.

915 Siehe Fn. 912.

916 MüKo-BGB 9. Aufl./*Schäfer*, BGB § 715b, Rn. 23; *Schneider*, JuS 2025, 648 (651); *Reiss*, NZG 2024, 574 (576); *Risthaus*, WM 2024 Heft 27, 1249 (1254 f.); *Schmidt*, ZPG 2023, 81 (83); *Osterloh-Konrad*, Gesellschaftsrecht in der Diskussion 2021, S. 82.

917 BT-Dr. 19/27635, S. 157; treffend von einer „geplanten Regelungslücke" sprechend *Risthaus*, WM 2024 Heft 27, 1249 (1254); ausführlich zu bewussten Regelungslücken *Maus*, ZfPW 2023, 25 (25 ff.).

918 *Reimer*, Reimer Jur. Methodenlehre, Rn. 572; *Maus*, ZfPW 2023, 25 (34).

919 *Maus*, ZfPW 2023, 25 (29 f.).

setzgeber höchstselbst ersucht ausdrücklich um die Rechtsfortbildung.[920] In diesem Fall spricht man methodisch von einer anfänglich bewussten Lücke, da der Gesetzgeber den gegenständlichen Aspekt noch nicht für regelungsreif erachtet und für die Lösung des Problems beispielsweise auf die Rechtsprechung und die Wissenschaft verweist.[921] Genau so liegt es hier. Eine Ausfüllung der Lücke durch § 148 Abs. 3 AktG analog ist methodisch also grundsätzlich möglich.

Für eine Berücksichtigung von § 148 Abs. 3 AktG spricht in inhaltlicher Hinsicht zuvorderst, dass jedenfalls im Aktienrecht § 261 Abs. 3 Nr. 1 ZPO durch die Norm verdrängt wird.[922] Versteht man die Gesellschafterklage mit guten Gründen als verbandsübergreifendes Institut, so liegt eine Übertragung auf das Personengesellschaftsrecht für die Wirkungen der Rechtshängigkeit nahe. Die Gesellschafterklage weist unabhängig von der jeweils einschlägigen Rechtsform einen minderheitenschützenden Charakter auf, der eine Durchbrechung der gesellschaftsrechtlich vordefinierten Zuständigkeitsordnung nur in engen Grenzen zulässt. An die Sachurteilsvoraussetzungen der Einzelklage werden in weiten Teilen identische Anforderungen gestellt.[923] Für die mit der Rechtshängigkeit eng verknüpften Rechtskraftwirkung gemäß § 715b Abs. 4 BGB, also auch auf Rechtsfolgenseite, hat sich der Gesetzgeber ausdrücklich an § 148 Abs. 5 S. 1 AktG angelehnt.[924] Allein dies dient als starkes Indiz für die gebotene rechtformübergreifende Auslegung der *actio pro socio* an dieser Stelle. Insoweit dürfte auch für Fragen der Rechtshängigkeit bei der Gesellschafterklage in der AG und in den Personengesellschaften eine vergleichbare Ausgangslage vorherrschen.[925]

---

920 *Reiss*, NZG 2024, 574 (576); *Risthaus*, WM 2024 Heft 27, 1249 (1250).

921 *Wank*, Wank Jur. Methodenlehre, § 15, Rn. 62.

922 Grigoleit/*Grigoleit/Rachlitz*, AktG § 148, Rn. 21.

923 Vergleichend zwischen der *actio pro socio* im Personen- und Kapitalgesellschaftsrecht *Verse*, FS Schneider 2011, S. 1337 f.

924 BT-Dr. 19/27635, S. 156.

925 Andere Ansicht *Schwarz*, ZGR 2025, 112 (137), die an dieser Argumentation zu kleinteilig kritisiert, der Gesetzgeber habe sich lediglich für die Regelung der

Sicherlich ist anzuerkennen, dass eine absolute Vergleichbarkeit nicht in jedem Einzelfall gegeben ist. Aus Vertrauens- und Treuegesichtspunkten mag eine verspätete Klage einer AG mit in der Regel einer Vielzahl von Aktionären einerseits anders zu bewerten sein, als eine solche in einer familiär geführten Personenhandelsgesellschaft andererseits.[926] Zieht man jedoch eine Publikums-KG als Vergleichsobjekt heran, so ähneln sich die Gegebenheiten bereits wieder eher. Entgegen einiger Stimmen[927] ist abseits von evident treuwidrigem Handeln der Gesellschaft jedoch weniger Gewicht auf die Frage eines gegebenenfalls erschütterten Vertrauensverhältnisses zwischen Gesellschafterkläger und Gesellschaft zu legen, als darauf, dass der streitgegenständliche Sozial- oder Drittanspruch letztlich dem Gesellschaftsvermögen zugeführt wird. Insgesamt erscheint eine mögliche Heranziehung von § 148 Abs. 3 AktG analog daher mehr als sachgerecht.

Dafür sprechen ferner auch wertungsmäßige Gesichtspunkte, die der Subsidiarität der Gesellschafterklage als ebenfalls verbandsübergreifendes Merkmal geschuldet sind.[928] Es erscheint auf den ersten Blick nicht opportun, der Gesellschaft einerseits die jederzeitige Verfügungshoheit über den Sozial- oder Drittanspruch zuzugestehen, während man ihr andererseits die Erhebung der eigenen Klage ersatzlos verwehrt. Weder ändert sich durch Erhebung der *actio pro socio* die gesellschaftsrechtliche Organisationsstruktur, noch lässt sich ein Verfügungsverbot für die Gesellschaft begründen.[929] Das pflichtwidrige Unterlassen der Geschäftsführung ist die zentrale Zulässigkeitsvoraussetzung für die Gesellschafterklage. Entscheidet sich die Gesellschaft, selbst Klage zu erheben, fällt gleichsam das pflichtwidrige Unterlassen der Geschäftsführung als in jeder Lage des Prozesses notwendige Sa-

---

Rechtskraft an § 148 AktG orientieren wollen; dazu grundsätzlich kritisch *Kumkar*, ZGR 2021, 123 (145).

926 Siehe Fn. 794.

927 BeckOK BGB 75. Ed./*Schöne*, BGB § 715b, Rn. 30; so aber auch *Risthaus*, WM 2024 Heft 27, 1249 (1254 f.), der *pro* Analogie zu § 148 Abs. 3 AktG argumentiert.

928 *Verse*, FS Schneider 2011, S. 1337 f.

929 Siehe Abschnitt C. II. 7. a).

churteilsvoraussetzung und damit die Zulässigkeit der *actio pro socio* fort.[930] Der Gesellschafterkläger kann hierauf nur noch mit einer einseitigen Erledigungserklärung reagieren.

Soweit gegen diese prozessual zwingend gebotene Rechtsfolge vorgebracht wird, für eine eigene Klage der Gesellschaft bestehe indes gar keine Veranlassung, da sich diese bereits an der Gesellschafterklage gemäß der §§ 66, 69 ZPO streitgenössisch beteiligen könne,[931] ist dies nicht von der Hand zu weisen. Zwar ist die Gesellschaft als streitgenössische Nebenintervenientin trotz starker Prozessrechte immer noch keine Partei des Rechtsstreits und führt lediglich einen fremden Prozess mit.[932] Dennoch kann sie, insbesondere in Verbindung mit ihrer materiellen Anspruchsinhaberschaft, rechtliches Gehör finden und maßgebliche Prozesshandlungen vornehmen, welche einer ordentlichen und im Gesellschaftsinteresse liegenden Verfolgung des Sozial- oder Drittanspruchs in der Regel gerecht werden dürften.[933] So sehr man jedoch zu neigt, diese Argumentation wertungsmäßig stützen zu wollen, wird dennoch evident, dass diese nicht zur Entkräftung derjenigen in Bezug auf den Wegfall einer Sachurteilsvoraussetzung der *actio pro socio* taugt. Das Gericht hat diese Voraussctzung von Amts wegen während des gesamten Prozesses zu überprüfen[934] und kann dabei nicht den Gesellschafterkläger schonend berücksichtigen, dass sich die Gesellschaft im Einzelfall auch auf anderem Wege hätte rechtliches Gehör verschaffen können.

---

930 MüKo-BGB 9. Aufl./*Schäfer*, BGB § 715b, Rn. 23.

931 Grüneberg/*Retzlaff*, BGB § 715b, Rn. 7; Röhricht/Graf von Westphalen/Haas HGB/*Haas/Wöstmann*, § 105 HGB, Rn. 138; *Schwarz*, ZGR 2025, 112 (139 f.); *Fehrenbach/Schikorra*, AD 2/2024, 145 (150); *Berger*, ZZP 135 (2022), 407 (420); mit gleichen Argumenten im Rahmen des UMAG *Paschos/Neumann*, DB 2005, 1779 (1783).

932 BeckOK ZPO/*von Selle*, ZPO § 69, Rn. 13; *Reiss*, NZG 2024, 574 (576) leitet nach den allgemeinen Grundsätzen aus OLG Köln, NZG 2004, 46 (47) ab, die Gesellschaft könne nicht über den Streitgegenstand verfügen, was jedoch nicht zutrifft, da diese Inhaberin des Rechts ist.

933 Ähnlich *Bork*, ZIP 2005, 66 (67), der im Zuge des UMAG von „parteigleiche[n] Rechte[n]" spricht; andere Ansicht *Reiss*, NZG 2024, 574 (576).

934 Siehe Fn. 602.

Einer analogen Anwendung von § 148 Abs. 3 AktG könnte jedoch ferner entgegenstehen, dass mit einer verspäteten Klage der Gesellschaft verschiedene Kostenfolgen verbunden sein können. Je nach Streitstand der *actio pro socio* kann diese, nachdem sie als unzulässig abgewiesen oder durch den nicht geschäftsführungsbefugten Gesellschafter einseitig für erledigt erklärt wurde, für den Gesellschafterkläger oder für den Beklagten mit einer Kostentragungspflicht verknüpft sein. Insbesondere in Bezug auf den Beklagten wird hier vorgebracht, dass der Rechtsverkehr vor gesellschaftsinternen Risiken zu schützen sei und der Beklagte nicht durch Umstände aus der Verbandssphäre mit den zusätzlichen Kosten doppelter Klagen belastet werden dürfe.[935] In diesem Zusammenhang sei § 148 Abs. 3 AktG vor allem nicht mit § 715b Abs. 1 S. 2 BGB zu vereinbaren, der die Gesellschafterklage auf Drittansprüche gegen außerhalb des Gesellschaftsverhältnisses stehende Personen erstreckt.[936] Diesen gewichtigen Argumenten soll jedenfalls für die Klägerseite sogleich noch mit sachgerechten Lösungsvorschlägen begegnet werden.[937] Sie stehen jedenfalls allesamt einer analogen Anwendung von § 148 Abs. 3 AktG auf die Gesellschafterklage gemäß § 715b BGB nicht unauflösbar entgegen.

Für die Beklagtenseite sollen folgende Erwägungen aufzeigen, dass eine Analogie zu § 148 Abs. 3 AktG für sämtliche Prozessparteien zu sachgerechten Ergebnissen führen kann und im Übrigen noch die Gesellschaftsinteressen, die auch im Rahmen der *actio pro socio* stets zu beachten sind, Berücksichtigung finden können: § 148 Abs. 3 S. 2 AktG lässt der AG die Wahl, anstatt eine neue Klage anzustrengen, eine anhängige *actio pro socio* in der Lage zu übernehmen, in der sich diese zur Zeit der Übernahme befindet. Dadurch kommt es zu einem gesetzlichen Parteiwechsel im Sinne der

935 Denn war die *actio pro socio* vor dem erledigenden Ereignis zulässig und begründet, hat der Beklagte die Kosten des Rechtsstreits zu tragen; Koch PersGesR/*Könen*, § 715b BGB, Rn. 20; *Schwarz*, ZGR 2025, 112 (136).

936 *Fehrenbach/Schikorra*, AD 2/2024, 145 (150); andere Ansicht *Reiss*, NZG 2024, 574 (576).

937 Siehe Abschnitt C. II. 8. b) bb).

§§ 263, 265 Abs. 2 ZPO, der *ipso iure* weder der Zustimmung der klagenden Aktionärsminderheit, noch jener des Beklagten bedarf.[938] Damit ist die AG jedoch an den bisherigen Verlauf der Aktionärsklage gebunden. Die Bindungswirkung erfasst gleichermaßen die Ergebnisse der Beweisaufnahme wie auch sämtliche klägerischen Prozesshandlungen.[939]

Eine analoge Übertragung von § 148 Abs. 3 S. 2 AktG auf § 715b BGB ist doppelt interessengerecht. Zum einen verhindert die Übernahmemöglichkeit einen zweiten Prozess der Gesellschaft, was vor allem aus prozessökonomischer Perspektive sowie Kostenerwägungen insbesondere für den Beklagten begrüßenswert ist. Zum anderen ist der Nachteil für die Gesellschaft, die *actio pro socio* in jenem Zustand übernehmen zu müssen, in welchem der Gesellschafterkläger sie hinterlassen hat, im Lichte der Informationspflichten gemäß § 715b Abs. 3 BGB zumutbar. Schließlich ist sie über die Rechtshängigkeit der Gesellschafterklage und gegebenenfalls mit weiteren Details zum Fortgang des Verfahrens durch den Gesellschafterkläger oder das Gericht unterrichtet worden. Als optimaler Zeitpunkt für eine Übernahme der Gesellschafterklage dürfte sich dabei das Abzeichnen oder die Feststellung deren Zulässigkeit erweisen. Dem Gesellschafterkläger ist gleichsam gedient. Er verliert damit sein Prozesskostenrisiko, was ihn, wie zuvor ausgeführt, gerade zur kontinuierlichen Information der Gesellschaft über die *actio pro socio* anhalten sollte.[940]

Mithin sollte § 148 Abs. 3 AktG nur dergestalt auf die Gesellschafterklage gemäß § 715b BGB analoge Anwendung finden, dass die Gesellschaft den Prozess gemäß § 148 Abs. 3 S. 2 AktG analog übernehmen darf. Sie sollte nicht dazu berechtigt sein, analog § 148 Abs. 3 S. 1 BGB eine neue Klage anzustrengen,[941] sofern sie über die Gesellschafterklage gemäß

938 *Koch*, AktG § 148, Rn. 14; Grigoleit/*Grigoleit/Rachlitz*, AktG § 148, Rn. 22.
939 MüKo-AktG/*Arnold*, AktG § 148, Rn. 88.
940 Siehe Abschnitt C. II. 5. d) aa).
941 Andere Ansicht *Reiss*, NZG 2024, 574 (576), der das Wahlrecht zwischen eigener Klage und Prozessübernahme auch in analoger Anwendung bestehen lassen möchte.

§ 715b Abs. 3 BGB ausreichend unterrichtet wurde. Während das in § 148 Abs. 3 AktG niedergelegte Wahlrecht der AG im Aktienrecht insbesondere wegen der zu schützenden Interessen des Beklagten schon nur für sich auf Kritik stößt,[942] rechtfertigt sich die nur eingeschränkte Analogie im Personengesellschaftsrecht umso mehr durch Erwägungen der Prozesswirtschaftlichkeit, des durch § 715b Abs. 1 S. 2 BGB noch höher zu bewertenden Beklagtenschutzes sowie durch die Informationspflichten gemäß § 715b Abs. 3 BGB. An dieser Stelle zugegeben werden soll, dass eine das Wahlrecht der Gesellschaft einschränkende Analogie insbesondere vor dem Hintergrund des damit verbundenen Einschnitts in die gesellschaftsrechtliche Handlungshoheit Bedenken ausgesetzt sein könnte.[943] Gleichwohl erscheint eine nur teilweise analoge Anwendung von § 148 Abs. 3 AktG nicht ausgeschlossen, denn die Wirkungen von Analogie und teleologischer Reduktion können Schnittmengen aufweisen[944] und eingeschränkte Analogieschlüsse sind grundsätzlich zulässig.[945] Es wird dennoch aus Gründen der rechtssicheren Rechtsfortbildung angeregt, dass der Gesetzgeber seine Passivität überdenkt und § 715b BGB mit einer die Rechtshängigkeit der Gesellschafterklage in diesem Sinne regelnden Vorschrift nachbessert.

Verliert der nicht geschäftsführungsbefugte Gesellschafter seine Prozessführungsbefugnis, weil die *actio pro socio* entweder unzulässig wurde oder weil ein Parteiwechsel stattgefunden hat, liegt es nahe, dass dieser sich zur Kompensation an dem nun allein durch die Gesellschaft als Klägerin zu führenden Prozess als Streithelfer beteiligen darf.[946] Sofern sich die entsprechenden Stimmen dazu verhalten, wird dies teils aus den allgemeinen

---

[942] *Koch*, AktG § 148, Rn. 14; Grigoleit/*Grigoleit/Rachlitz*, AktG § 148, Rn. 22; *Bork*, ZIP 2005, 66 (66 f.); *Paschos/Neumann*, DB 2005, 1779 (1783).

[943] Ähnlich *Reiss*, NZG 2024, 574 (576, Fn. 32); MüKo-BGB 9. Aufl./*Schäfer*, BGB § 715b, Rn. 23 (Fn. 80).

[944] *Danwerth*, ZfPW 2017, 230 (248).

[945] *Wank*, Wank Jur. Methodenlehre, § 15, Rn. 125.

[946] MüKo-BGB 9. Aufl./*Schäfer*, BGB § 715b, Rn. 23; Erman BGB/*Lieder*, § 715b BGB, Rn. 18; *Risthaus*, WM 2024 Heft 27, 1249 (1255); *Schmidt*, ZPG 2023, 81 (83); *Neumayer/Zeyher*, NZG 2022, 1707 (1710); *Fleischer/Harzmeier*, ZGR 2017, 239 (266).

Grundsätzen der §§ 66 ff. ZPO hergeleitet[947] und teils wird § 148 Abs. 3 S. 3 AktG analog herangezogen, der eine Beteiligung der ursprünglich klagenden Aktionärsminderheit anordnet. Eine solche Beteiligung im Sinne des § 148 Abs. 3 S. 3 AktG ist wiederum als streitgenössische Nebenintervention im Sinne der §§ 66, 69 ZPO einzuordnen.[948]

Richtig ist, dass es auch hier einer Analogie zu § 148 Abs. 3 S. 3 AktG als Spezialnorm bedarf. Denn selbst wenn man ein rechtliches Interesse des ursprünglichen Gesellschafterklägers gemäß § 66 Abs. 1 ZPO entgegen der bereits dargelegten Erwägungen in Bezug auf die Mitgesellschafter[949] schon aus der Tatsache herleitet, dass dieser seine Prozessführungsbefugnis verloren hat,[950] erstreckt sich die Rechtskraft des nun durch die Gesellschaft geführten Prozesses nicht auf den ursprünglichen Gesellschafterkläger,[951] weswegen ihm die Vorteile als Streitgenosse gemäß § 69 ZPO verwehrt bleiben würden und er lediglich auf eine einfache Nebenintervention gemäß § 66 ZPO zu verweisen wäre. Dies dürfte jedoch nicht sachgerecht sein, bedenkt man, dass der Gesellschafterkläger die *actio pro socio* bis zum Parteiwechsel in der Regel gut geführt haben dürfte.

8. Rechtsfolgen

Nach einem verspäteten klageweisen Tätigwerden der Gesellschaft oder aber dem Erlass eines Prozess- oder Sachurteils im Rahmen der Gesellschafterklage rücken rechtsfolgenbezogen insbesondere die Fragen der Rechtskraft sowie die unterschiedlichen Konsequenzen hinsichtlich der Kostenverteilung in den Fokus der weiteren Betrachtung.

---

947 *Risthaus*, WM 2024 Heft 27, 1249 (1255); wohl auch MüKo-BGB 9. Aufl./*Schäfer*, BGB § 715b, Rn. 23; Erman BGB/*Lieder*, § 715b BGB, Rn. 18.

948 *Koch*, AktG § 148, Rn. 13; Grigoleit/*Grigoleit/Rachlitz*, AktG, § 148 Rn. 19.

949 Siehe Abschnitt C. II. 6. a).

950 *Risthaus*, WM 2024 Heft 27, 1249 (1255).

951 Siehe Fn. 882.

a) Rechtskrafterstreckung gemäß § 715b Abs. 4 BGB

Während sich der Gesetzgeber hinsichtlich der Frage der Rechtshängigkeit der *actio pro socio* in Zurückhaltung übt, zeigt er sich bei der Ausgestaltung und Klärung der Rechtskraftwirkung der Gesellschafterklage erfreulicherweise um mehr Rechtssicherheit bemüht. § 325 Abs. 1 ZPO ordnet grundsätzlich an, dass Urteile ihre materielle Rechtskraft nur *inter partes* entfalten.[952] Davon kann es unter anderem Ausnahmen für den durch gesetzliche Prozessstandschaft befugten Kläger geben.[953] Wie bereits dargelegt,[954] ergibt sich bei Annahme einer gesetzlichen Prozessstandschaft für die Gesellschafterklage eine Rechtskrafterstreckung auf die Gesellschaft jedoch noch nicht nach den allgemeinen Regeln.[955] Vielmehr wäre sie schwer begründbar und wohl abzulehnen.[956]

aa) Wirkung des Urteils für und gegen die Gesellschaft

Jedoch hat der Gesetzgeber, wie bereits an einigen Stellen dieser Arbeit angedeutet, vor dem Hintergrund dieser Begründungsschwierigkeiten in § 715b Abs. 4 BGB eindeutig statuiert, dass sich die Rechtskraft eines Urteils über die Gesellschafterklage auch auf die Gesellschaft erstreckt.[957] Damit soll insbesondere im Falle eines der *actio pro socio* stattgebenden Urteils die etwaige Leistung des Beklagten in das Gesellschaftsvermögen abgesichert werden.[958] Die Regelung gilt jedoch auch für ein klageabweisendes

952 *Fehrenbach/Schikorra*, AD 2/2024, 145 (149); *Berger*, ZZP 135 (2022), 407 (424).
953 Musielak/Voit ZPO/*Wolff*, ZPO § 325, Rn. 21.
954 Siehe Abschnitt C. I. 4. b).
955 Siehe Fn. 460.
956 Siehe Fn. 461.
957 BT-Dr. 19/27635, S. 156.
958 BT-Dr. 19/27635, S. 156; MüKo-BGB 9. Aufl./*Schäfer*, BGB § 715b, Rn. 22; Koch PersGesR/*Könen*, § 715b BGB, Rn. 21.

Urteil,[959] was den Beklagten vor einer Inanspruchnahme durch die Gesellschaft hinsichtlich desselben Streitgegenstands schützt.[960]

Eine Rechtskrafterstreckung auf die Gesellschaft soll jedoch dann nicht erfolgen, wenn überhaupt nicht in der Sache entschieden wurde, sondern die *actio pro socio* durch Prozessurteil mangels Vorliegens einer Sachentscheidungsvoraussetzung abgewiesen wurde.[961] Das ist sachgerecht, da die Gesellschaft ansonsten den streitgegenständlichen Sozial- oder Drittanspruch nicht mehr verfolgen könnte, obwohl die Unbegründetheit der Gesellschafterklage durch das Gericht gar nicht festgestellt werden konnte.

Wertungsmäßig ist die eindeutige Regelung der Rechtskrafterstreckung auf die Gesellschaft im Sinne aller Prozessparteien zu begrüßen. Vor einer zulässigen, durch den Gesellschafterkläger jedoch nachlässig geführten *actio pro socio* schützt der Gesetzgeber die Gesellschaft nicht über § 715b Abs. 4 BGB. Hierfür sollen richtigerweise die Möglichkeit für die Gesellschaft zur Streithilfe[962] sowie die Informationspflichten und nicht zuletzt die Motivation des nicht geschäftsführungsbefugten Gesellschafters vor dem Hintergrund der eigenen Prozessrisiken ausreichend sein.[963] Da die Informationspflichten des Gesellschafterklägers gemäß § 715b Abs. 3 BGB für die Begründung der Erstreckung der Rechtskraft auf die Gesellschaft jedoch elementar sind, wird zu Recht gefordert, § 715b Abs. 4 BGB teleologisch zu reduzieren, wenn eine Unterrichtung der Gesellschaft nicht stattgefunden hat.[964]

---

959 BT-Dr. 19/27635, S. 156.

960 *Servatius*, GbR, BGB § 715b, Rn. 26; *Berger*, ZZP 135 (2022), 407 (424).

961 BT-Dr. 19/27635, S. 156.

962 BT-Dr. 19/27635, S. 156.

963 MüKo-BGB 9. Aufl./*Schäfer*, BGB § 715b, Rn. 22; Koch PersGesR/*Könen*, § 715b BGB, Rn. 22; *Servatius*, GbR, BGB § 715b, Rn. 26; Röhricht/Graf von Westphalen/Haas HGB/*Haas/Wöstmann*, § 105 HGB, Rn. 133; *Fehrenbach/Schikorra*, AD 2/2024, 145 (149); *Berger*, ZZP 135 (2022), 407 (425).

964 Siehe Fn. 871.

bb) Erstreckung der Rechtskraft auf die Mitgesellschafter

Fraglich ist, ob § 715b Abs. 4 BGB die Rechtskraftwirkung des Sachurteils im Rahmen der *actio pro socio* auch auf die Mitgesellschafter des nicht geschäftsführungsbefugten Gesellschafters anordnet. Nach dem Wortlaut der Norm ist dies zu verneinen. Der Gesetzgeber führt dazu erläuternd aus, dass es der expliziten Anordnung der Rechtskrafterstreckung eines klageabweisenden Sachurteils auf die Mitgesellschafter gar nicht bedürfe.[965] Zwar wirkt das Urteil nur *inter partes*, also nicht auch auf die anderen Gesellschafter, jedoch entfällt die Notwendigkeit einer Einbeziehung der Mitgesellschafter in den Anwendungsbereich des § 715b Abs. 4 BGB wegen der Subsidiarität der Gesellschafterklage. Denn wird die *actio pro socio* als unbegründet abgewiesen, so stehe zugleich fest, dass das Unterlassen der Geltendmachung des Sozial- oder Drittanspruchs durch die Geschäftsführung nicht pflichtwidrig gewesen sein kann, mit der Folge, dass eine erneute Gesellschafterklage mangels dieser Sachentscheidungsvoraussetzung unzulässig wäre.[966] Dem ist zuzustimmen.[967] Gleiches muss natürlich gelten, wenn der Gesellschafterkläger obsiegt. Sodann stünde nämlich fest, dass eine erneute Klage ganz offensichtlich unbegründet wäre.

Gleichwohl lässt sich eine *quasi* Rechtskrafterstreckung auf die Mitgesellschafter, sei es bei einem stattgebenden oder bei einem abweisenden Sachurteil über die Gesellschafterklage, ferner auch damit begründen, dass die Prozessführungsbefugnis in gesetzlicher Prozessstandschaft nicht weiter reichen kann, als der Inhaber des Rechts den streitgegenständlichen Anspruch im eigenen Namen geltend machen könnte.[968] Da die Gesellschaft über

---

[965] BT-Dr. 19/27635, S. 156.

[966] BT-Dr. 19/27635, S. 156 f.

[967] MüKo-BGB 9. Aufl./*Schäfer*, BGB § 715b, Rn. 22; Röhricht/Graf von Westphalen/Haas HGB/*Haas/Wöstmann*, § 105 HGB, Rn. 133; *Fehrenbach/Schikorra*, AD 2/2024, 145 (149); *Neumayer/Zeyher*, NZG 2022, 1707 (1710).

[968] Koch PersGesR/*Könen*, § 715b BGB, Rn. 22; *Berger*, ZZP 135 (2022), 407 (426); *Noack*, GmbHR 2024, 71 (73); ferner *Berger*, Die subjektiven Grenzen der Rechtskraft bei der Prozeßstandschaft, S. 157, der die Prozessstandschaft von einer „Inte-

§ 715b Abs. 4 BGB an alle Sachurteile gebunden ist und demgemäß nicht mehr selbst klagen kann, muss dies mittelbar auch für sämtliche Mitgesellschafter gelten, die mit dem Gedanken einer erneuten *actio pro socio* spielen. Denn auch sie wären lediglich Prozessstandschaftler der Gesellschaft.

b) Kostenfolgen für die unmittelbar oder mittelbar Prozessbeteiligten

Schließlich stellt sich vor dem Hintergrund der bisher angestellten Überlegungen die Frage, wie mit den Kosten der *actio pro socio* umzugehen ist, wenn die Gesellschaft in der Weise über den Sozial- oder Drittanspruch verfügt, dass die Gesellschafterklage unzulässig wird oder der Gesellschafterkläger einseitig für erledigt erklären musste. Gleiches gilt, wenn die Gesellschaft nach Rechtshängigkeit der *actio pro socio* eine eigene Klage anstrengt. Die Kostenfolgen erstrecken sich unmittelbar auf die Prozessparteien, jedoch auch mittelbar auf die Gesellschaft und die Mitgesellschafter des nicht geschäftsführungsbefugten Gesellschafters.

aa) Prozesskosten

Auch nach Kodifizierung der Gesellschafterklage gemäß § 715b BGB bleibt der Gesellschafterkläger primär Kostenschuldner und trägt das Prozesskostenrisiko gemäß der §§ 91, 92 ZPO.[969] Dies ist im Ausgangspunkt sachgerecht. Zwar macht der nicht geschäftsführungsbefugte Gesellschafter einen Anspruch der Gesellschaft geltend, der im Erfolgsfall der *actio pro socio* auch nur dem Gesellschaftsvermögen zugutekommen kann. Jedoch wirkt die grundsätzliche Kostentragungspflicht als disziplinierendes Korrektiv für den nicht geschäftsführungsbefugten Gesellschafter, das Für und Wider der

---

ressengleichrichtung im Außenverhältnis gekennzeichnet" sieht; andere Ansicht wohl *Servatius*, GbR, BGB § 715b, Rn. 26.

969 MüKo-BGB 9. Aufl./*Schäfer*, BGB § 715b, Rn. 20; BeckOK BGB 75. Ed./*Schöne*, BGB § 715b, Rn. 32; Koch PersGesR/*Könen*, § 715b BGB, Rn. 23; Röhricht/Graf von Westphalen/Haas HGB/*Haas/Wöstmann*, § 105 HGB, Rn. 133; Erman BGB/*Lieder*, § 715b BGB, Rn. 14; *Schwarz*, ZGR 2025, 112 (136); *Fehrenbach/Schikorra*, AD 2/2024, 145 (149); *Noack*, GmbHR 2024, 71 (73).

Verfolgung eines Sozial- oder Drittanspruchs unter gleichzeitiger Durchbrechung der gesellschaftsrechtlichen Zuständigkeitsordnung sorgsam abzuwägen.

Gleichwohl mag die Verteilung der Kosten nach den allgemeinen Grundsätzen vor dem Hintergrund der Besonderheiten der Gesellschafterklage im Einzelfall nicht stets zu sachgerechten Ergebnissen führen. Aus Perspektive des Gesellschafterklägers als unproblematisch zweckdienlich erweist sich die klassische Kostenverteilung nach Obsiegen und Unterliegen in jenem Fall, in welchem die *actio pro socio* entweder gewonnen oder, sofern sie ursprünglich zulässig und begründet war, einseitig für erledigt erklärt wurde. In diesen Fällen trägt der Beklagte die Kosten des Rechtsstreits. Dies wird in aller Regel richtigerweise dessen nicht schutzwürdiger Risikosphäre zuzuordnen sein, war er es doch, der durch die wissentliche Vorenthaltung des Sozial- oder Drittanspruchs als Stein des Anstoßes für die Erhebung der Gesellschafterklage fungierte. Eine Schutzwürdigkeit käme aber dann in Betracht, wenn sich die Gesellschaft verspätet zu einer eigenen Klage entscheidet und die *actio pro socio* damit unzulässig wird. War in einem solchen Szenario die Gesellschafterklage zulässig und begründet und ist es die spätere Klage der Gesellschaft spiegelbildlich, so würden den Beklagten die Kosten aus dem Urteil der Feststellungsklage über die einseitige Erledigungserklärung und zusätzlich die Kosten aus dem Urteil der Leistungsklage der Gesellschaft treffen.[970] Dies erscheint nicht angemessen, weswegen in dieser Arbeit bereits für eine nur eingeschränkte Analogie zu § 148 Abs. 3 S. 2 AktG oder für eine gesetzgeberische Klarstellung, dass nur eine Übernahme der *actio pro socio* durch die Gesellschaft möglich sein sollte, plädiert wurde.[971]

---

[970] Siehe Fn. 935.
[971] Siehe Abschnitt C. II. 7. b).

bb) Materieller Aufwendungsersatzanspruch

Für den Gesellschafterkläger hingegen mag es aufgrund des im Institut der Gesellschafterklage in Bezug auf den Sozial- oder Drittanspruch angelegten Dissenses mit der Gesellschaft ebenfalls Situationen geben, in denen im Falle einer vollständigen oder teilweisen Abweisung der *actio pro socio* eine Belastung mit den Prozesskosten nicht zu vollends sachgerechten Ergebnissen führt. Vor diesem Hintergrund wurde bereits vor dem MoPeG verschiedentlich diskutiert, ob und inwieweit dem nicht geschäftsführungsbefugten Gesellschafter in gewissen Konstellationen seine Aufwendungen durch die Gesellschaft zu ersetzen sind. Ein solcher Aufwendungsersatz kommt aus den personengesellschaftsrechtlichen Vorschriften nach dem MoPeG nicht mehr aus § 110 HGB a.F., sondern nunmehr aus § 716 BGB, in welchem § 110 HGB a.F. vollständig aufgegangen ist,[972] in Betracht. Überdies ist eine Analogie zu § 148 Abs. 6 AktG denkbar, welcher die besondere Kostenverteilung bei der aktienrechtlichen *actio pro socio* regelt.

§ 716 Abs. 1 BGB ist gesellschaftsrechtliche *lex specialis* zum allgemeinen Auftragsrecht.[973] Danach sind dem Gesellschafter solche zur Geschäftsbesorgung für die Gesellschaft getätigten Aufwendungen durch diese zu ersetzen, welche der Gesellschafter im Einzelfall *ex ante*[974] für erforderlich halten durfte. § 148 Abs. 6 S. 5 AktG ordnet vereinfacht ausgedrückt außer im Falle treuwidriger Anstrengung des Klagezulassungsverfahrens oder fahrlässiger Prozessführung der Aktionärsminderheit einen umfassenden Kostenerstattungsanspruch zu Lasten der AG an.[975] Ferner ist die AG gemäß § 148 Abs. 6 S. 4 AktG verpflichtet, jene Kosten, die durch eine eigene

---

[972] Hopt/*Roth*, BGB § 716, Rn. 1.
[973] Hopt/*Roth*, BGB § 716, Rn. 2.
[974] Hopt/*Roth*, BGB § 716, Rn. 10.
[975] Grigoleit/*Grigoleit/Rachlitz*, AktG, § 148 Rn. 32; MüKo-AktG/*Arnold*, AktG § 148, Rn. 108; dieser sollte nicht in das Personengesellschaftsrecht übertragen werden, *Osterloh-Konrad*, Gesellschaftsrecht in der Diskussion 2021, S. 83.

Klage oder die Übernahme der *actio pro socio* entstehen, der Aktionärsminderheit zu ersetzen.[976]

Im Wesentlichen unterteilen sich die Stimmen, die dem Gesellschafterkläger eine Erstattung seiner Kosten nach § 716 BGB oder § 148 Abs. 6 AktG analog zubilligen möchten grob in drei Gruppen. Die einen stehen einem solchen Aufwendungsersatzanspruch ablehnend bis kritisch gegenüber und verweisen darauf, dass der nicht geschäftsführungsbefugte Gesellschafter entweder schon gar nicht geschäftsbesorgend für die Gesellschaft im Sinne des § 716 Abs. 1 BGB tätig gewesen sei oder aber die abgewiesene Gesellschafterklage nicht hätte für erforderlich halten dürfen.[977] Auch diese Stimmen verhalten sich jedoch einschränkend in Bezug auf die Abfederung von Kostenfolgen, die durch eine verspätete Verfügung über den Sozial- oder Drittanspruch[978] oder Klage der Gesellschaft[979] verursacht wurden. Am anderen Ende des Spektrums wird argumentiert, dem Gesellschafterkläger stehe stets eine Erstattung gemäß § 716 BGB zu.[980] Wieder andere Stimmen nehmen mit verschieden strengen Argumenten eine insgesamt vermittelnde Haltung dazwischen ein und wollen vereinfacht gesagt danach entscheiden, ob der Gesellschafterkläger trotz vollständiger oder teilweiser Prozessniederlage billigerweise davon ausgehen durfte, die *actio pro socio* zulässiger-

---

976 Grigoleit/*Grigoleit/Rachlitz*, AktG, § 148 Rn. 32.

977 MüKo-BGB 9. Aufl./*Schäfer*, BGB § 715b, Rn. 20; Erman BGB/*Lieder*, § 715b BGB, Rn. 14.

978 Erman BGB/*Lieder*, § 715b BGB, Rn. 15.

979 MüKo-BGB 9. Aufl./*Schäfer*, BGB § 715b, Rn. 23; Erman BGB/*Lieder*, § 715b BGB, Rn. 19; so ferner BeckOK BGB 75. Ed./*Schöne*, BGB § 715b, Rn. 33; HK-GbR/*Heidel*, § 715b BGB, Rn. 79; *Noack*, GmbHR 2024, 71 (73); *Neumayer/Zeyher*, NZG 2022, 1707 (1710); *Osterloh-Konrad*, Gesellschaftsrecht in der Diskussion 2021, S. 82 f.; *Verse*, Bericht über die Diskussion des Referats Osterloh-Konrad, S. 86; *Wertenbruch*, Bericht über die Diskussion des Referats Osterloh-Konrad, S. 91; *Kumkar*, ZGR 2021, 123 (152); *Verse*, FS Schneider 2011, S. 1338.

980 Koch PersGesR/*Können*, § 715b BGB, Rn. 23; *Reiss*, NZG 2024, 574 (577); *Risthaus*, WM 2024 Heft 27, 1249 (1255).

weise erheben zu dürfen.[981] Darüber hinaus dürfe die Gesellschafterklage auch nicht leichtfertig verloren worden sein.[982]

Den einzelnen Sichtweisen ist wie folgt zu begegnen: Zunächst ist den Argumenten der beiden Ränder des Meinungsspektrums jeweils eine Absage zu erteilen. Einen Aufwendungsersatz regelmäßig zu verneinen erscheint nicht sachgerecht. Insbesondere verfängt der Einwand nicht, die *actio pro socio* sei nicht als Geschäftsbesorgung für die Gesellschaft im Sinne des § 716 Abs. 1 BGB, sondern nur als mitgliedschaftliche Befugnis zu sehen.[983] Sicherlich ist die Gesellschafterklage ein mitgliedschaftliches Recht. Dennoch wird stets ein Anspruch der Gesellschaft geltend gemacht, der final dem Gesellschaftsvermögen zufließen soll. Im Unterschied zum allgemeinen Auftragsrecht setzt § 716 Abs. 1 BGB lediglich voraus, dass sich der Gesellschafter unabhängig von der Erteilung einer entsprechenden Befugnis durch die Gesellschaft objektiv und subjektiv mit einer Gesellschaftsangelegenheit befasst.[984] Insbesondere vor dem Hintergrund der gesetzlichen Prozessstandschaft handelt der die *actio pro socio* betreibende Gesellschafter zweifellos in diesem für § 716 BGB ausschlaggebenden Rahmen.[985] Gleichzeitig mutet es falsch an, einen Aufwendungsersatzanspruch in jedem Fall anzunehmen. Schließlich ist es möglich, dass die Erhebung der Gesellschafterklage *ex ante* nach dem Maßstab eines ordentlichen und sorgfältigen Gesellschafters[986] nicht erforderlich war.

Widmet man sich den vermittelnden Stimmen, so ist zuvorderst festzustellen, dass dem Gesellschafterkläger jedenfalls dann ein Aufwendungsersatzanspruch zustehen muss, wenn die Gesellschaft durch ihr verspätetes Tätig-

---

981 *Servatius*, GbR, BGB § 715b, Rn. 26; Grüneberg/*Retzlaff*, BGB § 715b, Rn. 7; BeckOK BGB 75. Ed./*Schöne*, BGB § 715b, Rn. 32; *Schwarz*, ZGR 2025, 112 (136); *Fehrenbach/Schikorra*, AD 2/2024, 145 (149 f.).

982 Grüneberg/*Retzlaff*, BGB § 715b, Rn. 7.

983 MüKo-BGB 9. Aufl./*Schäfer*, BGB § 715b, Rn. 20.

984 BT-Dr. 19/27635, S. 157; *Servatius*, GbR, BGB § 716, Rn. 1; HK-GbR/*Heidel*, § 716 BGB, Rn. 16; so sogar MüKo-BGB 9. Aufl./*Schäfer*, BGB § 716, Rn. 11.

985 HK-GbR/*Heidel*, § 716 BGB, Rn. 14.

986 BT-Dr. 19/27635, S. 157; *Servatius*, GbR, BGB § 716, Rn. 7.

werden in der Weise über den Sozial- oder Drittanspruch verfügt hat, dass die *actio pro socio* unzulässig wurde oder wenn die Gesellschaft mit gleicher Rechtsfolge für die Gesellschafterklage ihrerseits eine Klage anstrengt. Dies ist als sachgerechtes Minus gegenüber dem Recht der Gesellschaft zu sehen, auch nach Rechtshängigkeit der Gesellschafterklage jederzeit die materielle und prozessuale Herrschaft über den streitgegenständlichen Anspruch ausüben zu dürfen. Ein solcher Aufwendungsersatzanspruch sollte sich aufgrund der sehr spezifischen gesellschaftsrechtlichen Gemengelage im Kontext der Erhebung der Gesellschafterklage eher nach § 148 Abs. 6 S. 4 AktG analog und nicht nach § 716 BGB richten. Dies insbesondere deshalb, da die Gesellschaft die *actio pro socio* des nicht geschäftsführungsbefugten Gesellschafters durch eine eigene Klage oder einen Eintritt in die klägerische Parteistellung legitimiert. Dementsprechend sollte es für den Aufwendungsersatz nicht mehr auf die für § 716 BGB maßgebliche subjektive Sichtweise des Gesellschafterklägers *ex ante* ankommen. Insofern wird an dieser Stelle dafür plädiert, § 715b BGB ausdrücklich um eine § 148 Abs. 6 S. 4 AktG entsprechende objektive Regelung zu ergänzen.

Soweit jedoch in verschiedenen Nuancierungen vertreten wird, dem Gesellschafterkläger stehe schlussendlich immer dann ein Aufwendungsersatzanspruch zu, wenn die *actio pro socio* nicht treuwidrig erhoben wurde oder wenn diese nicht offensichtlich unzulässig oder unbegründet war,[987] ist dem entgegenzutreten. Es ist wertungsmäßig nicht gerechtfertigt, den nicht geschäftsführungsbefugten Gesellschafter allein nach dem stark subjektivierten Maßstab des § 716 Abs. 1 BGB *de facto* von dem Prozesskostenrisiko der Gesellschafterklage freizustellen. Vielmehr muss die potentielle Kostenlast zu mehr dienen, als den die *actio pro socio* betreiben wollenden Gesellschafter bloß von treuwidrigen oder bereits auf den ersten Blick nicht erfolgversprechenden Klagen abzuhalten. Sie muss als zusätzliche Schranke für die solitäre Durchbrechung der verfassungsmäßigen Organisationsstruktur

[987] *Schwarz*, ZGR 2025, 112 (142).

der Gesellschaft fungieren.[988] Dafür hat sich der Gesellschafterkläger zwingend *ex post* objektiv sachgerecht mit der etwaigen Pflichtwidrigkeit des Unterlassens der Anspruchsverfolgung durch die Geschäftsführung auseinanderzusetzen.[989] Dies ist auch deswegen gerechtfertigt, da sich umgekehrt die Geschäftsführung und damit die Gesellschaft durch die Prüfung des pflichtwidrigen Unterlassens als doppelrelevante Tatsache durch das Gericht ebenfalls an zuvorderst objektiven Kriterien[990] messen lassen müssen.

Erreichen kann man dies, indem man § 148 Abs. 6 S. 2 AktG analog anwendet,[991] statt der Wertung aus § 716 Abs. 1 BGB zu folgen. Die Norm bestimmt, dass die AG die Kosten des Klagezulassungsverfahrens dann zu übernehmen hat, wenn der Antrag der Aktionärsminderheit aus überwiegenden Gründen des Gesellschaftswohls im Sinne des § 148 Abs. 1 S. 2 Nr. 4 AktG abgelehnt wurde, die AG die Aktionärsminderheit vor Anstrengung der *actio pro socio* jedoch über jene Gründe hätte informieren können. Wie bereits angesprochen, ist der Sinn und Zweck von § 148 Abs. 1 S. 2 Nr. 4 AktG maßgeblich gleichlaufend mit den Grundsätzen von Treu und Glauben,[992] welche der Erhebung der *actio pro socio* durch den nicht geschäftsführungsbefugten Gesellschafter im Einzelfall entgegenstehen können.[993] Vor diesem Hintergrund erscheint es auch hier angezeigt, § 715b BGB ausdrücklich mit einer objektiven Kostenverteilungsregelung nach dem Vorbild des § 148 Abs. 6 S. 2 AktG zu erweitern. Dafür spricht im Übrigen auch der sicherlich im Sinne der Vertreter eines großzügigen Aufwendungsersatzanspruchs gemäß § 716 BGB liegende minderheitenschützende Gedanke der *actio pro socio*. Denn § 716 BGB ist gesellschafts-

---

988 Ähnlich bereits *Hadding*, actio pro socio, S. 106.

989 Ähnlich *Servatius*, GbR, BGB § 715b, Rn. 17, der bei „pflichtwidrigen und schuldhaften Fehleinschätzung[en] über die Voraussetzung der Klagebefugnis" Aufwendungsersatz nach § 716 BGB ausschließen möchte.

990 HK-GbR/*Heidel*, § 715b BGB, Rn. 22.

991 *Osterloh-Konrad*, Gesellschaftsrecht in der Diskussion 2021, S. 83.

992 Siehe Abschnitt C. II. 4. c) aa).

993 Andere Ansicht *Schäfer*, ZHR 187 (2023), 78 (103 f., Fn. 83).

vertraglich abdingbar.[994] Ein spezialgesetzlicher Aufwendungsersatz in § 715b BGB wäre indes aufgrund des Verwässerungsverbots in § 715b Abs. 2 BGB nicht ohne weiteres beschränkbar oder gar abzubedingen.

Der hier vertretene Lösungsansatz gelangt insgesamt zu folgenden sachgerechten Ergebnissen: Bei einem verspäteten Tätigwerden der Gesellschaft mit einer negativen Kostenfolge für den Gesellschafterkläger wäre dieser in jedem Fall durch die Gesellschaft schadlos zu stellen. Denn die Gesellschaft hat sich das Handeln der Minderheit zu eigen gemacht.

Für den Fall, dass die *actio pro socio* als unzulässig abgewiesen wird, muss es *ex post* für einen Aufwendungsersatzanspruch darauf ankommen, ob die Klageabweisung nach den objektiven Feststellungen des Gerichts auf das pflichtwidrige Unterlassen entfallen lassenden und damit der Gesellschafterklage entgegenstehenden Treuegesichtspunkten beruht, über welche die Gesellschaft den nicht geschäftsführungsbefugten Gesellschafter vor Erhebung der *actio pro socio* hätte in Kenntnis setzen können, dies jedoch unterlassen hat. Dann sollte auch die Gesellschaft die Prozesskosten tragen. Umgekehrt gilt, dass die Gesellschaft dann nicht für die Unzulässigkeit der Gesellschafterklage aufkommen müssen sollte, wenn sie den nicht geschäftsführungsbefugten Gesellschafter auf valide Gründe für das Unterlassen der Verfolgung des Sozial- oder Drittanspruchs hingewiesen hat.

In allen anderen Fällen einer sonstigen vollständigen oder teilweisen Abweisung der Gesellschafterklage als unbegründet sollte dem nicht geschäftsführungsbefugten Gesellschafter indes grundsätzlich je nach den Gegebenheiten im Einzelfall ein Erstattungsanspruch gegen die Gesellschaft gemäß § 716 BGB zustehen. Insbesondere bei einer nur teilweisen Unbegründetheit der *actio pro socio* und mithin einer nur teilweisen Kostentragungspflicht des Gesellschafterklägers wird danach zu unterscheiden sein, ob dieser den

994 BGH, NJW 1980, 339 (340); MüKo-BGB 9. Aufl./*Schäfer*, BGB § 716, Rn. 21; Hopt/*Roth*, BGB § 716, Rn. 19; *Servatius*, GbR, BGB § 716, Rn. 20.

Klageantrag in einer Gesamtschau *ex ante* mit subjektiv-objektiv[995] vertretbaren Erwägungen hat überschießend stellen dürfen.[996]

[995] MüKo-BGB 9. Aufl./*Schäfer*, BGB § 716, Rn. 11.

[996] BeckOK BGB 75. Ed./*Schöne*, BGB § 715b, Rn. 32; ähnlich *Servatius*, GbR, BGB § 715b, Rn. 22, der zur Bejahung von § 716 BGB „berechtigte Gründe" für die Erhebung der Gesellschafterklage verlangt.

D. Schlussbetrachtung

Im Folgenden sollen die in dieser Arbeit dargestellten Untersuchungsergebnisse einer abschließenden Wertung unterzogen werden. Dabei soll auch ein Ausblick auf die mögliche Befassung der Rechtsprechung mit der Gesellschafterklage gemäß § 715b BGB erfolgen. Daneben wird der hier angeregte Nachbesserungsbedarf durch den Gesetzgeber zusammenfassend aufgezeigt und ein dahingehender Regelungsvorschlag für ein Änderungsgesetz betreffend § 715b BGB unterbreitet.

I. Zusammenfassung und Bewertung der Ergebnisse

Zunächst sind die wesentlichen Ergebnisse der hier erfolgten Darstellung zusammenzufassen. Dabei soll eine Bewertung der Kodifizierung der Gesellschafterklage gemäß § 715b BGB einerseits anhand der Spezifika der Norm selbst und andererseits in einem rechtspolitischen Kontext erfolgen.

1. Im engeren Sinne von § 715b BGB

Es ist sehr zu begrüßen, dass der Gesetzgeber die lange umstrittene dogmatische Grundlage der *actio pro socio* im Personengesellschaftsrecht in ein neues Fundament gegossen hat. Die durch die ausdrückliche Anerkennung der rechtsfähigen und vermögenstragenden GbR flankierte Ausgestaltung der Gesellschafterklage als Fall der gesetzlichen Prozessstandschaft ist stringent.

Zustimmung verdient ferner die Einbeziehung von Drittansprüchen in den Anwendungsbereich der Gesellschafterklage und damit die prozessökonomische Schaffung eines einheitlichen Klageinstituts. Allenfalls wünschenswert wäre hier eine treffendere Nuancierung zwischen Sozial- und Drittansprüchen anhand der Trennlinie des Gesellschaftsverhältnisses gewesen.[997]

---

[997] Siehe Abschnitt D. II. 2.

J. Sauerbrey, *Die Gesellschafterklage gemäß § 715b BGB*, Juridicum – Schriftenreihe zum Wirtschafts-, Unternehmens- und Bankrecht / Series on Business, Corporate and Banking Law, https://doi.org/10.1007/978-3-658-51602-4_4

Die Kodifizierung des pflichtwidrigen Unterlassens als unbestimmtes Subsidiaritätsmerkmal der *actio pro socio* ist vertretbar. Anhand der bisherigen Leitplanken der Rechtsprechung zu einzelnen Subsidiaritätsgesichtspunkten sowie der Grundsätze von Treu und Glauben wird man sich sachgerecht orientieren können. Eine ausdrückliche Regelung der auf das Personengesellschaftsrecht sinngemäß übertragbaren §§ 148 Abs. 1 Nr. 2, Nr. 4 AktG, also der Erfordernisse zur vorherigen Klageaufforderung sowie des Fehlens von der Gesellschafterklage entgegenstehenden Gründen des Gesellschaftswohls, wäre in § 715b BGB jedoch gleichsam denkbar gewesen.

Das in § 715b Abs. 2 BGB niedergelegte Verbot von gesellschaftsvertraglichen Vereinbarungen, welche die Gesellschafterklage ausschließen oder diese entgegen der Bestimmungen des § 715b BGB beschränken, trägt dem gemeinhin anerkannten minderheitenschützenden Charakter der *actio pro socio* konsequent Rechnung und stellt eine maßgebliche Verbesserung gegenüber dem *Mauracher Entwurf* dar.

Die neuen Informationspflichten des Gesellschafterklägers sowie die Mitwirkungspflicht des Gerichts in § 715b Abs. 3 BGB verdienen trotz aller Kritik Zustimmung. Sie sind ein wichtiger Baustein, um die durch die Rechtshängigkeit der Gesellschafterklage fortdauernde Durchbrechung der gesellschaftsrechtlichen Zuständigkeitsverteilung sowie schließlich die Rechtskraftwirkung des Sachurteils über die *actio pro socio* auf die Gesellschaft zu rechtfertigen. Demgemäß angemessen ist die ausdrückliche Rechtskraftregelung in § 715b Abs. 4 BGB, insbesondere mit Blick auf die Herausnahme von abweisenden Prozessurteilen über die Gesellschafterklage aus der Rechtskrafterstreckung gegenüber der Gesellschaft.

Stark zu kritisieren verbleibt die gesetzgeberische Passivität hinsichtlich der Regelung der Wirkung der Rechtshängigkeit der Gesellschafterklage. Wie diese Arbeit aufgezeigt hat, waren für den Gesetzgeber mit den §§ 148 Abs. 3, Abs. 6 AktG bekannte Optionen verfügbar, den Themenkreisen von parallelen Klagen und der Kostenverteilung sachgerecht und rechtssicher zu begegnen.

2. Im weiteren Sinne rechtspolitisch

Rechtspolitisch fügt sich die Kodifizierung der Gesellschafterklage gemäß § 715b BGB nahtlos in die insgesamt als gelungen zu bewertende Modernisierung des Personengesellschaftsrechts durch das MoPeG ein. Die lange Geschichte des Einzelklagerechts und der damit einhergehende Eindruck, dass sich die ein oder andere Diskussion über die Rechtsnatur, Voraussetzungen und Rechtsfolgen der *actio pro socio* im Kreis zu drehen schien, rechtfertigt das konsolidierende und modernisierende Tätigwerden des Gesetzgebers zweifellos. Die Neufassung der §§ 705 ff. BGB ist nicht zuletzt Ausdruck der Tatsache, dass sich das in der Praxis gelebte Recht, so auch das Einzelklagerecht des Personengesellschafters, im Gesetz wiederfinden sollte.

Richtig ist, dass nicht sämtliche offenen Rechtsfragen zwingend einer gesetzlichen Klärung zugeführt werden müssen.[998] Darauf wurde im Speziellen für die *actio pro socio* im Gutachten von *Schäfer* hingewiesen[999] und die Beschlusslage des 71. Deutschen Juristentags im Jahr 2016 besagte noch, dass unter anderem die Gesellschafterklage gerade keiner gesetzlichen Grundlage bedürfe.[1000] Umso begrüßenswerter ist es, dass sich der Gesetzgeber im Falle der *actio pro socio* über das Votum hinwegsetzte, anderslautenden Stimmen[1001] anschloss und die Kodifizierung in Angriff nahm. Das parallele Institut im Aktienrecht gemäß § 148 AktG dürfte hier als Richtschnur und partielle Blaupause gedient haben. Zwar lässt die Kodifizierung eines Rechtsbehelfs nicht stets auf dessen praktische Relevanz im Rechtsverkehr schließen. So sind in den knapp 20 Jahren des Bestehens von § 148 AktG lediglich sieben Anträge auf Zulassung der aktienrechtlichen *actio pro socio* zu verzeichnen, von denen überdies keiner durchzudringen

---

998 *Schmidt*, ZHR 187 (2023), 107 (121); *Fleischer*, ZGR Sonderheft 23, S. 17; *Noack*, NZG 2020, 581 (583).

999 Siehe Fn. 484

1000 Beschlüsse 71. DJT, S. O 102.

1001 Siehe Fn. 483.

vermochte.[1002] Umgekehrt hat die personengesellschaftsrechtliche *actio pro socio* jedoch bereits vor ihrer Kodifizierung unter Beweis gestellt, dass sie von den nicht geschäftsführungsbefugten Gesellschaftern als minderheitenschützendes Instrument durchaus in Anspruch genommen wird. Zudem darf eine solche Kodifizierung nicht als Schlusspunkt verstanden werden, sondern sie bleibt vielmehr Gegenstand der Rechtsfortbildung.[1003]

Zweifellos wird sich die Gesellschafterklage gemäß § 715b BGB gegen vergleichbare Rechtsbehelfe in der Personengesellschaft, wie dem Notgeschäftsführungsrecht aus § 715a BGB oder der möglichen Bestellung eines besonderen Vertreters analog der §§ 46 Nr. 8 Hs. 2 GmbHG, 147 Abs. 2 S. 1 AktG behaupten müssen. Dabei tritt die Gesellschafterklage zu diesen Rechtsbehelfen jedoch nicht in eine Art Verdrängungswettbewerb, sondern fungiert vielmehr als Baustein eines modularen Instrumentariums, aus dem der Rechtsanwender anlassbezogen wählen kann. Allen Unkenrufen[1004] zum Trotz dürfte die ausdrückliche Berücksichtigung des Klagerechts im Bürgerlichen Gesetzbuch der Gesellschafterklage dabei neuen Rückenwind verleihen.

Dies gilt jedoch nicht nur für das Personengesellschaftsrecht. Die Gesellschafterklage gemäß § 715b BGB wird ihrem verbandsübergreifenden Charakter entsprechend auch bei Fragen der *actio pro socio* im GmbH-Recht, insbesondere in Bezug auf die Geltendmachung von Drittansprüchen, als Auslegungshilfe dienen und könnte einer dortigen Kodifizierung Vorschub leisten.[1005] Dies schon deshalb, weil sich das personengesellschaftsrechtli-

---

[1002] *Verse*, ZHR 189 (2025), 54 (57).

[1003] *Schmidt*, ZHR 187 (2023), 107 (121); *Bachmann*, NZG 2020, 612 (619); siehe ferner *Verse*, ZHR 189 (2025), 54 (68 ff.), der die aktuelle Reformdiskussion zu § 148 AktG beleuchtet.

[1004] *Schmidt*, ZGR 2011, 108 (125) erachtet die *actio pro socio* als sehr riskant, kostenträchtig und unattraktiv und daher nur für mutige Gesellschafter geeignet.

[1005] Erman BGB/*Lieder*, § 715b BGB, Rn. 1; *Servatius*, GbR, BGB § 715b, Rn. 7; *Reiss/Manolakis*, NZG 2024, 330 (337); *Tödtmann/Pieper*, NZG 2023, 641 (641 ff.); *Guntermann*, ZfPW 2023, 405 (427); *Waclawik*, NZG 2022, 652 (657); *Osterloh-Konrad*, Gesellschaftsrecht in der Diskussion 2021, S. 80;

che Klagerecht auf die GmbH gesellschaftsrechtlich und strukturell grundsätzlich besser übertragen lässt als die aktienrechtlichen Spezialvorschriften der §§ 147 f. AktG.[1006] Insoweit darf die Kodifizierung der Gesellschafterklage gemäß § 715b BGB über das Personengesellschaftsrecht hinaus begrüßt werden.

II. Ausblick auf die weitere Entwicklung

Die weitere kurz- und mittelfristige Ausformung des Klageinstituts zu einem hoffentlich weiterhin attraktiven Rechtsbehelf wird der Rechtsprechung überlassen bleiben. Mit einer zeitnahen Neubefassung des Gesetzgebers ist zunächst nicht zu rechnen. Dennoch sollen im Folgenden Vorschläge für die etwaige Auseinandersetzung beider Akteure mit den Konsequenzen der Kodifizierung der Gesellschafterklage in § 715b BGB unterbreitet werden.

1. Erwartete Rechtsprechung zu § 715b BGB

Die Gerichte werden sich früher oder später zu einigen insbesondere durch § 715b BGB an Relevanz gewonnenen Aspekten zu positionieren haben. Zuvorderst zählt hierzu die nach den Ergebnissen dieser Arbeit im Lichte von § 715b Abs. 1 S. 2 BGB nicht mehr haltbare Rechtsprechungslinie, dass der Fremdgeschäftsführer der Komplementärin einer GmbH & Co. KG durch deren Kommanditisten nicht direkt im Wege der Gesellschafterklage in Anspruch genommen werden kann. Es erscheint schlicht unnötig kompliziert und ist mit sachgerechten Argumenten nicht zu erklären, warum der Umweg über die Inanspruchnahme des Fremdgeschäftsführers durch die Komplementär-GmbH gegangen werden sollte.

---

auf das Kapitalgesellschaftsrecht allgemein verweisend *Berger*, ZZP 135 (2022), 407 (427); andere Ansicht BGHZ 232, 275 (281); BeckOK BGB 75. Ed./*Schöne*, BGB § 715b, Rn. 5; zurückhaltender HK-GbR/*Heidel*, § 715b BGB, Rn. 11; wohl offenlassend BGH, NJW 2025, 750 (750 ff.).

1006 *Schäfer*, ZHR 187 (2023), 78 (104 f.).

Mit einer ähnlichen Begründung wird jene Rechtsprechung zu korrigieren sein, die dem Gesellschafterkläger die Einklagbarkeit von an die Geschäftsführung gerichteten Handlungs- und Unterlassungsansprüchen verweigern möchte. Die Kodifizierung der Gesellschafterklage in § 715b BGB gibt für eine solche Verengung des Begriffs des Sozialanspruchs weder Anlass, noch erscheint der Umweg über einen dann im Wege der *actio pro socio* verfolgbaren Schadensersatzanspruch interessengerecht.

Ferner könnten die Gerichte gehalten sein, sich mit der bislang gesetzlich nur unzureichend konturierten Reichweite der Informationspflichten des Gesellschafterklägers gemäß § 715b Abs. 3 BGB auseinanderzusetzen. Dies nicht zuletzt aus Eigeninteresse, wenn es um die Ausgestaltung der Mitwirkungspflicht der Gerichte gemäß § 715b Abs. 3 S. 3 BGB geht.

Eine weitere Angriffsfläche gerichtlicher Überprüfung bieten überdies kautelarjuristische Gestaltungen des Gesellschaftsvertrags, welche sich zu der Gesellschafterklage gemäß § 715b BGB verhalten. Mit Spannung darf erwartet werden, ob sich satzungsmäßige Alternativrechtsbehelfe entgegen dem Wortlaut von § 715b Abs. 2 BGB im Einzelfall als zulässig erweisen können. Die Gesetzesbegründung vermochte es, am apodiktisch anmutenden Wesen von § 715b Abs. 2 BGB zumindest einen leisen Zweifel zu sähen.

Auch an der Schnittstelle zwischen der Gesellschafterklage gemäß § 715b BGB und dem Beschlussmängelrecht, insbesondere gemäß der neuen §§ 110 ff. HGB, bleibt die weitere gerichtliche Positionierung zur exakten und reibungslosen Nivellierung beider Rechtsbehelfe abzuwarten.

Schließlich bleibt nach wie vor vollständig ungeklärt, wie mit einem verspäteten Tätigwerden der Gesellschaft in Bezug auf den Sozial- oder Drittanspruch umzugehen ist, sollte die *actio pro socio* bereits rechtshängig sein. Ob die Rechtsprechung hier auf allgemeine prozessuale Regeln rekurrieren möchte, oder, wie es im Lichte der nun auch in Anlehnung an § 148 AktG erfolgten Kodifizierung der Gesellschafterklage gemäß § 715b BGB angezeigt wäre, einen Seitenblick ins Aktienrecht wagt, ist derzeit nicht vorhersehbar.

2. Reformoptionen und Regelungsvorschlag zu § 715b BGB *de lege ferenda*

Auch wenn die Kodifizierung der Gesellschafterklage gemäß § 715b BGB insgesamt als sehr gelungen gewertet werden darf, wäre es zu begrüßen, wenn den in dieser Arbeit geäußerten Kritikpunkten an der Fassung der Norm neuerliche Aufmerksamkeit des Gesetzgebers zukäme. Selbstverständlich mag dies nicht für jeden Aspekt zwingend sein und es wird auch darauf ankommen, ob und inwieweit eine Vorbefassung der Rechtsprechung mit den offenen Fragen im Kontext der *actio pro socio* stattfindet. Trotzdem soll ein Regelungsvorschlag für den Fall einer neuerlichen gesetzgeberischen Befassung mit der Gesellschafterklage gemäß § 715b BGB erfolgen.

Zunächst wird angeregt, in § 715b Abs. 1 S. 2 BGB zu ergänzen, dass sich ein Drittanspruch vornehmlich dadurch auszeichnet, dass dieser nicht auf dem Gesellschaftsverhältnis beruht. Dies geht Hand in Hand mit dem Vorschlag, in § 715b Abs. 1 S. 2 BGB auch die anderen Gesellschafter zu erwähnen, gegen die der Drittanspruch gleichermaßen geltend gemacht werden kann.

Neu eingefügt werden sollte ein § 715b Abs. 1 S. 3 BGB, der statuiert, dass der Klageantrag grundsätzlich auf Leistung an die Gesellschaft zu lauten hat, sofern nicht insbesondere die etablierte Ausnahme im Liquidationsstadium der Gesellschaft greift.

Darüber hinaus wird vorgeschlagen, im Sinne des § 148 Abs. 3 AktG einen neuen § 715b Abs. 4 S. 1 BGB einzufügen, der es der Gesellschaft erlauben würde, eine rechtshängige Gesellschafterklage zu übernehmen. Sodann wäre dem vormaligen Kläger gemäß § 715b Abs. 4 S. 2 BGB das Recht einzuräumen, sich an dem nun durch die Gesellschaft geführten Prozess als streitgenössischer Nebenintervenient beteiligen zu dürfen. Dies sollte jedoch auf eigene Kosten des ehemaligen Gesellschafterklägers erfolgen.[1007] Eine eigene Parallelklage der Gesellschaft sollte im Lichte dieser Spezialregelung damit entgegen § 148 Abs. 3 S. 1 AktG aufgrund von § 261 Abs. 3 Nr. 1 ZPO aus Gründen der Prozessökonomie insgesamt ausgeschlossen sein.

Schließlich sollte ein neuer § 715b Abs. 6 BGB Einzug erhalten. Danach würde dem Gesellschafterkläger ein materieller Aufwendungsersatzanspruch gegen die Gesellschaft zuteil, wenn die *actio pro socio* als unzulässig verworfen würde und die Gesellschaft dies objektiv zu vertreten hätte. Zudem hätte die Gesellschaft im Falle einer Prozessübernahme gemäß dem neuen § 715b Abs. 4 S. 1 BGB dem vormaligen Kläger seine bisherigen Kosten zu erstatten.

Demgemäß wird folgender Regelungsvorschlag unterbreitet:

§ 715b Gesellschafterklage[1008]

(1) [1]Jeder Gesellschafter ist befugt, einen auf dem Gesellschaftsverhältnis beruhenden Anspruch der Gesellschaft gegen einen anderen Gesellschafter im eigenen Namen gerichtlich geltend zu machen, wenn der dazu berufene geschäftsführungsbefugte Gesellschafter dies pflichtwidrig unterlässt. [2]Die Befugnis nach Satz 1 erstreckt sich auch auf einen nicht auf dem Gesellschaftsverhältnis beruhenden Anspruch der Gesellschaft gegen einen anderen Gesellschafter oder Dritten, wenn ~~dieser~~ diese an dem pflichtwidrigen Unterlassen ~~mitwirkte~~ mitwirkten oder es ~~kannte~~ kannten. [3]Der Klageantrag in den Fällen der Sätze 1 und 2 hat in der Regel auf Leistung an die Gesellschaft zu lauten.

(2) Eine Vereinbarung im Gesellschaftsvertrag, welche das Klagerecht ausschließt oder dieser Vorschrift zuwider beschränkt, ist unwirksam.

[1007] So auch durch das UMAG geregelt, BT-Dr. 15/5092, S. 42; *Paschos/Neumann*, DB 2005, 1779 (1784); andere Ansicht *pro* Kostenerstattung für die Beteiligung der Aktionärsminderheit, Heidel/*Lochner*, AktG § 148, Rn. 25.

[1008] Legende: (i) *Gültiger Normtext*; (ii) Einfügung; (iii) ~~Streichung~~.

(3) [1]Der klagende Gesellschafter hat die Gesellschaft unverzüglich über die Erhebung der Klage und die Lage des Rechtsstreits zu unterrichten. [2]Ferner hat er das Gericht über die erfolgte Unterrichtung in Kenntnis zu setzen. [3]Das Gericht hat auf eine unverzügliche Unterrichtung der Gesellschaft hinzuwirken.

(4) [1]Die Gesellschaft ist jederzeit berechtigt, einen anhängigen Rechtsstreit über ihren Anspruch in der Lage zu übernehmen, in der sich der Rechtsstreit zur Zeit der Übernahme befindet. [2]Der bisherige Kläger ist im Falle von Satz 1 im Wege der streitgenössischen Nebenintervention zu beteiligen.[1009]

~~(4)~~ (5) Soweit über den Anspruch durch rechtskräftiges Urteil entschieden worden ist, wirkt die Entscheidung für und gegen die Gesellschaft.

(6) [1]Wird die Klage abgewiesen, weil das Unterlassen nach Abs. 1 nicht pflichtwidrig war und hätte die Gesellschaft den klagenden Gesellschafter hierüber vor Erhebung der Klage in Kenntnis setzen können, dies jedoch unterblieben ist, so hat sie dem klagenden Gesellschafter seine Kosten zu erstatten. [2]Übernimmt die Gesellschaft einen anhängigen Rechtsstreit von dem bisherigen Kläger, so trägt sie seine bis zum Zeitpunkt der Übernahme entstandenen Kosten.

[1009] Statt dem in § 148 Abs. 3 S. 3 AktG verwendeten, dem Zivilprozess jedoch größtenteils fremden Begriff der „Beiladung“, *Koch*, AktG § 148, Rn. 13.

Literaturverzeichnis

Altenhofen, Christian, Zur Enträtselung der Figur der Gesamthand, JA 2018, S. 205-213 (zitiert als: *Altenhofen*, JA 2018, 205).

Altmeppen, Holger, Kritischer Zwischenruf zum „Mauracher Entwurf“, NZG 2020, S. 822-823 (zitiert als: *Altmeppen*, NZG 2020, 822).

Altmeppen, Holger, Rechtsentwicklung der GbR trotz § 899a BGB nicht aufzuhalten, NJW 2011, S. 1905-1909 (zitiert als: *Altmeppen*, NJW 2011, 1905).

Altmeppen, Holger, Zur Rechtsnatur der actio pro socio, in: Heinrich, Christian (Hrsg.), Festschrift für Hans-Joachim Musielak zum 70. Geburtstag, München 2004, S. 1-26 (zitiert als: *Altmeppen*, FS Musielak 2004).

Bachmann, Gregor, Das Gesetz zur Modernisierung des Personengesellschaftsrechts, NJW 2021, S. 3073-3078 (zitiert als: *Bachmann*, NJW 2021, 3073).

Bachmann, Gregor, Zum Entwurf eines Gesetzes zur Modernisierung des Personengesellschaftsrechts (MoPeG), NZG 2020, S. 612-619 (zitiert als: *Bachmann*, NZG 2020, 612).

Bachmayer, Christian, Die BGH-Rechtsprechung zur Rechtsfähigkeit der GbR – ein Irrweg, Weshalb und Wie der Gesetzgeber korrigierend eingreifen sollte, BWNotZ 2009, S. 122-143 (zitiert als: *Bachmayer*, BWNotZ 2009, 122).

Bartlik, Martin, Die GbR und das MoPeG: Rechtsprechungsübersicht zum neuen Recht, DB 2025, S. 1263-1267 (zitiert als: *Bartlik*, DB 2025, 1263).

Bayer, Walter, Die Geltendmachung von Sozialansprüchen der GmbH durch den ausgeschiedenen Gesellschafter, GmbHR 2016, S. 505-514 (zitiert als: *Bayer*, GmbHR 2016, 505).

J. Sauerbrey, *Die Gesellschafterklage gemäß § 715b BGB*, Juridicum – Schriftenreihe zum Wirtschafts-, Unternehmens- und Bankrecht / Series on Business, Corporate and Banking Law, https://doi.org/10.1007/978-3-658-51602-4

Bayer, Walter/Carl, Emilio Günter, (Kein) Ende der actio pro socio in der Zweipersonen-GmbH?, GmbHR 2025, S. 1009-1021 (zitiert als: *Bayer/Carl*, GmbHR 2025, 1009).

Bayer, Walter/Lieder, Jan/Hoffmann, Thomas, Bundesweite Rechtstatsachen zum Unternehmens- und Gesellschaftsrecht (Stand 1.1.2024), GmbHR 2024, S. 785-797 (zitiert als: *Bayer/Lieder/Hoffmann*, GmbHR 2024, 785).

Bayer, Walter/Lieder, Jan/Hoffmann, Thomas, Bundesweite Rechtstatsachen zum Unternehmens- und Gesellschaftsrecht (Stand 1.1.2022), GmbHR 2022, S. 777-786 (zitiert als: *Bayer/Lieder/Hoffmann*, GmbHR 2022, 777).

Berger, Christian, Die subjektiven Grenzen der Rechtskraft bei der Prozeßstandschaft [sic], in: Prütting, Hans (Hrsg.), Prozeßrechtliche Abhandlungen Heft 84, Köln u.a. 1992 (zitiert als: *Berger*, Die subjektiven Grenzen der Rechtskraft bei der Prozeßstandschaft).

Berger, Christian, Prozessuale Fragen zur actio pro socio bei der BGB-Gesellschaft (§ 715b BGB), ZZP 135 (2022), S. 407-427 (zitiert als: *Berger*, ZZP 135 (2022), 407).

Bleifeld, Magnus, MoPeG – Ausgewählte Praxisprobleme aus notarieller Sicht, RNotZ 2024, S. 209-231 (zitiert als: *Bleifeld*, RNotZ 2024, 209).

Bochmann, Christian, Kein Durchgriff von Kommanditisten einer GmbH & Co. KG auf den Geschäftsführer der Komplementärin im Wege der actio pro socio?, GmbHR 2018, S. 289-295 (zitiert als: *Bochmann*, GmbHR 2018, 289).

Bolkart, Johannes, Das Zusammenspiel von Gesellschaftsregister, Grundbuch und Notar nach dem Gesetz zur Modernisierung des Personengesellschaftsrechts (MoPeG), MittBayNot 2021, S. 319-331 (zitiert als: *Bolkart*, MittBayNot 2021, 319).

Bork, Reinhard, Prozessrechtliche Notiz zum UMAG, ZIP 2005, S. 66-67 (zitiert als: *Bork*, ZIP 2005, 66).

Bork, Reinhard/Oepen, Klaus, Einzelklagebefugnisse des Personengesellschafters, ZGR 2001, S. 515-553 (zitiert als: *Bork/Oepen*, ZGR 2001, 515).

Brauermeister, Tabea/Grobe, Tony, Personen im Recht – über Rechtssubjekte und ihre Rechtsfähigkeit, ZGR 2022, S. 733-780 (zitiert als: *Brauermeister/Grobe*, ZGR 2022, 733).

Claußen, Ramona/Pieronczyk, Marc-Christian, Das Beschlussmängelrecht in der eingetragenen Gesellschaft bürgerlichen Rechts – Ein Plädoyer für die Erstreckung des Anfechtungsmodells auf die „eGbR", NZG 2021, S. 620-628 (zitiert als: *Claußen/Pieronczyk*, NZG 2021, 620).

Clotten, Theo/Arens, Stephan, Anmerkung zu OLG Frankfurt am Main, Urteil vom 19. Oktober 2023 - 15 U 133/22, GmbHR 2024, S. 256-262 (zitiert als: *Clotten/Arens*, GmbHR 2024, 256).

Danwerth, Christopher, Analogie und teleologische Reduktion – zum Verhältnis zweier scheinbar ungleicher Schwestern, ZfPW 2017, S. 230-249 (zitiert als: *Danwerth*, ZfPW 2017, 230).

Daragan, Hanspeter, Die Personenhandelsgesellschaften ohne und mit Rechtsfähigkeit, RFamU 2025, S. 211-213 (zitiert als: *Daragan*, RFamU 2025, 211).

Denga, Michael, Zur Definition der Außen-GbR, ZfPW 2021, S. 73-104 (zitiert als: *Denga*, ZfPW 2021, 73).

Dittert, Christian, Blick ins Gesellschaftsrecht, DStR 2022, S. 623-628 (zitiert als: *Dittert*, DStR 2022, 623).

Drescher, Ingo/Fleischer, Holger/Schmidt, Karsten (Hrsg.), Münchener Kommentar zum Handelsgesetzbuch, Band 2: Zweites Buch, Handelsgesellschaften und stille Gesellschaft, Erster Abschnitt, Offene Handelsgesellschaft, §§ 105-160, Zweiter Abschnitt, Kommanditgesellschaft §§ 161-179, Konzernrecht der Personengesellschaften, 5. Auflage, München 2025 (zitiert als: MüKo-HGB/*Bearbeiter*).

Drescher, Ingo/Fleischer, Holger/Schmidt, Karsten (Hrsg.), Münchener Kommentar zum Handelsgesetzbuch, Band 3: Zweites Buch, Handelsgesellschaften und stille Gesellschaft, Dritter Abschnitt, Stille Gesellschaft §§ 230-237, 5. Auflage, München 2025 (zitiert als: MüKo-HGB/*Bearbeiter*).

Duttig, Andreas/Hepp, Isabella, Die doppelte Voreintragung einer Alt-GbR im Gesellschaftsregister und im Grundbuch: Absage an analoge Anwendbarkeit von § 40 GBO, ZPG 2024, S. 321-324 (zitiert als: *Duttig/Hepp*, ZPG 2024, 321).

Ebel, Dominik/Wörner, Leon, Wechselspiel der Beschlussmängelregime in den Personenhandelsgesellschaften und der GmbH, NZG 2021, S. 963-970 (zitiert als: *Ebel/Wörner*, NZG 2021, 963).

Fehrenbach, Markus/Schikorra, Maximilian, Die actio pro socio nach dem MoPeG, AD 2/2024, S. 145-150 (zitiert als: *Fehrenbach/Schikorra*, AD 2/2024, 145).

Fehrmann, Denis/Leclerc, Stefanie/Schirrmacher, Paul, Das neue Beschlussmängelrecht der §§ 110 ff. HGB, GmbHR 2024, S. 57-71 (zitiert als: *Fehrmann/Leclerc/Schirrmacher*, GmbHR 2024, 57).

Feick, Martin/Schwalm, Julian/Schwind, Sebastian, Anmeldung und Eintragung der (vermögensverwaltenden) GbR in das Gesellschaftsregister, ZEV 2024, S. 146-152 (zitiert als: *Feick/Schwalm/Schwind*, ZEV 2024, 146).

Fleischer, Holger, Aktuelle Entwicklungen der Managerhaftung, NJW 2009, S. 2337-2343 (zitiert als: *Fleischer*, NJW 2009, 2337).

Fleischer, Holger, Annäherungen an den Mauracher Entwurf für ein Gesetz zur Modernisierung des Personengesellschaftsrechts, in: *Bergmann, Alfred/Drescher, Ingo/Harbarth, Stephan* u.a. (Hrsg.), Modernisierung des Personengesellschaftsrechts – Der Mauracher Entwurf in der Fachdiskussion, ZGR Sonderheft 23, Berlin 2020, S. 1-28 (zitiert als: *Fleischer*, ZGR Sonderheft 23).

Fleischer, Holger, Auf den Spuren des römischen Erbes im modernen Personengesellschaftsrecht: Ein historisch-vergleichender Streifzug, JZ 2019, S. 53-63 (zitiert als: *Fleischer*, JZ 2019, 53).

Fleischer, Holger, Ein Rundgang durch den Regierungsentwurf eines Gesetzes zur Modernisierung des Personengesellschaftsrechts, DStR 2021, S. 430-439 (zitiert als: *Fleischer*, DStR 2021, 430).

Fleischer, Holger, Idiosynkrasien im deutschen Personengesellschaftsrecht: Allmähliche Erosion oder erfolgreiche Exportartikel?, NZG 2020, S. 601-611 (zitiert als: *Fleischer*, NZG 2020, 601).

Fleischer, Holger, Leitbildwandel im Recht der BGB-Gesellschaft, DB 2020, S. 1107-1114 (zitiert als: *Fleischer*, DB 2020, 1107).

Fleischer, Holger, Zur Rechtsnatur der OHG und ihres Gesellschaftsvertrags, NZG 2021, S. 949-956 (zitiert als: *Fleischer*, NZG 2021, 949).

Fleischer, Holger/Cools, Sofie, Internationale Trajektorien und Trends im Recht der Personengesellschaften, ZGR 2019, S. 463-506 (zitiert als: *Fleischer/Cools*, ZGR 2019, 463).

Fleischer, Holger/Harzmeier, Lars, Die actio pro socio im Personengesellschaftsrecht, ZGR 2017, S. 239-272 (zitiert als: *Fleischer/Harzmeier*, ZGR 2017, 239).

Fleischer, Holger/Heinrich, Elke/Pendl, Matthias, Reform der österreichischen Gesellschaft bürgerlichen Rechts – ein Vorbild für Deutschland?, NZG 2016, S. 1001-1010 (zitiert als: *Fleischer/Heinrich/Pendl*, NZG 2016, 1001).

Flume, Werner, Gesellschaft und Gesamthand, ZHR 136 (1972), S. 177-207 (zitiert als: *Flume*, ZHR 136 (1972), 177).

Franzenburg, Christoph, Die Auswirkungen des MoPeG auf die Passivlegitimation der rechtsfähigen GbR bei Beschlussmängelklagen, NZG 2024, S. 963-966 (zitiert als: *Franzenburg*, NZG 2024, 963).

Freudenberg, Tobias, Im Jahr des MoPeG, NZG 2024, S. 1-1 (zitiert als: *Freudenberg*, NZG 2024, 1).

Geibel, Stefan, Mauracher Entwurf zum Personengesellschaftsrecht, ZRP 2020, S. 137-140 (zitiert als: *Geibel*, ZRP 2020, 137).

Goette, Constantin/Goette, Maximilian, Managerhaftung: Abgrenzung unternehmerischer Entscheidungen nach Maßgabe der Business Judgement Rule von pflichtverletzendem Handeln, DStR 2016, S. 815-819 (zitiert als: *Goette/Goette*, DStR 2016, 815).

Goette, Wulf, Anmerkung zu BGH, Urteil vom 8. November 1999 – II ZR 197–98, DStR 2000, S. 34-36 (zitiert als: *Goette*, DStR 2000, 34).

Goette, Wulf/Habersack, Mathias/Kalss, Susanne (Hrsg.), Münchener Kommentar zum Aktiengesetz, Band 2 §§ 76-117, MitbestG, DrittelbG, 6. Auflage, München 2023 (zitiert als: MüKo-AktG/*Bearbeiter*).

Goette, Wulf/Habersack, Mathias/Kalss, Susanne (Hrsg.), Münchener Kommentar zum Aktiengesetz, Band 3 §§ 118-178, 6. Auflage, München 2024 (zitiert als: MüKo-AktG/*Bearbeiter*).

Greine, Udo, Informationsrechte der Personengesellschafter nach dem MoPeG, RFamU 2023, S. 550-554 (zitiert als: *Greine*, RFamU 2023, 550).

Grigoleit, Hans Christoph (Hrsg.), Aktiengesetz Kommentar, 3. Auflage, München 2025 (zitiert als: Grigoleit/*Bearbeiter*).

Grummert, Hans/Schäfer, Carsten (Hrsg.), Münchener Handbuch des Gesellschaftsrechts, Band 1: BGB-Gesellschaft, Offene Handelsgesellschaft, Partnerschaftsgesellschaft, EWIV, 6. Auflage, München 2024 (zitiert als: MHdB GesR I 6. Aufl./*Bearbeiter*).

Grummert, Hans/Schäfer, Carsten (Hrsg.), Münchener Handbuch des Gesellschaftsrechts, Band 2: Kommanditgesellschaft, GmbH & Co. KG, Publikums-KG, Stille Gesellschaft, 6. Auflage, München 2024 (zitiert als: MHdB GesR II/*Bearbeiter*).

Grummert, Hans/Weipert, Lutz (Hrsg.), Münchener Handbuch des Gesellschaftsrechts, Band 1: BGB-Gesellschaft, Offene Handelsgesellschaft, Partnerschaftsgesellschaft, Partenreederei, EWIV, 5. Auflage, München 2019 (zitiert als: MHdB GesR I 5. Aufl./*Bearbeiter*).

Grundmann, Stefan/Habersack, Mathias/Schäfer, Carsten u.a. (Hrsg.), Staub Handelsgesetzbuch Großkommentar, Band 3 §§ 105-160, 6. Auflage, Berlin/Boston 2024 (zitiert als: Staub HGB/*Bearbeiter*).

Grüneberg, Christian/Ellenberger, Jürgen/ Götz, Isabell u.a. (Hrsg.), Bürgerliches Gesetzbuch mit Nebengesetzen, 84. Auflage, München 2025 (zitiert als: Grüneberg/*Bearbeiter*).

Grunewald, Barbara, Die *actio pro socio* und Ansprüche der Gesellschafter aus eigenem Recht in der Liquidation der Personengesellschaften, in: *Erle, Bernd/Goette, Wulf/Kleindiek, Detlef* u.a. (Hrsg.), Festschrift für Peter Hommelhoff zum 70. Geburtstag, Köln 2012, S. 275-283 (zitiert als: *Grunewald*, FS Hommelhoff 2012).

Grunewald, Barbara, Die Gesellschafterklage in der Personengesellschaft und der GmbH, in: J. C. B. Mohr (Paul Siebeck) (Hrsg.), JZ Schriftenreihe Heft 2, Tübingen 1990 (zitiert als: *Grunewald*, Die Gesellschafterklage in der Personengesellschaft und der GmbH).

Grunewald, Barbara, Durchsetzung von Ersatzansprüchen durch besondere Vertreter in Personengesellschaften, in: *Hoffmann-Becking, Michael/Hüffer, Uwe/Reichert, Jochem* (Hrsg.), Liber amicorum für Martin Winter, Köln 2011, S. 167-175 (zitiert als: *Grunewald*, LA Winter 2011).

Grunewald, Barbara/Otte, Daniel, Klagen von Personengesellschaftern gegen Gesellschaftsexterne, ZIP 2017, S. 1737-1742 (zitiert als: *Grunewald/Otte*, ZIP 2017, 1737).

Guntermann, Lisa Marleen, Das Beschlussmängelrecht in der GmbH nach dem MoPeG, GmbHR 2024, S. 397-406 (zitiert als: *Guntermann*, GmbHR 2024, 397).

Guntermann, Lisa Marleen, Durchsetzung von Organhaftungsansprüchen – kein Fall der actio pro socio?, ZfPW 2023, S. 405-427 (zitiert als: *Guntermann*, ZfPW 2023, 405).

Habersack, Mathias, Modernisierung des Personengesellschaftsrechts – aber wie?, ZGR 2020, S. 539-568 (zitiert als: *Habersack*, ZGR 2020, 539).

Hadding, Walther, actio pro socio, Die Einzelklagebefugnis des Gesellschafters bei Gesamthandsansprüchen aus dem Gesellschaftsverhältnis, in: Rechts- und Staatswissenschaftliche Fakultät der Philipps-Universität (Hrsg.), Marburger rechts- und staatswissenschaftliche Abhandlungen, Reihe A, Rechtswissenschaftliche Abhandlungen, Band 15, Marburg 1966 (zitiert als: *Hadding*, actio pro socio).

Hadding, Walther, Zur Einzelklagebefugnis des Gesellschafters einer Personalgesellschaft, JZ 1975, S. 159-165 (zitiert als: *Hadding*, JZ 1975, 159).

Hadding, Walther, Zur Innengesellschaft bürgerlichen Rechts, in: *Dauner-Lieb, Barbara/Hennrichs, Joachim/Henssler, Martin* u.a. (Hrsg.), Festschrift für Barbara Grunewald zum 70. Geburtstag, Köln 2021, S. 285-294 (zitiert als: *Hadding*, FS Grunewald 2021).

Hau, Wolfgang/Poseck, Roman (Hrsg.), Beck'scher Online-Kommentar BGB, 75. Edition, München 2025 (zitiert als: BeckOK BGB 75. Ed./*Bearbeiter*).

Hau, Wolfgang/Poseck, Roman (Hrsg.), Beck'scher Online-Kommentar BGB, 68. Edition, München 2023 (zitiert als: BeckOK BGB 68. Ed./*Bearbeiter*).

Häublein, Martin/Hoffmann-Theinert, Roland/Poll, Jens (Hrsg.), Beck'scher Online-Kommentar HGB, 47. Edition, München 2025 (zitiert als: BeckOK HGB/*Bearbeiter*).

Heckschen, Heribert, Das MoPeG auf der Zielgeraden: Was noch offen ist – Reform des Personengesellschaftsrecht: Streit ums Register – der vergessene Einzelanwalt, AnwBl 7/2021, S. 224-228 (zitiert als: *Heckschen*, AnwBl 7/2021, 224).

Heckschen, Heribert/Englich, Johannes, Der gesellschaftsrechtliche Voreintragungsgrundsatz nach dem MoPeG, ZPG 2025, S. 41-49 (zitiert als: *Heckschen/Englich*, ZPG 2025, 41).

Heckschen, Heribert/Englich, Johannes, Der grundbuchrechtliche Voreintragungsgrundsatz nach dem MoPeG, ZPG 2024, S. 281-288 (zitiert als: *Heckschen/Englich*, ZPG 2024, 281).

Heckschen, Heribert/Strnad, Korina, Aktuelle Entwicklungstendenzen des Gesellschaftsrechts (Teil 1), GWR 2021, S. 175-181 (zitiert als: *Heckschen/Strnad*, GWR 2021, 175).

Heidel, Thomas (Hrsg.), Aktienrecht und Kapitalmarktrecht, 6. Auflage, Baden-Baden 2024 (zitiert als: Heidel/*Bearbeiter*).

Heidel, Thomas (Hrsg.), Gesellschaft bürgerlichen Rechts, Spezialkommentar zu den §§ 705–740c BGB, Baden-Baden 2024 (zitiert als: HK-GbR/*Bearbeiter*).

Heidel, Thomas/Beneke, Moritz, Das Informationsrecht des Personengesellschafters und seine Grenzen – zugleich kritische Anmerkung zu Landgericht Hannover, Beschl. v. 21. Februar 2024, 23 O 4/24, Hannover 96 GmbH & Co. KGaA, ZPG 2025, S. 50-56 (zitiert als: *Heidel/Beneke*, ZPG 2025, 50).

Heil, Hans-Jürgen, Liegenschaftsrecht – Grundbuchfähigkeit der Gesellschaft bürgerlichen Rechts, RNotZ 2009, S. 231-236 (zitiert als: *Heil*, RNotZ 2009, 231).

Hell, Patrick, Grundzüge und Modernisierung des Rechts der Gesellschaft bürgerlichen Rechts (GbR), JA 2021, S. 12-18 (zitiert als: *Hell*, JA 2021, 12).

Henssler, Martin, Anmerkung zu OLG Frankfurt am Main, Urteil vom 19. Oktober 2023 - 15 U 133/22, ZPG 2024, S. 258-262 (zitiert als: *Henssler*, ZPG 2024, 258).

Henssler, Martin, Die Personengesellschaft – das Stiefkind des deutschen Gesellschaftsrechts, BB Special 3 2010, S. 2-4 (zitiert als: *Henssler*, BB Special 3 2010, 2).

Henssler, Martin/Strohn, Simon (Hrsg.), Gesellschaftsrecht, 6. Auflage, München 2024 (zitiert als: Henssler/Strohn/*Bearbeiter*).

Hermanns, Marc, Gesetz zur Modernisierung des Personengesellschaftsrechts (MoPeG) – Entstehung und Überblick, DNotZ 2022, S. 3-9 (zitiert als: *Hermanns*, DNotZ 2022, 3).

Hippeli, Michael, Zur avisierten Reform des Personengesellschaftsrechts, DZWir 2020, S. 386-393 (zitiert als: *Hippeli*, DZWir 2020, 386).

Hippeli, Michael, Zur Rechtsfigur der actio pro societate – Anerkennung der kleinen Schwester der actio pro socio, GWR 2018, S. 61-64 (zitiert als: *Hippeli*, GWR 2018, 61).

Hoffmann, Veronique, MoPeG – Generalüberholung des Personengesellschaftsrechts unter besonderer Berücksichtigung des Insolvenzrechts, NZI 2023, S. 315-318 (zitiert als: *Hoffmann*, NZI 2023, 315).

Hopt, Klaus (Hrsg.), Handelsgesetzbuch, 44. Auflage, München 2025 (zitiert als: Hopt/*Bearbeiter*).

Joost, Detlev/Strohn, Lutz/Poelzig, Dörte u.a. (Hrsg.), Handelsgesetzbuch, Band 1 §§ 1-342r, 5. Auflage, München 2024 (zitiert als: Ebenroth/Boujong HGB 5. Aufl./*Bearbeiter*).

Joost, Detlev/Strohn, Lutz/Poelzig, Dörte u.a. (Hrsg.), Handelsgesetzbuch, Band 1 §§ 1-342e, 4. Auflage, München 2020 (zitiert als: Ebenroth/Boujong HGB 4. Aufl./*Bearbeiter*).

Karrer, Götz, Der besondere Vertreter im Recht der Personengesellschaften, NZG 2008, S. 206-210 (zitiert als: *Karrer*, NZG 2008, 206).

Keller, Christoph, Die Zulässigkeit der Gesellschafterklage bei der Personengesellschaft, ZJS 4/2022, S. 469-475 (zitiert als: *Keller*, ZJS 4/2022, 469).

Kesseler, Christian, Die Grundbuchfähigkeit der GbR II - Praktische Hinweise statt „nach uns die Sintflut", NZM 2009, S. 190-192 (zitiert als: *Kesseler*, NZM 2009, 190).

Kindler, Peter, Die „rechtsfähige Gesellschaft" als juristische Person – erste Befunde und Überlegungen zum Gesetz zur Modernisierung des Personengesellschaftsrechts (MoPeG), ZfPW 2022, S. 409-424 (zitiert als: *Kindler*, ZfPW 2022, 409).

Klesse, Julia, Gesellschafterklagen in der zweigliedrigen GmbH: Bedürfnis nach effizienter Rechtsdurchsetzung vs. Einhaltung interner Kompetenzregeln, NZG 2025, S. 545-550 (zitiert als: *Klesse*, NZG 2025, 545).

Knaier, Ralf (Verf.), Bericht über die Diskussion [der Vorträge Fleischer, Schollmeyer und Herrler], in: *Bergmann, Alfred/Drescher, Ingo/Harbarth, Stephan* u.a. (Hrsg.), Modernisierung des Personengesellschaftsrechts – Der Mauracher Entwurf in der Fachdiskussion, ZGR Sonderheft 23, Berlin 2020, S. 79-86 (zitiert als: *Diskutant*, Bericht über die Diskussion der Vorträge Fleischer, Schollmeyer und Herrler).

Koch, Jens (Hrsg.), Aktiengesetz, 19. Auflage, München 2025 (zitiert als: *Koch*, AktG).

Koch, Jens (Hrsg.), Personengesellschaftsrecht, Köln 2024 (zitiert als: Koch PersGesR/*Bearbeiter*).

Kort, Michael, Actio pro socio auch bei Klagen gegen Nicht-Gesellschafter, DStR 2001, S. 2162-2166 (zitiert als: *Kort*, DStR 2001, 2162).

Krejci, Heinz, Unternehmensgesetzbuch statt HGB, ZHR 170 (2006), S. 113-143 (zitiert als: *Krejci*, ZHR 170 (2006), 113).

Kruse, Cornelius, Das Gesetz zur Modernisierung des Personengesellschaftsrechts (MoPeG) und seine Auswirkungen aus Praktikersicht, DStR 2021, S. 2412-2416 (zitiert als: *Kruse*, DStR 2021, 2412).

Kuckein, Mathias/Jenn, Matthias, Klarheit bei Grundstücksgeschäften mit BGB-Gesellschaften durch das neue ERVGBG?, NZG 2009, S. 848-852 (zitiert als: *Kuckein/Jenn*, NZG 2009, 848).

Kumkar, Lea Katharina, Die actio pro socio im GmbH-Recht, NZG 2020, S. 1012-1021 (zitiert als: *Kumkar*, NZG 2020, 1012).

Kumkar, Lea Katharina, Zum Theorienstreit im Recht der actio pro socio, ZGR 2021, S. 123-155 (zitiert als: *Kumkar*, ZGR 2021, 123).

Lange, Knut Werner/Kretschmann, Nicolas, Die Nachfolge von Todes wegen in einen Personengesellschaftsanteil nach dem MoPeG – ein erster Überblick, ZEV 2021, S. 545-550 (zitiert als: *Lange/Kretschmann*, ZEV 2021, 545).

Lautner, Konrad, Die rechtsfähige GbR in der notariellen Praxis – Grundbuchverfahren und weitere Problemfelder – Zugleich Anmerkungen zum Beschl. des BGH v. 28. 4. 2011 - V ZB 194/10 –, DNotZ 2011, S. 643-651 (zitiert als: *Lautner*, DNotZ 2011, 643).

Liebscher, Thomas, Gesellschaftsvertraglicher Gestaltungsbedarf aufgrund des neuen personengesellschaftsrechtlichen Beschlussmängelrechts, ZIP 2023, S. 2441-2450 (zitiert als: *Liebscher*, ZIP 2023, 2441).

Liebscher, Thomas/Rickelt, Alexander, Beschlussverfahren und Beschlussmängelrecht nach dem MoPeG, ZPG 2023, S. 441-449 (zitiert als: *Liebscher/Rickelt*, ZPG 2023, 441).

Liebscher, Thomas/Rickelt, Alexander, Prozessuale Geltendmachung von Beschlussmängeln nach MoPeG, ZPG 2024, S. 41-53 (zitiert als: *Liebscher/Rickelt*, ZPG 2024, 41).

Lieder, Jan, Der Statuswechsel zwischen Personengesellschaften, GmbHR 2024, S. 897-906 (zitiert als: *Lieder*, GmbHR 2024, 897).

Lieder, Jan, Geschäftsführung und Vertretung im modernisierten Personengesellschaftsrecht, in: *Bergmann, Alfred/Drescher, Ingo/Harbarth, Stephan* u.a. (Hrsg.), Modernisierung des Personengesellschaftsrechts – Der Mauracher Entwurf in der Fachdiskussion, ZGR Sonderheft 23, Berlin 2020, S. 169-214 (zitiert als: *Lieder*, ZGR Sonderheft 23).

Lieder, Jan, Modernisierung des Personengesellschaftsrechts, ZRP 2021, S. 34-37 (zitiert als: *Lieder*, ZRP 2021, 34).

Lieder, Jan/Hoffmann, Thomas, Bundesweite Rechtstatsachen zum Unternehmens- und Gesellschaftsrecht (Stand 1.1.2025), GmbHR 2025, S. 785-800 (zitiert als: *Lieder/Hoffmann*, GmbHR 2025, 785).

Lobinger, Thomas, Ein Jahrhundertjurist ist hundert: Werner Flume, ZJS 6/2008, S. 675-680 (zitiert als: *Lobinger*, ZJS 6/2008, 675).

Lutter, Marcus, Theorie der Mitgliedschaft, AcP 180 (1980), S. 84-159 (zitiert als: *Lutter*, AcP 180 (1980), 84).

Lutz, Reinhard (Hrsg.), Der Gesellschafterstreit in der GbR, PartG, OHG, KG, GmbH & Co. KG und GmbH, 8. Auflage, München 2024 (zitiert als: *Lutz*, Gesellschafterstreit).

Lutz, Reinhard, Prozessvertretung der GmbH gegenüber dem Geschäftsführer und actio pro socio bei einstweiligen Verfügungen, NZG 2015, S. 424-429 (zitiert als: *Lutz*, NZG 2015, 424).

Luy, Theo/Sorg, Steffen, Die unmittelbaren und mittelbaren Auswirkungen des neuen Gesellschaftsregisters, DNotZ 2023, S. 657-673 (zitiert als: *Luy/Sorg*, DNotZ 2023, 657).

Maus, Carolin, Die Analogiefähigkeit im Falle einer bewussten Regelungslücke, ZfPW 2023, S. 25-34 (zitiert als: *Maus*, ZfPW 2023, 25).

Miras, Antonio, Die Grundbuchfähigkeit der GbR nach dem ERVGBG, DStR 2010, S. 604-609 (zitiert als: *Miras*, DStR 2010, 604).

Mock, Sebastian, Alte Gesellschaftsverträge im neuen Recht des MoPeG, NJW 2023, S. 3537-3542 (zitiert als: *Mock*, NJW 2023, 3537).

Mock, Sebastian, Die actio pro socio im Internationalen Privat- und Verfahrensrecht, RabelsZ 2008, S. 264-301 (zitiert als: *Mock*, RabelsZ 2008, 264).

Mock, Sebastian, Die Geltendmachung der Geschäftsführerhaftung durch die Kommanditisten bei der GmbH & Co. KG, ZGR 2018, S. 796-810 (zitiert als: *Mock*, ZGR 2018, 796).

Mock, Sebastian, Die Gesellschafterklage (actio pro socio), JuS 2015, S. 590-596 (zitiert als: *Mock*, JuS 2015, 590).

Mock, Sebastian/Cöster, Timo, Die actio pro socio in der mehrgliedrigen stillen Gesellschaft, GmbHR 2018, S. 67-74 (zitiert als: *Mock/Cöster*, GmbHR 2018, 67).

Mohamed, Jean, Die Reform des Personengesellschaftsrechts, JuS 2021, S. 820-826 (zitiert als: *Mohamed*, JuS 2021, 820).

Neumayer, Alexander/Zeyher, Stefan, MoPeG und gesellschaftsrechtliche Prozessführung, NZG 2022, S. 1707-1717 (zitiert als: *Neumayer/Zeyher*, NZG 2022, 1707).

Nitschke, Manfred, Die Geltendmachung von Gesellschaftsforderungen durch den einzelnen Gesellschafter einer Personengesellschaft (Gesamthänderklage), ZHR 128 (1966), S. 48-98 (zitiert als: *Nitschke*, ZHR 128 (1966), 48).

Noack, Max, Die GbR als Prozesspartei im Erkenntnis-, Vollstreckungs- und Schiedsverfahren - Kontinuitäten und Diskontinuitäten nach dem MoPeG - Teil II, GmbHR 2024, S. 71-80 (zitiert als: *Noack*, GmbHR 2024, 71).

Noack, Max, Von Maurach in die Welt – Der Gesetzentwurf der Expertenkommission zur Modernisierung des Personengesellschaftsrechts im Überblick, NZG 2020, S. 581-585 (zitiert als: *Noack*, NZG 2020, 581).

Oberascher, Daniel (Verf.), Bericht über die Diskussion des Referats Osterloh-Konrad, in: Gesellschaftsrechtliche Vereinigung (Hrsg.), Gesellschaftsrecht in der Diskussion 2021, Köln 2022, S. 85-94 (zitiert als: *Diskutant*, Bericht über die Diskussion des Referats Osterloh-Konrad).

Osterloh-Konrad, Christine, Die actio pro socio – zur Institutionenbildung im Verbandsrecht, in: Gesellschaftsrechtliche Vereinigung (Hrsg.), Gesellschaftsrecht in der Diskussion 2021, Köln 2022, S. 63-85 (zitiert als: *Osterloh-Konrad*, Gesellschaftsrecht in der Diskussion 2021).

Otte, Daniel, Beschlussmängelstreitigkeiten nach dem MoPeG, RFamU 2023, S. 306-312 (zitiert als: *Otte*, RFamU 2023, 306).

Otte-Gräbener, Sabine, Umfassende Modernisierung des Personengesellschaftsrechts – Entwurf der Expertenkommission, BB 2020, S. 1295-1299 (zitiert als: *Otte-Gräbener*, BB 2020, 1295).

Paschos, Nikolaos/Neumann, Kay-Uwe, Die Neuregelungen des UMAG im Bereich der Durchsetzung von Haftungsansprüchen der Aktiengesellschaft gegen Organmitglieder, DB 2005, S. 1779-1786 (zitiert als: *Paschos/Neumann*, DB 2005, 1779).

Raiser, Thomas, Das Recht der Gesellschafterklagen, ZHR 153 (1989), S. 1-34 (zitiert als: *Raiser*, ZHR 153 (1989), 1).

Rattey, Christine, Ein halbes Jahr MoPeG, BAB 09/2024, S. 308-310 (zitiert als: *Rattey*, BAB 09/2024, 308).

Reif, Sebastian/Walter, Tim, Die gesellschaftsrechtliche Treuepflicht, JuS 2021, S. 630-635 (zitiert als: *Reif/Walter*, JuS 2021, 630).

Reimer, Franz, Juristische Methodenlehre, 2. Auflage, Baden-Baden 2020 (zitiert als: *Reimer*, Reimer Jur. Methodenlehre).

Reiss, Raphael, Prozessuale Fragen der actio pro socio in der GmbH unter Berücksichtigung von § 715b BGB, NZG 2024, S. 574-577 (zitiert als: *Reiss*, NZG 2024, 574).

Reiss, Raphael/Manolakis, Nikolaos, Voraussetzungen der actio pro socio in der GmbH unter Berücksichtigung von § 715b BGB, NZG 2024, S. 330-337 (zitiert als: *Reiss/Manolakis*, NZG 2024, 330).

Reymann, Christoph, Der BGH-Beschluss zur Grundbuchfähigkeit der GbR – Ist dies das Ende des Erwerberschutzes?, ZfIR 2009, S. 81-88 (zitiert als: *Reymann*, ZfIR 2009, 81).

Reymann, Christoph, Die GbR im Grundbuch – Auf dem Weg vom ERVGBG zum sog. MoPeG, DNotZ 2021, S. 103-135 (zitiert als: *Reymann*, DNotZ 2021, 103).

Risthaus, Finn, Die neue actio pro socio in der BGB-Gesellschaft: Gesellschafterklage nach § 715b BGB, WM 2024 Heft 27, S. 1249-1255 (zitiert als: *Risthaus*, WM 2024 Heft 27, 1249).

Röder, Erik, Reformüberlegungen zum Recht der GbR, AcP 215 (2015), S. 451-532 (zitiert als: *Röder*, AcP 215 (2015), 451).

Röhricht, Volker/Graf von Westphalen, Friedrich/Haas, Ulrich u.a. (Hrsg.), HGB, Kommentar zu Handelsstand, Handelsgesellschaften, Handelsgeschäften, besonderen Handelsverträgen und internationalem Vertragsrecht und nachhaltiger Unternehmensführung, 6. Auflage, Köln 2023 (zitiert als: Röhricht/Graf von Westphalen/Haas HGB/*Bearbeiter*).

Röß, Simon, Die GbR nach dem MoPeG, NZG 2023, S. 401-408 (zitiert als: *Röß*, NZG 2023, 401).

Roßkopf, Gabriele/Hoffmann, Silke, Das MoPeG ist da!, GmbHR 2024, S. R4-R6 (zitiert als: *Roßkopf/Hoffmann*, GmbHR 2024, R4).

Roßkopf, Gabriele/Hoffmann, Silke, Das MoPeG kommt – was ist zu tun?, ZPG 2023, S. 14-26 (zitiert als: *Roßkopf/Hoffmann*, ZPG 2023, 14).

Ruhwinkel, Sebastian, Die GbR im Grundbuch – was nun?, MittBayNot 2009, S. 177-189 (zitiert als: *Ruhwinkel*, MittBayNot 2009, 177).

Säcker, Franz Jürgen/Rixecker, Roland/Oetker, Hartmut u.a. (Hrsg.), Münchener Kommentar zum Bürgerlichen Gesetzbuch, Band 7 Schuldrecht Besonderer Teil IV §§ 705-853, 9. Auflage, München 2024 (zitiert als: MüKo-BGB 9. Aufl./*Bearbeiter*).

Säcker, Franz Jürgen/Rixecker, Roland/Oetker, Hartmut u.a. (Hrsg.), Münchener Kommentar zum Bürgerlichen Gesetzbuch, Band 2 Schuldrecht Allgemeiner Teil I §§ 241-310, 9. Auflage, München 2024 (zitiert als: MüKo-BGB 9. Aufl./*Bearbeiter*).

Säcker, Franz Jürgen/Rixecker, Roland/Oetker, Hartmut u.a. (Hrsg.), Münchener Kommentar zum Bürgerlichen Gesetzbuch, Band 7 Schuldrecht Besonderer Teil IV §§ 705-853, 8. Auflage, München 2020 (zitiert als: MüKo-BGB 8. Aufl./*Bearbeiter*).

Saenger, Ingo/Inhester, Michael (Hrsg.), Handkommentar GmbHG, 5. Auflage, Baden-Baden 2024 (zitiert als: HK-GmbHG/*Bearbeiter*).

Schäfer, Carsten (Hrsg.), Das neue Personengesellschaftsrecht, München 2022 (zitiert als: Schäfer Neues PersGesR/*Bearbeiter*).

Schäfer, Carsten, Actio pro socio – neue Impulse durch das MoPeG und aktuelle Rechtsprechung, ZHR 187 (2023), S. 78-106 (zitiert als: *Schäfer*, ZHR 187 (2023), 78).

Schäfer, Carsten, Empfiehlt sich eine grundlegende Reform des Personengesellschaftsrechts?, NJW-Beilage 2016, S. 45-49 (zitiert als: *Schäfer*, NJW-Beil. 2016, 45).

Schäfer, Carsten, Empfiehlt sich eine grundlegende Reform des Personengesellschaftsrechts?, in: Ständige Deputation des Deutschen Juristentages (Hrsg.), Verhandlungen des 71. Deutschen Juristentages, Band I, Gutachten Teil E, München 2016 (zitiert als: *Schäfer*, Gutachten 71. DJT).

Schall, Alexander, Eine dogmatische Kritik am "Mauracher Entwurf" zur Modernisierung des Personengesellschaftsrechts, ZIP 2020, S. 1443-1451 (zitiert als: *Schall*, ZIP 2020, 1443).

Scherer, Inge, Neuregelung für Grundstücksgeschäfte mit einer GbR – Rückschritt auf dem Weg zur Rechtsfähigkeit der GbR, NJW 2009, S. 3063-3065 (zitiert als: *Scherer*, NJW 2009, 3063).

Schlitt, Michael, Die stille Gesellschaft – Anwendungsfälle in der Praxis, in: *Dauner-Lieb, Barbara/Hennrichs, Joachim/Henssler, Martin* u.a. (Hrsg.), Festschrift für Barbara Grunewald zum 70. Geburtstag, Köln 2021, S. 983-1003 (zitiert als: *Schlitt*, FS Grunewald 2021).

Schmidt, Karsten, Anmerkung zu BGH, Beschluss vom 7. Juni 2010 – II ZR 210/09, JuS 2011, S. 179-181 (zitiert als: *Schmidt*, JuS 2011, 179).

Schmidt, Karsten, Anmerkung zu BGH, Urteil vom 19. Dezember 2017 -II ZR 255/16, JZ 2018, S. 363-364 (zitiert als: *Schmidt*, JZ 2018, 363).

Schmidt, Karsten, Anmerkung zu BGH, Versäumnisurteil vom 22. Januar 2019 - II ZR 143/17, JuS 2019, S. 817-819 (zitiert als: *Schmidt*, JuS 2019, 817).

Schmidt, Karsten, Beschlussmängel und Beschlussmängelstreitigkeiten nach der Modernisierung des Personengesellschaftsrechts, ZHR 187 (2023), S. 107-122 (zitiert als: *Schmidt*, ZHR 187 (2023), 107).

Schmidt, Karsten, Das Recht der Mitgliedschaft: Ist „korporatives Denken" passé?, ZGR 2011, S. 108-135 (zitiert als: *Schmidt*, ZGR 2011, 108).

Schmidt, Karsten, Die Personengesellschaft als Juristentagsthema, ZHR 180 (2016), S. 411-421 (zitiert als: *Schmidt*, ZHR 180 (2016), 411).

Schmidt, Karsten, Ein neues Zuhause für das Recht der Personengesellschaften, ZHR 185 (2021), S. 16-51 (zitiert als: *Schmidt*, ZHR 185 (2021), 16).

Schmidt, Karsten, Neuregelung des Rechts der Personengesellschaften?, Vorüberlegungen für eine konsistente Reform, ZHR 177 (2013), S. 712-739 (zitiert als: *Schmidt*, ZHR 177 (2013), 712).

Schmidt, Karsten, Rechtsformvarianten einer Gesellschaft Bürgerlichen Rechts nach dem MoPeG, BWNotZ 2024, S. 233-246 (zitiert als: *Schmidt*, BWNotZ 2024, 233).

Schmidt, Uwe, Verfahrensrechtliche Konsequenzen des MoPeG – Erkenntnisverfahren, Zwangsvollstreckung, freiwillige Gerichtsbarkeit, ZPG 2023, S. 81-90 (zitiert als: *Schmidt*, ZPG 2023, 81).

Schneider, Stefan, Verbindungslinien zwischen Gesellschafts- und Prozessrecht in der Assessorklausur, JuS 2025, S. 648-653 (zitiert als: *Schneider*, JuS 2025, 648).

Schollmeyer, Eberhard, Der Mauracher Entwurf, in: *Bergmann, Alfred/Drescher, Ingo/Harbarth, Stephan* u.a. (Hrsg.), Modernisierung des Personengesellschaftsrechts – Der Mauracher Entwurf in der Fachdiskussion, ZGR Sonderheft 23, Berlin 2020, S. 29-38 (zitiert als: *Schollmeyer*, ZGR Sonderheft 23).

Schollmeyer, Eberhard, Reform des Personengesellschaftsrechts, in: Gesellschaftsrechtliche Vereinigung (Hrsg.), Gesellschaftsrecht in der Diskussion 2020, Köln 2021, S. 15-27 (zitiert als: *Schollmeyer*, Gesellschaftsrecht in der Diskussion 2020).

Scholz, Philipp, Der Grundsatz der Selbstorganschaft in der Reform des Personengesellschaftsrechts, NZG 2020, S. 1044-1051 (zitiert als: *Scholz*, NZG 2020, 1044).

Schwarz, Lara, Ungeklärte prozess- und insolvenzrechtliche Fragen des § 715b BGB, ZGR 2025, S. 112-149 (zitiert als: *Schwarz*, ZGR 2025, 112).

Schwemmer, Sophia, Ein Streit um Worte? – Anmerkungen zur Rechtsnatur der Personengesellschaften nach dem MoPeG, ZPG 2025, S. 81-88 (zitiert als: *Schwemmer*, ZPG 2025, 81).

Servatius, Wolfgang (Hrsg.), Gesellschaft bürgerlichen Rechts, München 2023 (zitiert als: *Servatius*, GbR).

Späth-Weinreich, Annette, Update: Das MoPeG wurde verabschiedet – Im Blickpunkt: Die beschlossenen Änderungen im materiellen Personengesellschaftsrecht, BWNotZ 2022, S. 2-12 (zitiert als: *Späth-Weinreich*, BWNotZ 2022, 2).

Späth-Weinreich, Annette, Zur Reform des Personengesellschaftsrechts durch das MoPeG – Im Blickpunkt: Die geplanten Änderungen im Registerrecht, BWNotZ 2021, S. 90-98 (zitiert als: *Späth-Weinreich*, BWNotZ 2021, 90).

Ständige Deputation des Deutschen Juristentages (Hrsg.), Verhandlungen des 71. Deutschen Juristentages, Band II/1, Sitzungsberichte – Referate und Beschlüsse, München 2017 (zitiert als: Beschlüsse 71. DJT).

Stock, Lennart, Die gesellschaftsrechtlichen Voreintragungserfordernisse nach dem MoPeG, NZG 2023, S. 361-370 (zitiert als: *Stock*, NZG 2023, 361).

Storz, Johanna, Der Mauracher Entwurf für ein Gesetz zur Modernisierung des Personengesellschaftsrechts (MoPeG), GWR 2020, S. 257-262 (zitiert als: *Storz*, GWR 2020, 257).

Storz, Johanna, Der Referentenentwurf für ein Gesetz zur Modernisierung des Personengesellschaftsrechts – Ein Überblick über die Änderungen und Ergänzungen zum Mauracher Entwurf, GWR 2021, S. 5-7 (zitiert als: *Storz*, GWR 2021, 5).

Teichmann, Arndt, Die Personengesellschaft als Rechtsträger, AcP 179 (1979), S. 475-492 (zitiert als: *Teichmann*, AcP 179 (1979), 475).

Tödtmann, Ulrich/Pieper, Julius, Zulässigkeit der Gesellschafterklage gegen den GmbH-Fremdgeschäftsführer, NZG 2023, S. 641-645 (zitiert als: *Tödtmann/Pieper*, NZG 2023, 641).

Tolani, Madeleine, Grundbuchfähigkeit der Gesellschaft bürgerlichen Rechts - Publizität und Rechtssicherheit, JZ 2013, S. 224-234 (zitiert als: *Tolani*, JZ 2013, 224).

Tönnies, Hans, Die Baugruppen-GbR in der notariellen Praxis, RNotZ 2025, S. 181-202 (zitiert als: *Tönnies*, RNotZ 2025, 181).

Tröger, Tobias/Happ, Benedikt, Beschlussmängelrecht nach dem MoPeG: Bestandsaufnahme, Kritik und Fortentwicklung, ZIP 2021, S. 2059-2071 (zitiert als: *Tröger/Happ*, ZIP 2021, 2059).

Tröger, Tobias/Happ, Benedikt, Unzulängliche Institutionenbildung im Beschlussmängelrecht der Personengesellschaft, NZG 2021, S. 133-140 (zitiert als: *Tröger/Happ*, NZG 2021, 133).

Verse, Dirk, Die *actio pro socio* im Personengesellschafts- und GmbH-Recht nach der Reform der derivativen Aktionärsklage – Ausstrahlungswirkungen des § 148 AktG auf das allgemeine Verbandsrecht? –, in: *Burgard, Ulrich/Hadding, Walther/Mülbert, Peter* u.a. (Hrsg.), Festschrift für Uwe Schneider zum 70. Geburtstag, Köln 2011, S. 1325-1344 (zitiert als: *Verse*, FS Schneider 2011).

Verse, Dirk, Die Aktionärsklage nach § 148 AktG - Status quo und Reform, ZHR 189 (2025), S. 54-77 (zitiert als: *Verse*, ZHR 189 (2025), 54).

Voit, Wolfgang (Hrsg.), Zivilprozessordnung mit Gerichtsverfassungsgesetz, 22. Auflage, München 2025 (zitiert als: Musielak/Voit ZPO/*Bearbeiter*).

Vorwerk, Volkert/Wolf, Christian (Hrsg.), Beck'scher Online-Kommentar ZPO, 58. Edition, München 2025 (zitiert als: BeckOK ZPO/*Bearbeiter*).

Waclawik, Erich, Die Gesellschafterklage gegen den Fremdgeschäftsführer im Recht der GmbH, NZG 2022, S. 652-657 (zitiert als: *Waclawik*, NZG 2022, 652).

Wank, Rolf, Juristische Methodenlehre, Eine Anleitung für Wissenschaft und Praxis, München 2020 (zitiert als: *Wank*, Wank Jur. Methodenlehre).

Weller, Marc-Philippe/Schwemmer, Sophia, Das MoPeG: Eine Jahrhundertreform im Personengesellschaftsrecht?, BB 2021, Heft 29/30, I (zitiert als: *Weller/Schwemmer*, BB 2021, Heft 29/30, I).

Wertenbruch, Johannes, Der BMJV-Referentenentwurf eines MoPeG, GmbHR 2021, S. 1-7 (zitiert als: *Wertenbruch*, GmbHR 2021, 1).

Wertenbruch, Johannes, Gesellschaftsvertrag und Entstehung der rechtsfähigen GbR iSd § 705 Abs. 2 Var. 1 BGB nF, ZPG 2023, S. 1-13 (zitiert als: *Wertenbruch*, ZPG 2023, 1).

Wertenbruch, Johannes, Glückwunsch zum ersten Geburtstag des MoPeG am 1.1.2025, GmbHR 2024, S. R372-R374 (zitiert als: *Wertenbruch*, GmbHR 2024, R372).

Wertenbruch, Johannes, Von Schloss Maurach zu Schloss Bellevue, GmbHR 2021, S. R226-R229 (zitiert als: *Wertenbruch*, GmbHR 2021, R226).

Wertenbruch, Johannes/Alm, Sebastian, Eintragung der GbR in die GmbH-Gesellschafterliste nach MoPeG und assoziierte Voreintragungserfordernisse, GmbHR 2024, S. 225-234 (zitiert als: *Wertenbruch/Alm*, GmbHR 2024, 225).

Westermann, Harm Peter, Überlegungen zu Reformen des Personengesellschaftsrechts, NJW 2016, S. 2625-2629 (zitiert als: *Westermann*, NJW 2016, 2625).

Westermann, Harm Peter/Grunewald, Barbara/Maier-Reimer, Georg (Hrsg.), Bürgerliches Gesetzbuch, Kommentar mit Nebengesetzen (AGG, BVersTG, EGBGB, ErbbauRG, ProdhaftG, VBVG, VersAusglG, WEG - teils in Auszügen) und Internationalem Privatrecht, 17. Auflage, Köln 2023 (zitiert als: Erman BGB/*Bearbeiter*).

Wicke, Hartmut, Reform des Personengesellschaftsrechts aus Sicht der Gestaltungspraxis, DNotZ 2017, S. 261-276 (zitiert als: *Wicke*, DNotZ 2017, 261).

Wilhelm, Jan, Die Grundbuchfähigkeit der Gesamthandsgesellschaft bürgerlichen Rechts, NZG 2011, S. 801-809 (zitiert als: *Wilhelm*, NZG 2011, 801).

Wimmer, Florian, Ein Register für die GbR, DZWIR 2020 (8), S. 379-385 (zitiert als: *Wimmer*, DZWIR 2020 (8), 379).

Wobst, Felix, Verfügungen von Bestands-GbR über ihre Grundstücke vor und nach Inkrafttreten des MoPeG, ZPG 2023, S. 58-61 (zitiert als: *Wobst*, ZPG 2023, 58).

Wolf, Maximilian, Der Voreintragungsgrundsatz im Recht der GbR – Gesellschaftsrechtliche Herausforderungen für die immobilienrechtliche Praxis, GmbHR 2025, S. 57-64 (zitiert als: *Wolf*, GmbHR 2025, 57).

Wolff, Lothar (Verf.), Bericht über die Diskussion des Vortrags Lieder, in: *Bergmann, Alfred/Drescher, Ingo/Harbarth, Stephan* u.a. (Hrsg.), Modernisierung des Personengesellschaftsrechts – Der Mauracher Entwurf in der Fachdiskussion, ZGR Sonderheft 23, Berlin 2020, S. 215-220 (zitiert als: *Diskutant*, Bericht über die Diskussion des Vortrags Lieder).

Zimmer, Maximilian, Die Grundbuchfähigkeit der GbR I - Statt „Ohnmacht": Nachweis der Vertretungsbefugnis durch Vollmacht, NZM 2009, S. 187-189 (zitiert als: *Zimmer*, NZM 2009, 187).

Papier | Fördert gute Waldnutzung
FSC® C083411

Kolibri 360 GmbH
Ferdinand-Jühlke-Straße 7
99095 Erfurt, Deutschland
produktsicherheit@kolibri360.de